中國當代政治文化與西方政治哲學

the Equality and Justice
under the Constitution

徐友漁 著

目次

前言

　　本書是大陸學人所著，在臺灣出版的著作，所以首先要說明，書名《中國當代政治文化與西方政治哲學》中的中國，指中國大陸。這一部分地區尚未實現民主憲政，正在經歷艱難而痛苦的經濟、社會轉型。情況和臺灣大不相同，知識份子思考問題的方式，診斷社會弊病的視角和開出的藥方也很不相同。

　　有一個明顯的共同點，那就是，大家都重視研究和借鑒西方的政治理念與政治學說，力圖用它們來啟發民智，變革中國的政治文化，為社會制度的更新奠定思想基礎。這種思路從近代以來一直是知識份子的主流，大致從嚴復開始，經過梁啟超、胡適等先賢前哲，形成了強大的傳統。

　　相當一段時間中，臺灣學人在瞭解、研究西方政治理念與政治學說方面走在了大陸學人的前面，因為在臺灣，與西方思想、文化的聯繫從來沒有中斷，而大陸相當長時間內處於與世隔絕、否定和抗拒世界主流文明的狀態。從上世紀七十年代末開始，局面有所改善，我希望讀者能夠從本書中看出，大陸學人的工作是勤勉努力的，也有一定成效。

　　很可能，現在兩岸學人的差別不在於研究水平的高低，而在於把理念變為現實遭遇挫折的因素大不相同。有人說，在現代化和民主程度較高的地方，有說話的自由但聽眾稀少、反應冷漠，而在現代化和民主程度較低的地方，說話的自由受限制但說話的作用較大。臺灣學人的生活條件、研究條件比較寬鬆和優越，但

不少人對於盡社會責任有不滿足感；大陸學人則是越有社會責任感越是處境險惡，不過也可以從「不寂寞」中聊以自慰。我曾對臺灣的同行朋友說，我知道自己的奮鬥具有一種諷刺意味：現在的盡力言說、堅持社會理想是為了使這樣的社會狀況早日來到，在那時，這樣的言說沒有多少人理睬，這樣的社會理想沒有吸引力甚至沒有必要。

　　本書分為兩部分。上篇直接談論中國大陸的社會現實、社會思潮，當然談論的角度和西方理論——其實是具有普世價值的部分——與大陸知識份子的互動情況密切相關，下篇顯得像是純粹研究西方政治哲學理論，但從中國的問題意識、視角出發的動機也明顯可見。

　　我從生活經驗和學術經驗中知道，能夠理解另一種環境和傳統中產生的思想、理論，是很難的，也是很可寶貴的。大陸、臺灣兩岸學人既努力於理解西方的政治文化、政治哲學，也努力於理解對岸的社會環境與社會思潮，而後一種理解似乎更加不容易。對於他們，甚至一些最基本的觀念——例如「中國」、「美國」，又如「市場」、「民主」——都有不同或不完全相同的內涵。我擔心臺灣讀者由於條件的差異和隔膜閱讀本書有困難，同時我希望人們在克服這種困難中得以擴大視野和提升理解力。

上篇

中國大陸轉型期的政治文化

自由主義與當代中國

一、重提自由主義的歷史條件

在 90 年代後半期，中國知識界的一大動向，是一批學者重提自由主義的話題，欲圖通過對於自由主義的反思、研究、倡導，豐富實現現代化和達致憲政民主的思想學理資源。這種動向因為受到強烈拒斥和狙擊而格外引人注目，形勢迫使我們闡明自己的立場，澄清某些誤解或曲解，回應重要的批評。

作為多年禁忌的話題，自由主義重新露面決非偶然，國內外一系列歷史性巨變是召喚它登場的動因。

在 90 年代中後期，歷經反覆曲折的改革、開放路線終呈不可逆轉之勢，爭論多年的市場經濟導向被正式肯定。但是，要深入認清「一大二公」極左路線的弊害，要使市場導向不僅僅是一種權宜之計，古典自由主義經濟學是非補不可的一課。

政治體制改革的任務再次提出來，依法治國、權力制衡、公民權利等話題，在自由主義話語系統中表達和討論，比任何其他話語更適當和切題。隨著經濟、政治體制改革而來的，是矯正社會不公的方式和革新的手段與速度問題，雖然中國近代思想文化和意識形態幾乎一直指向激進的維度，但借重理性、依靠法律、妥協緩進的自由主義理路給人一種新的啟示和希望。

　　80年代末90年代初蘇聯東歐的劇變引起國人的深切關注，提出的解釋和應對措施截然不同。一種把事變歸結為「帝國主義顛覆、演變」和「復辟野心家」的陰謀，另一種則得出史達林模式徹底破產的結論：經濟上的高度集中和政治上的極權再也不可能維持下去了。在西歐和北美，知識份子曾經分為兩個陣營，一方包括雷蒙・阿隆（Raymond Aron）等自由主義者，否定、批判史達林主義，另一方有薩特（Jean-Paul Sartre）等左派，極力為之辯護。蘇東事件使人有理由認為長期爭論以自由主義一方獲勝而告終。

　　在90年代，國人普遍感到全球化時代正在來臨，不管價值立場如何，全球化浪潮是「順之者存，逆之者亡」。與此同時，中國以與世界各國共慶《世界人權宣言》發表50周年，簽署《經濟、社會及文化權利國際公約》和《公民權利和政治權利公約》的方式，明確表明自己對人類文明和國際公認準則的認同。

　　90年代的自由主義對80年代文化熱中的人道主義和啟蒙主義思潮基本持肯定態度，並與之有一種繼承、發展關係。它把哲學層面上的對人的價值的肯定轉化為制度安排，把對文革式的神權政治與專制主義的譴責落實為法治與分權的防範與保證。

　　90年代中國知識界的引介、研究、梳理工作對於自由主義話語的興起起到了醞釀和推動作用。西方政治哲學家伯克（Edmund Burke）、托克維爾（Alexis de Tocqueville）、哈耶克（Friedrich A. von Hayek）、伯林（Isaiah Berlin）的學說引起了廣泛興趣，填補了以前知識中的空白。對胡適的重新研究和評價，對殷海光的介紹和認識，對顧准的發掘和尊崇，形成了正面評價自由主義的氛圍。

　　自由主義剛一露頭，就遭遇到一連串挑戰和難題。它必須解釋，在中國知識份子中一度小有聲勢（30和40年代）的自由主義

為何慘遭失敗，是客觀原因使然，還是出於中國自由主義者的主觀努力不夠，抑或是因為自由主義的內在缺陷使其不能在中國政治、文化生活中發揮作用。有人存心責難 90 年代的自由主義，頗有機心地提出，自由主義的主張表明，少數知識份子只關心自己的言論自由，不關心勞動群眾的疾苦；也有人貌似公允和折衷地認為，自由主義者關心政治自由，而與之論爭的新左派則關心經濟民主。

在 90 年代，中國民間思想文化的主要思潮大致有三種：新儒學（或文化保守主義）、新左派（加後現代主義），以及自由主義。新儒學與自由主義的區別和對立不是根本性的，因為它認同現代化取向和市場經濟，認同自由、民主、法治的價值，它與部分啟蒙派的論爭，內容主要是中國傳統文化在現代化進程中作用是正面的還是負面的。在接近世紀之交時，新儒學人士再次強調傳統的作用，但清楚表明這是以現代化為前提和框架。由於新儒學有中庸之道的品格，自由主義有妥協的稟性，二者在多元文化的共識之下和平共處，甚至形成良性互動的希望是很大的。

不論從中國和歐美的歷史看，還是從左派思潮的內涵看，左派與自由主義的對立是根本性的，它對自由主義（即它認為的資本主義意識形態）的敵視與攻擊從來都超過對極權主義的批評（想一想左派對史達林主義的默認或辯護，比較一下自由主義和左派對法西斯的揭露與批判，再看看在今日中國二者對文化大革命和毛澤東晚期極左路線的態度）。在 90 年代後期的中國，當人們在政治體制改革這個大題目下作文章時，新左派的唯一攻擊目標就是自由主義。當然，和歷史上一樣，自由主義會在回應時認真考慮對方的觀點，修改完善自己的立場。

應該看到，就像「新左派」、「新儒家」等等是不甚確切，有可能不被當事人承認的標籤一樣，「自由主義」也是常被人任意使用的稱呼。一些自命為自由主義的觀點，其實與自由主義相距甚遠，甚至大相徑庭。嚴肅的自由主義立場應澄清自己的觀點，與某些偽自由主義劃清界限。至於自由主義本身會包括各種不同觀點，則是自然的。

二、基本立場：個人自由的優先性

我們應該闡明自由主義的出發點，它的基本價值觀，以判斷一些有差異的主張能否歸到自由主義的名號之下，一些自稱的，或被攻擊的自由主義是否真是自由主義。

有人以當代西方社群主義（communitarianism）的出現為據證明，自由主義在其西方發源地已陷入困境（言下之意是在中國更不值一提）；有人說中國當下的自由主義言路是為富人服務，具有貴族性；有人大談雷根-柴契爾夫人政策的失敗（是否真是失敗？），把具體政策混同於基本原理，由此得出自由主義破產的結論；有人以自由主義在歷史中的發展變化，描繪出以下圖畫：它被沖得七零八落，變得支離破碎。為回應上述種種批評，有必要弄清自由主義的核心主張是什麼。

當新左派大肆批評自由主義時，其基本立場晦暗不明、遊移不定，他們百般挑剔，說這種觀點是教條，那種主張過於簡單，但從不把自己的價值觀明確陳述出來。其實，說到底，雙方在基本價值立場上有分歧，讓我們使爭論直指問題的核心。

自由主義把個人自由放在最優先的地位。

理論要說服人，就要徹底，所謂徹底，就是抓住事物的根本，而事物的根本不是別的，只能是人本身。說到人，首先是個人。

個人構成人群，構成社會，在發生學和本體論的意義上，個人是優先的。

人類以人為尺度看待萬物，而個人以自己為尺度看待他人和外物；每個人具有一套完整的神經和感受系統，快樂和痛苦首先是，最終也是個人的。因此，從認識論和價值上說，個人是基本單位。雖然社會關係的影響在個人身上清晰可見，但在相同環境中人格與個性的歧異證明了個人主體性和獨特性的存在。

自由首先是個人的，不然，在非外族統治的專制下，談不自由或奴役就沒有意義。當我們說一個國家、一個階級不自由時，這一定指其中的大多數個人不自由。

強調個人自由在中國具有特殊意義，因為在中國思想文化傳統中，這種因素最為匱乏，只是在本世紀初的啟蒙和新文化運動中，個人自由才成為社會關注的問題。由於外患內亂，個人自由始終沒有成為中國思想文化的中心話題，更不用說得到社會或制度的保障。90 年代此話重提，展示了中國在下一世紀的希望。

這裏所說的自由，是在政治和法律意義上而言，不是在哲學和審美層次上而言。不然，按黑格爾的名言：「自由是對必然的認識」，一個人若是通古今之變，即使在監獄中也是自由的；或者會如現代左派一樣，把電影、小說、音樂等一切文化形式都當成統治階級剝奪人民群眾自由的意識形態，把自己置於高於或對立於「庸眾」的位置。

　　個人自由的優先性並不意味著抹殺人的社會性，正如馬克思在《共產黨宣言》中所說，在理想社會中，「每個人的自由發展是一切人的自由發展的條件。」

　　以個人自由為出發點，派生出自由主義的一系列重要主張。

　　自由主義認為對個人財產的保護是保障個人自由的重要條件。歷史也證明，得到法律保護的私有財產權是個人自由的基礎。中國近年來有知識份子提出在憲法中補上保護私有財產的內容，這或是出於保障個人自由的考慮，或是想為市場經濟的健康有序發展提供法律基礎。但是，新左派不斷攻擊說，那只是因為有人在私有化過程中發了財（或發了不義之財），才要求以立法的形式保護個人財產權，這完全是蠱惑性的指控。我們應該關心憲法中應不應該有保護私有財產的內容，而不應該臆斷提出修憲者的動機。另外，保護私有財產當然是指保護正當得到的財產，不然，新左派更可以振振有詞地指控說，只有小偷和強盜得手之後為使不義之財合法化，才求助於憲法。

　　自由主義認為，對個人自由的最大威脅往往來自政府（古今中外的歷史證明這是洞見），因此提出權力機構之間的制衡。在權力高度集中的國有制條件下，國家對政治權力的壟斷和濫用與對經濟權力的壟斷和濫用是密不可分的，因此，資本與權力的剝離有利於個人自由。而新左派始終只關心資本對於民主的威脅，他們所說的資本，指與國家權力相脫離的資本，這很容易導致放鬆對國家權力的警惕。事實上，他們認為威脅與侵犯的主要來源已由國家權力變成了資本。

　　自由主義最早，並且始終如一地倡導多元文化觀，主張人可以有不同的宗教信仰，認同不同的道德文化價值，在法律上享有

平等的自由。顯而易見，每個人有權選擇不同的文化價值，法律
應保護這種個人自由，這一點必須是普遍的原則。有人引證加拿
大社群主義者泰勒（Charles Talyor）的觀點，否定上述普遍原則。
應該指出，社群主義以多元文化始（只是針對個人自由和法律的
普遍性），但結果卻會自我否定。如果一個族群或文化共同體能以
自己的獨特性抗拒普遍的準則和法律，那麼它之內的次群也可以
抗拒它，依此類推，最後選擇的自由還是只能落實到個人。

　　是否真正認同和捍衛個人自由，是自由主義和其他理論流派
的根本分歧。最近有人說：「如果一個人真正地堅持個人的權利，
並承認這種權利的社會性，他就應該拋棄那種原子論的個人概
念，從而具有社會主義傾向。」[1]真是高深莫測的邏輯！難道只有
社會主義才承認並保護個人權利？什麼樣的社會主義呢，史達林
時代的社會主義，中國文革時的社會主義？同一作者還奉勸人們
去讀羅爾斯的書，似乎羅爾斯的經典作品證明了他的邏輯。[2]但是，
羅爾斯在《正義論》中恰恰主張自由的優先性，並以字典排列的
方式將其視為第一優先規則。[3]

三、向市場經濟轉軌時期的問題

　　中國改革開放路線的主要內容和攻堅之戰是從高度集中的指
令型國有經濟轉變到市場經濟，轉軌期觸目驚心的腐敗和社會不
公問題，引起知識份子的關注和議論。分歧之點主要在於，認為

---

[1] 汪暉：「中國社會思想的世紀末分化」，《天涯》，1999 年第 1 期，第 30 頁。
[2] 同上。
[3] 羅爾斯：《正義論》，中國社會科學出版社，1988 年版，第 292 頁。

問題出在市場經濟本身，從而要對其批判和抵制，還是認為原因在於市場沒有擺脫舊權力體制的控制，不成熟、不規範，因此出路在於發展和完善市場經濟。

問題的根源在於，中國的改革和市場化過程不是自發和自下而上產生形成的，而是由原權力中心驅動，自上而下推動的。權力機構中不少人從抵制到積極，認識上有一個從意識形態慣性到從既得利益考慮的過程。權力滲透、扭曲和控制市場，以權力兌換資本，是必然會發生的。在很大的程度上，中國的現階段是在重複歷史。在以自生自發為主的英法資本主義初期，貴族和官僚憑權力介入資本積累和營運過程，第三等級與貴族王室的勾結是明目張膽的。期間種種醜惡與不義，曾遭到揭露、批判和詛咒，但歷史也就這樣過來了，市場自身發展的要求和規律，加上人們的理性努力（對正義的呼喚，各階級對自己長遠利益的認識，可以用妥協和立法調節不同利益的制度條件），終於使市場經濟制度日益完善和發達，使建立在這之上的民主憲政體制日趨穩固。人們可以也應該不斷地反思批判這種制度，但時至今日還沒有現實的替代方案，實際發生的情況是，最具吸引力和威脅性的競爭者，要麼失敗，要麼不得不改弦更張。

近代世界的現代化史，尤其是亞洲一些國家和政權的民主化歷程表明，市場經濟和民主政治並不是同義語，在相當一段時期，反民主的權力完全可以容納，甚至推行市場運作方式，並從中大獲其利，但從長遠看，市場經濟是瓦解集權制度的基本因素。我們沒有把握說，市場必定導致民主，即不能說市場是民主的充分條件，但我們卻可以說市場是民主的必要條件。因為自近代以來，還未發現真正的、穩定的民主與市場經濟分離的事例，所謂必要

而不充分，是說達致民主還需要許多別的努力。市場條件與極不可取的社會狀況、政治條件並存，完全有可能，我們必須高度警惕。

　　處於轉軌期的中國，要看清舊體制、市場和民主前景之間複雜、微妙的關係，並非易事。

　　有人（比如有個別經濟學家）把適用於理想市場條件下的學說、理論、概念、公式用於分析當前中國經濟問題，而無所不在的權力干預，多變的政策使他們的研究純屬紙上談兵。有人把中國的民主進程等同于中產階級的形成和發展，認為除了等待這個階級的壯大之外不能做其他任何事，他們對於民主的意願和參與，不是抱怨，就是咒罵。

　　認為市場經濟會自動導致民主固然是幼稚和錯誤的，但新左派反其道而行之，把自由經濟視為奴役的力量，則更為荒謬。有人想與哈耶克唱反調（但無法駁斥其論點和論據），大膽斷言：「在『奴役的道路』，資本自由化看起來是加劇了特權階層的特權，增加了奴役而不是民主。」[4]論者似乎忘記了，在市場經濟出現之前，權力和資本是融為一體的，因此，自由資本的出現，要麼是與權力相剝離，要麼是獨立於權力而產生（哪怕這兩件事都只能相對而言）的結果，權力當然力圖控制它，但會愈來愈力不從心，從而使民間空間有可能緩慢擴展。同一論者還說：「正像如果我們不想讓幾個財團壟斷了我們這個世界的共同資源，壟斷了價格、雇工和市場，進而心安理得地奴役我們，並造就一個有錢人因過剩而不買，大多數人則買不起的反市場的經濟危機，我們就必須為

---

[4]　韓毓海：「『資本』等於「自由化」嗎？」，《科學時報》，1999 年 1 月 3 日。

工人階級，為中小企業，為農民爭取權力」。[5]這段話的前半部分因為對中國現實無所指而令人莫名其妙，後半段因狂妄和自不量力而使人吃驚。言不由衷的話是毫無意義的，如果你的鬥爭對象是壟斷財團，那你恐怕得申請獎學金、簽證（好是獲得綠卡、國籍）到美國去幹革命，但這就與中國的勞苦大眾無關了。

對於自由主義立場而言，中國向市場經濟轉型問題再多再嚴重，也只能硬著頭皮向前走，決不能走回頭路，決不能返回衣、食、住、行都被人包辦，種什麼、造什麼、賣什麼都得等上級指示的那種日子。當左派聲稱要為工農、中小企業爭取權力時，他們其實並沒有認真想過下一步要幹什麼。替群眾向政府索取更多的權力和福利？還是企圖取代政府的角色，在經濟上充當群眾的指導者和監護人？為什麼不考慮爭取逐步實現每個人都擺脫人身依附，在機會大致均等的條件下憑個人能力獲取所得的體制？

與此密切相關的是公正問題。在中國，確實有人認為市場化就是私有化，以加快改革步伐為藉口肆無忌憚地化公為私，把改革的成本和代價全推到普通人民群眾身上。可能有少數自命為自由主義者的人支持或默認以上言行，但真正的自由主義是與此格格不入的。從學理上講，自由主義強調財產獲取、轉移的正當與合法，反對對他人和社會利益的侵害；從實際上看，中國學者中最早和一直呼籲並論證社會公正的，主要是公開認同自由主義原理，與新左派展開論戰的人。[6]新左派在什麼時候大力提倡社會公

5　同上。
6　比如，參見卞悟論「公正至上」的一系列文章，載《東方》1994 年第 6 期，1995年第 2、6 期，朱學勤、秦暉為何清漣著《中國的陷阱》（香港明鏡出版社，1997年）所寫的導讀，以及本文作者的「自由主義、法蘭克福學派及其他」（《天涯》1997 年第 4 期）、「當前中國思想爭論」（《博覽群書》1998 年第 9 期）。

正呢？他們只是在攻擊自由主義的時候才對此大加議論和渲染，事實上，公正成了他們打自由主義的一根棍子。

自由主義者在社會公正問題上的立場是明確的，他們反對和矯正不公正的主張是理性、建設性和可行的。簡單說來，第一，要搞真市場、真正的自由競爭，要使規則公正，人人遵守，要把權力逐出市場；第二，要依靠法治，完善法制，例如，通過修憲保護合法的私人財產，通過立法縮小貧富差距，依靠法律懲處腐敗，防止國有資產流失。他們不提倡「打土豪、分田地」，他們並不否認人民群體有要求公正的權利，但把重點放在避免革命，防患於未然方面。而我們的左派呢？既詛咒市場，又對法律的普遍性和有效性大加懷疑，除了口號和姿態，他們提不出任何切實可行的辦法。

中國當前的公正問題對所有的思考者都是一個難題。固然，要把人們在日常生活中感覺到的不公正變成有理有據的判斷已並非易事，而更難的是，誰來實施，如何實施公正？在西方，有這麼一個問題：對於各類從業者的收入，有什麼理由和權力實施再分配？如果一定要實施，勢必求助於超社會的力量——政府，這會不會因此擴張政府的勢力，到頭來威脅到公民的自由？這就是諾齊克（Robert Nozick）反對羅爾斯的思路。而在中國，不公正主要表現為以權謀私和官商勾結的違法形式，也表現在幾種經濟成分競爭時的不平等，誰來承付改革的代價諸方面。在這樣的情況下，爭取公正和權力之間的關係是複雜而微妙的。在某種情況下，權力是腐敗的來源，在另一些情況下，反腐敗、求公正的努力要在現有權力構架之內，甚至求助於權力來進行。自由主義立場和權力的關係毋寧是，警惕權力而並不天然與權力對立，因為說到

底，權力應該是用來保護人民利益的。當然，這只是治標不治本的辦法。從長遠和根本上說，建立公平競爭的市場經濟，保障言論自由以確保新聞輿論監督，使權力受到約束，才是爭取公正的正確途徑。在目前這個問題上，自由主義和新左派的根本區別是，前者訴諸於法治，承認權力在實施公正中的作用，又要大力提防它借此僭越與擴張，而後者訴諸于知識精英為民請命的意識和群眾抗議運動，雖然中國的新左派由於並不想真正幹點什麼，他們的傾向和具體主張不太清楚。

四、關於全球化生產貿易體系

中國的改革開放進程大致與世界範圍內的全球化高潮同步，這對我們既是一個機遇，也是一種考驗。所謂考驗，就是說，是以積極的態度迎接它，還是像鴕鳥一樣回避，甚至以頑固的態度拒斥，對我們並非不是問題。

從文化傳統和中華民族在近代的遭遇講，我們對強勢的西方各國總是心有餘悸、心存疑慮，我們不習慣和強者打交道（其實誰也不喜歡和強者打交道），我們感到外部世界由陌生的、不平等的規則支配。但鴉片戰爭的歷史教訓是，拒絕適應，拒絕打交道，拒絕學習是行不通的，最後吃大虧的還是我們自己。即使我們與之打交道的人想欺負我們，占我們便宜，我們還得硬著頭皮學別人那一套，「先生為什麼老是欺負學生？」這一問表面振振有詞，但由此而來的政策並不高明。

　　從長期支配我們的意識形態講，我們觀察全球形勢時只熟悉一個分析框架，即列寧的帝國主義論。但全球範圍內的階級鬥爭與對抗，帝國主義的寄生性、腐朽性的論斷，已不適應目前這個高科技、資訊化時代，不適應和平、合作與發展的全球共同目標。

　　按照當今新左派的分析，當代世界經濟體系是由發達國家制定，只有利於發達國家壓迫和剝削後進國家的體制，其規則是由發達國家制定的，是不公正的。揭露不公正，與不公正抗爭，當然是應該的，但持偏頗之說，一概而論，無助於我們認識世界經濟體制和在其中活動。以最大的 GATT 和 WTO 為例，中國自願申請加入該組織，當然是因為在仔細權衡利弊得失，發現利大於弊之後作出的決定。一百多個國家中的多數一方面抱怨不公正，一方面又自願簽署協定，說明加入該組織總是合算的，不然，有那麼多人是傻瓜或賣國賊？這種常識，恐怕比種種高深的理論更可靠。我們還知道，經過所謂「甘迺迪回合」，「東京回合」和「烏拉圭回合」，協定中不斷增加了一些反映發展中國家要求的條款。比如，完成降低農產品進口稅的義務，發達國家只有 6 年時間，發展中國家可用 10 年，而最不發達國家可免除此項義務。發展中國家的代表仍然認為該協定在實質上是不平等的，但他們沒有籠而統之地、簡單偏頗地說不平等（這樣反而不能服人），而是說「實力不均等的夥伴之間的平等本身就是不平等」。認識到這一點，在抱怨不平等之餘，更重要的是利用現有格局中的有利因素自己努力，加快發展。

　　在全球化高潮的近 20 年，發展中國家經濟的增長率高出發達國家一倍，據估計，這種趨勢今後還會持續下去，在未來 20 年，發展中國家的經濟增長率將是發達國家增長率的三倍。這證明了全球化和全球生產貿易體系對發展中國家經濟的正面作用。

　　在 50 年代初，當中共領導還在貫徹新民主主義路線時，劉少奇在天津有一番講話，他說，雖然資本家有剝削的一面，但也有解決就業問題和發展生產力的一面，因此要允許他們經營，與他們合作，不要一看到人家賺錢就眼紅和反對。劉的講話在文化大革命中被大批特批，被說成是鼓吹「剝削有功論」，而歷史證明劉是對的。發展中國家在發展自己的經濟時，最嚴重的問題是缺少資金，因此引入外資是極為關鍵的一步，投資者當然是圖利的，別人有所得，自己更有所得，結果是對雙方有利。不要以為別人所得就是自己所失，就是受剝削，反過來，別人也可以認為你之所得就是他之所失，就是他受了剝削。到底誰更需要對方，是外方更圖我們的市場、原料、人力，還是我們更圖人家的資金、技術，這是說不清的。

　　但是，新左派並不是從互助和互利的角度看待發展中國家與世界經濟體系之間的關係，他們的觀點與其說是實事求是、恰如其分的分析，不如說是義憤填膺的控訴和全球革命宣言。比如，最近有人撰文認為，資本主義國家從一開始就是依靠剝奪和奴役其他國家發展起來的，它們現在也和殖民地時代一樣主宰著這個世界，「資本主義的生存一天也離不開而且每天都要再生產兩極分化的全球等級結構。」[7]論者認為，第三世界國家在目前歷史條件下的發展只能是一種不平等的發展，甚至是自殺性的發展，因為「現代技術與落後的資本主義發展災難性的結合，無論是對於人民還是對於環境，都造成難以想像的破壞，其嚴重的程度甚至超

---

[7]　陳燕毅：「歷史終結還是全面民主？」，《讀書》，1998 年第 12 期，第 4--8 頁。

過了殖民主義時代。」[8]論者的結論很清楚,第三世界國家現在的
唯一任務,就是開展全球範圍內的反資本主義的鬥爭。這種「現
在發展是自殺」,「不能在一國發展」,「先革命,後建設」的論調
是極其荒謬和危險的,它只會使後進國家耽溺於「世界革命」的
幻想和狂熱中,在經濟上永遠落後,使貧富差距越來越大,兩極
分化越來越嚴重。在最近二、三十年,一些國家和地區經濟上有
飛速發展,這充分說明,在全球化時代挑戰與機遇並存,能否發
展,事在人為。克服經濟發展中的負面效果(資源浪費、環境污
染等),也是事在人為,不必抱悲觀宿命態度,在這方面,國際合
作也是有益的。

五、國情與分析的理論框架

進入 90 年代之後,世界形勢發生了巨大的、深刻的變化,受
此變化的影響,中國國內情況也發生了微妙而意義深遠的變化。
現實中各種現象的交錯,各種力量的衝擊,國外新思潮的湧入,
使中國知識界立場和觀點相當歧異,總括起來可以說,分歧和對
立集中於下列問題:中國目前情況如何,中國未來應當向何處去?
不同的看法基於對國情有不同的認識,以及分析的理論框架大不
相同。

相當一批人的思路和一百年來中國先進知識份子的思路一脈
相承,在現代化的總綱領之下,包括了對於自由、民主、富強的

---

[8]　同上。

認同和追求。50年代以來的經驗教訓，特別是文化大革命的慘痛教訓使既定的思路豐富了內容，使某些方面更為鮮明、突出。簡單說來可以提三點：第一，「一窮二白」的社會主義和「批判資本主義」造成的貧窮落後使人們重新認識和評價市場經濟制度，看到經濟的高度計畫與集權和政治極權之間的關係，承認市場是不可逾越的歷史階段；第二，「無法無天」、「全面專政」、家長制、一言堂造成的慘劇使人們迫切地呼喚民主與法治；第三，長期不斷，以各種名目進行的思想清洗和文化批判運動，「只此一家，別無分店」的真理觀造成的學術萎靡、文化凋零使人嚮往一種多元文化局面。凡此種種，都與以前的導向一致，即反省、批判自己的傳統（除了幾千年的舊傳統、大傳統，述有幾十年的小傳統、新傳統）；繼續面向世界，學習先進，分享人類共同的文明和價值。顯而易見，以上諸方面和自由主義原理有不解之緣。

　　作為自由思想者，持上述立場的知識份子對當今中國的現實總會有批判性的態度和言論。他們批判官僚主義、批判腐敗、批判崇洋媚外，但批判的主要鋒芒，是針對晚期毛澤東的思想和路線，即在社會主義名目下搞的極左的一套。因為正是這一套東西，而不是別的什麼，造成了中國近幾十年的災難。他們還認為，從思想、理論上認真、徹底地對這一套東西進行清理，是尚未完成但必須完成的任務。二十年來，堅持和深化這種批判，還是阻撓這種批判的對立鬥爭，一直十分明顯。80年代「文化熱」中湧現的主要思潮和理論，歸根究底是針對中國現實，圍繞著這種批判進行的。熱衷於從理論到理論，從書本到書本的人，不能從歷史淵源和現實維度看問題，對他們而言，80年代的「文化熱」是一片令人眼花繚亂的景觀，他們只會挑剔各種理論預設，而把握不住基本方向。

　　90 年代後期自由主義言說的冒頭，與時隱時現、時斷時續、時強時弱的上述清理與批判相互呼應，甚至共為一體。自由主義為這種批判提供了更廣闊的視野和更堅實的理論基礎，提供了建設性的方向，與這種清理批判的結盟或結合使自由主義言路的歷史感和現實性更強。當然，也使二者都成為新左派的攻擊對象。

　　90 年代市場化的勢頭，腐敗的加劇和公正問題的尖銳對每一種社會思想立場都提出了新問題。老左派把全部問題都歸罪於改革開放、市場化，大力堅持他們的「社會主義」；持反左立場的人中，一部分簡單地反其道而行之，認為市場經濟最終可以解決一切問題；而更具批判精神的人則沒有這種盲目樂觀，他們認為中國正處於十字路口，搞得好中國可以由此而建成一個民主、法治的社會，搞得不好則會有一個金權、家族統治新型專制制度，就像在南美洲某些國家和印尼出現的情況一樣。他們看到了舊權力形式在新條件下的變化和活動，並不認為中國的危險只有舊式的、左的牌號——類似於反右鬥爭和文化大革命，但堅持認為新形式的不公正根源在舊體制，批判和阻擋市場化並不是解決問題的正確途徑，總之，他們在新形勢下堅持反左的大方向。當然，只有認為中國的左傾流毒既深且廣，至今仍有市場的人才會這麼做。

　　看得出來，自由主義的基本理念——比如沒有制約的政府權力對人民權利可能的侵犯和危害，集中的計劃經濟與人們喪失權利之間的關係——提供了清理專制殘餘和流毒的啟示和思想資源，但並未提供「中國向何處去」的答案，甚至連可直接運用的理論也沒有提供。現在人們可以讀伯克、托克維爾、哈耶克、伯林等思想家的書，但他們寫書的時代條件與當前中國的現實相去甚遠，因此，我們只能將大師們（並不限於自由主義者）的思想精華當作自己的思想養份，而不是指標，更不是教條。

　　新左派對當代中國的分析完全借重于一些外國理論家（比如阿明和華倫斯坦）的論述，這裏就產生了兩個問題。第一，他們的理論學說在其故土的地位和有效性如何；第二，他們與中國當下現實的適切性如何。這裏暫且不談第一個問題，只談第二個方面。

　　很容易發現，新左派思考的出發點不是現實，而是理論。為了把西方左派關於全球資本主義體系的知識和概念運用到中國，他們對中國的國情進行變形和套裁，使之適合於當代西方新左和新馬的分析框架。讓我們對一個文本加以剖析。

　　汪暉在「當代中國的思想狀況與現代性問題」中力圖證明，進入 90 年代之後，中國的社會條件，甚至社會性質，發生了根本的變化；政府的行為、職能、作用發生了變化；知識份子的狀況，他們與國家的關係發生了變化；因此，批判的對象和批判的思路也發生了變化。

　　如果中國國情變化之巨大和根本真需要我們思維更新、改弦更張，那麼我們首先期待的是對於國情變化的有根據的說明。但論者並未提供這種說明，我們首先讀到，往下也一直讀到的是抽象、含混、暗示性的文字，比如此文在開頭時就說：「中國沒有如同蘇聯、東歐社會主義國家那樣瓦解，但這並設有妨礙中國在經濟領域迅速地進入全球化的生產和貿易過程。中國政府對社會主義的堅持並未妨礙下述結論：中國社會的各種行為包括經濟、政治和文化行為都深刻地受制於資本和市場的活動。如果我們試圖理解二十世紀最後十年的中國思想和文化狀況，就必須理解上述變遷及其伴隨的社會變化。」[9]什麼叫進入全球化的生產和貿易過

---

[9]　汪暉：「當代中國的思想狀況與現代性問題」，《天涯》，1997 年第 5 期，第

程，90 年代之前中國是否在這過程之外？如何判斷一個社會或政府的行為深刻地受制於資本和市場的活動？談這些需要明確的標準、可靠的事實和大量的資料，但論者沒有提供一星半點，因此這麼重要的國情判斷就只能流於印象、感想和任意性。

作者還說：「在中國的市場化過程中，國家資本、民間資本、外來資本之間的關係怎樣？新階級與社會其他階層的關係怎樣？農民與城市人口的關係怎樣？發達的沿海地區與落後的內地的關係怎樣？所有這些社會關係都需要置於資本主義的生產關係、特別是市場關係中來考察」。[10]作者列舉的上述種種關係，都產生于中國現實，我們當然只能在中國現實的和歷史的，政治的和經濟的關係中來分析它們，作者主張需要把它們置於資本主義的生產關係中來考察，這句模棱兩可的話有兩種含義，第一，要把它們從中國現實抽離，放到另一種認識框架中去考察，這當然是錯誤的；第二，它們本身就存在於資本主義的生產關係中，若如此，還需將其「置於」這種關係就令人費解，而其前提恰恰需要證明：中國社會關係的性質是資本主義的。

我們和新左派的分歧關鍵之處就在這裏，我們認為中國社會發生了巨大的變化，但就社會性質和政治制度而言，和 1949 年建立，經歷 50、60、70、80 年代的社會和制度是一脈相承的，沒有革命、設有斷裂、沒有質變。只有把中國的社會性質說成是資本主義的，才能把西方新左和新馬對當代資本主義的診斷和批判搬到中國，才能開創一種新穎的言路。作者指責他以貶義稱呼的啟

---

133 頁。
[10] 同上，第 146 頁。

蒙派對中國問題只是「簡單地從政治角度來分析」（言下之意是只強調自由民主，不從經濟角度分析，即不去大批大反資本主義），作者還指責他們「將自己的視野束縛在道德的層面或者現代化意識形態的框架內」[11]（即從反封建、反專制的角度看問題），都是譴責他們沒有把矛頭對準資本主義。

要證明中國社會現在是資本主義或市場社會，是世界資本主義體系的一部分，外國資本在中國國民經濟中起著舉足輕重的作用，這決非易事。論者唯一明確一些的話是：「在中國經濟改革已經導致市場社會的基本形成和三資企業佔據國民生產總值一半以上的時候，我們也已經不能簡單地將中國社會的問題說成是社會主義的問題」，[12] 以上說法非常含混和隨意，而且看不到根據。關於 1997 年（即此文發表時）中國的情況，我們從權威的《中國統計年鑒》（中國國家統計局編） 上所能得到的資料是，投資：國有經濟占總投資的 52.5 ％，其餘占 47.5%，（其中聯營經濟占 0.5%，外商投資占 7.8%，港澳臺投資占 3.8%），就業人數：國有經濟占總數的 15.9%，聯營經濟占 0.1%，外商占 o.4%，港澳臺投資占 0.4%，農民占從業總人數的 71%。[13] 這就是中國的現實！還有一點重要的是非國有資產在法律上的地位，時至今日，憲法載明的是對社會主義公有財產的保護，私有財產的不可侵犯性尚未在憲法中得到確認，在這種情況下，怎麼能說市場社會在中國已經基本形成了呢？

[11] 「當代中國的思想狀況與現代性問題」，《天涯》，1997 年第 5 期，第 135 頁。
[12] 同上
[13] 國家統計局編：《中國統計年鑒 1988》，中國統計出版社，1998 年，第 28 頁。

　　把中國說成是市場社會，是跨國資本主義的一部分，其結果是把批判的視線從中國社會內部引開，「中國的問題已經同時是世界資本主義市場中的問題，因此對中國問題的診斷必須同時也是對日益全球化的資本主義及其問題的診斷」，[14]比如，「今天的腐敗經常表現在國際金融和貿易領域」，[15]這種捨近求遠、避實就虛的「批判精神」真不知是因為糊塗，還是另有企圖。

　　當然，如果純抽象地從邏輯上推想，中國有朝一日也會發展到這一步，那時運用對全球資本主義的珍斷和分析不一定正確，但至少不至於不切題。社會生活是如此複雜、發展不平衡，張春橋在 1975 年（那時中國多窮、多落後，多麼社會主義！）在「論對資產階級的全面專政」一文中，就可以大談資本主義的危險（張春橋為寫文章在上海郊區作過調查研究，很下了點硬功夫），何況二十多年後大搞改革開放的今天。但不論對老左派還是新左派都有這樣的問題：能否根據一些現象和趨向，把中國面臨的問題和危機歸結成是資本主義性質的？對於資本主義的好與壞問題——準確地說應該是，資本主義在中國的某個發展階段是否有進步意義，我們和新老左派有分歧，其中價值判斷部分很難說得清楚，但今日之中國是否為資本主義，卻是一個可以根據事實和大致得到公認的標準來判斷的問題。

　　認真說來，研究當代中國問題，有兩個方面應特別注意。一方面，要看到權力在適應市場化時的靈活善變，捕捉到它的新表現形式，但在理論上和實踐中更重要的一方面是，我們必須考慮

---

[14] 「當代中國的思想狀況與現代性問題」，《天涯》，1997 年第 5 期， 146 頁。
[15] 汪暉：「關於現代性問題答問」，《天涯》，1999 年第 1 期，第 27 頁。

這種可能性：市場與列寧主義-史達林主義模式結合的可能性，它以一種畸變形式支撐和延續這個模式。如果這種可能性變成現實，新左派會說，看，我們早就說過不要對市場期望過高！而自由派則會說，我們對這個模式的力量從來沒有估計過低！

自由主義、法蘭克福學派及其它

　　自由主義在許多國家長期占居文化哲學和意識形態的主導地位，當社會主義在蘇聯東歐遭受嚴重挫折，迅速衰退，民族主義、原教旨主義甚囂塵上，軍國主義、法西斯主義急欲抬頭時，自由主義是一種重要的健康、清醒力量。但自由主義在中國卻是命途多舛，它長期受到批評和誤解，雖然三、四十年代在知識份子中暫顯興旺之勢，但在無情的歷史急流中卻不斷觸礁，在激烈的政治鬥爭中左右碰壁。從五十年代起，「自由主義」成了不言而喻的貶義詞，只是在近兩年，才有一些人對自由主義的內涵，它在中國失敗的原因等問題重新探討，並得到不少富有啟發的成果。

　　《天涯》今年第二期上有王彬彬的文章〈讀書札記：自由主義〉，對自由主義作了引人注目的激烈批評。批評的姿態和勇氣當然值得嘉許，但如果批評主要建基於政治學和歷史知識的片面、欠缺和錯誤，如果批評倚重對於法蘭克福學派理論家未經研究、缺乏批判的引證，那就會誤導讀者。本文當然不打算對自由主義作不合時宜的辯護，但想澄清一些問題。我主張，即使對於國人皆曰可殺的壞蛋，也不要湊上去亂棍打死。我們需要的是一份公正的判決書，盡可能做到事實清楚準確，量刑適當，當然也包括把遺漏了的過錯添補上去。

自由主義與極權主義

　　王彬彬在文章中把自由主義和極權主義拉在一起，他斷言，自由主義「反對任何激進的態度，對以革命的方式改造社會，自由主義懷有深深的恐懼和敵視」。不知這種論斷有什麼文本和歷史事實的根據？相反的證明倒是常識，載於各種教科書中。就拿最重要、最典型的洛克的自由主義學說來說吧，早有中譯本的《世界文明史》是這樣描述其內容的：「如果政府超越或濫用政治契約中明確規定所授予的權威，這個政府就變為專制獨裁；這時人民就有權去解散它，或者反抗它，甚至推翻它。」洛克在被視為自由主義經典文獻的《政府論》下篇中說：「當立法者們圖謀奪取破壞人民的財產或貶低他們的地位使其處於專斷權力下的奴役狀態時，立法者們就使自己與人民處於戰爭狀態，人民因此就無需再予服從，而只有尋求上帝給予人們抵抗強暴的共同庇護。」洛克認為，在這種情況下，不是反抗的人民，而是專權者、掠奪者在造反和叛亂。有人站在統治者一邊說，反抗會有暴力和內亂，洛克針鋒相對地批駁道：「他們也可以根據同樣的理由說，老實人不可以反抗強盜或海賊，因為這會引起紛亂或流血，在這些場合倘發生任何危害，不應歸咎於防衛自己權利的人，而應歸罪於侵犯鄰人的權利的人。假使無辜的老實人必須為了和平乖乖地把他的一切放棄給對他施加強暴的人，那我倒希望人們設想一下，如果世上的和平只是由強暴和掠奪所構成，而且只是為了強盜和壓迫者的利益而維持和平，那麼世界上將存在什麼樣的一種和平。當羔羊不加抵抗地讓兇狠的狼來咬斷它的喉嚨，誰會認為這是強弱之間值得讚許的和平呢？」

　　洛克的《政府論》被視為「為英國人民反對自己政府而辯護的書」，他的自由主義學說極大地激勵了，深刻地影響了美國革命和法國革命。美國的獨立宣言就援引了他的主張，試看以下文句：「我們認為下面這些真理不言而喻，即：人生而平等，造物者賦予他們若干不能出讓的權利，其中如生命、自由和對幸福的追求。為了保障這些權利，人們才在他們之間建立政府，而政府的正當權力是經被統治者的同意而產生的。任何政府一旦破壞這些目的，人民便有權把它改變或廢除，以建立一個新的政府。」

　　緊接著上面引過的話，王文又說「自由主義視法律為神聖的，因為法律是自由的保證。自由主義的自由，必須在一個井然有序的法治社會才有可能實現，因此，自由主義最害怕的是社會的無序和動亂，每當社會無序和動亂時，恰恰是自由主義者會急切地呼喚一個強有力的人物，一個強有力的政府」，這話仍然失之粗率和任意。試問，在專制制度下爭取自由時專制主義的法律是保證自由還是壓制自由？自由主義者是去維護專制的法律還是去打破它？同樣有中譯本的《法律與革命》一書在導論中說，西方歷史中週期性地訴諸於革命的非法暴力來推翻既定的秩序，而且作為這種結果最終產生的權威已經創設了新的和持久的政府和法律制度。西方每個國家的政府和法律體制都源於這樣的革命。因此，「每次革命都標誌著該次革命所取代或根本改變的舊法律制度的失敗」。在舊秩序和自己的社會理想之間，自由主義者顯然會選擇後者，所以《世界文明史》對洛克作了如下評論：「如果被迫作出選擇的話，他寧肯選擇無政府主義的罪惡行動，而反對各種形式的專制主義。」在美國獨立戰爭時期，很長一段時間裏英國國王、總督、英軍司令是強有力的人物，他們代表了法律和秩序，

而大陸軍首領華盛頓名不見經傳，且屢戰屢敗，但自由派人士擁護的是後者。革命勝利後，華盛頓逐漸成為強者，但他毅然去職，因為自由和民主的觀念使得他和他的支持者想要避免出現一位新國王的危險。在這一進程中，和在其他歷史進程中一樣，自由主義者要的是自己的政治理念和秩序，而不是什麼沒有政治屬性的法律、秩序、強者。

　　沒有近現代政治意識或不熟悉自由主義哲學的人，很容易產生一種誤解和淺見，以為自由主義只是，而且永遠是在現存政府和法律一邊，因而與掌權者有著天然的、割不斷的聯繫，當洛克這樣的自由主義者口口聲聲談法律時，有人以為這表現了自由主義者的保守性。其實，這只是因為他們不瞭解自由主義關於社會和國家的起源，關於政府權力來源的學說。洛克在《政府論》中提出，人天生是自由、平等和獨立的，為了自己的財產、安全和大家的福利，人們形成共同體，自願交出一部分權力；受委託的掌權者按契約獲得權力，他們只能做被委託的事，法律主要是用來劃清他們的權力範圍和說明他們的行事規則，而不是他們使人民馴順的工具。「所以，誰握有國家的立法權或最高權力，誰就應該以既定的，向全國人民公佈周知的，經常有效的法律，而不是以臨時的命令來實行統治；應該由公正無私的法官根據這些法律來裁判糾紛」，「如果掌握權威的人超越了法律所授予他的權力，利用他所能支配的權力強迫臣民接受違法行為，他就不再是一個官長；未經授權的行為可以像以強力侵略另一個人的權利的人那樣遭受反抗」。在專制的、極權的或不公正的社會，情況往往是掌權者侵權而違法，而非人民為捍衛自己天然的權利、反抗壓迫者而違法。

　　王文還宣稱：「自由主義本身，內在地包含著通向專制、獨裁之路。」所謂內在地，就是說自由主義學說本身具有推崇專制獨裁的內容，或者可以從中邏輯地推出這種內容，但作者沒有（也不可能）找到文本根據來證明這一點。相反的論據倒俯拾皆是，還是以洛克為例吧。《世界文明史》總結他的思想時說：「洛克譴責議會的專制主義。他痛斥君主專制制度，但他也同樣嚴厲地譴責議會的專制統治權。」的確，《政府論》的有關論述，表明了洛克是如何地對專制深惡痛絕、勢不兩立。他說：「專制權力是一個人對另一個人的一種絕對的專斷的權力，可以隨意奪取一個人的生命。」這種權力不是出自自然的授予或契約，而只能使專權者處於與他人的戰爭狀態，從而放棄自己的生命權：「他既然拋棄了上帝給予人類作為人與人之間準則的理性，脫離了使人類聯結成為一個團體和社會的共同約束，放棄了理性所啟示的和平之路，蠻橫地妄圖用戰爭的強力來達到他對另一個人的不義目的，背離人類而淪為野獸，用野獸的強力作為自己的權力準則，這樣他就使自己不免為受害人和會同受害人執行法律的其餘人類所毀滅，如同其他任何野獸或毒蟲一樣，因為人類不能和他們共同生活，而且在一起時也不能得到安全。」

　　作者不能從思想、學說的內涵找到自由主義與專制的內在聯繫，而是舉出了幾個自由主義者倒向獨裁的例子。問題在於，倒向獨裁之後，他們還能叫自由主義者嗎？作者的論述方法不能成立，因為類似例子隨手可舉。參加過創建中共的陳公博、周佛海後來當了漢奸，難道共產主義和賣國有內在關係嗎？參加過籌安會擁護袁世凱的楊度後來成了中共黨員，難道共產黨和專制復辟就有了內在關係？

法蘭克福學派論自由主義與極權主義

　　法蘭克福學派對資本主義社會作了深刻揭露和尖銳批判，功不可沒。但是，由於其青年黑格爾派的方法和作風，由於其烏托邦氣質和浪漫傷感情懷，其觀點中有不少並不中肯。其中最為薄弱之處，大概要算對於自由主義與法西斯主義關係的分析。王文未作思考和分析重複這方面的觀點，無助於讀者認識自由主義，也無助於認識法西斯主義。

　　作者引證《法蘭克福學派史》一書中所提霍克海默 1939 年一段廣為人知的話：「一個不願意批判資本主義的人，就應當對法西斯主義保持沈默。」我們知道，資本主義和自由主義兩個概念相交，但並不重合。就在同一本書的另一處，再次引用這句話之後有一個專門的說明：「應當明白，他說的是國家資本主義，而非其自由的或壟斷的先驅。」

　　王文同意馬爾庫塞的觀點：自由主義與極權主義之間存在必然聯繫，他除了照搬照引馬爾庫塞的三點論據外，未作任何補充闡發，現在我們來逐步考察這些論據。

　　其一，自由主義是對建立強大國家要求的最有力的支持者之一。這不對，自由主義的最大特徵就是珍視個人自由而反對國家集權，沒有任何主義或學說像自由主義那樣警惕和防範強大的國家權力對個人權利的侵犯。在社會生活方面，它嚴格劃分公共和私人領域，確保個人基本權利；在經濟上，它的基本原則是以看不見的市場之手作自然調節，不贊成政府干預經濟運行；在政體問題上，它主張權力平衡與相互制約，防止權力過分集中。在古典自由主義之後，有哈耶克、波普爾等人反對社會工程論，即否

認誰有全知的能力可以對社會的改造和發展作出完美無缺的理性規劃和設計。還有伯林這樣的人厘清消極自由和積極自由的差異，主張人享有的自由是「免遭……」的自由，而非「去做……」的自由，而後一種自由可能為國家的干預和強迫提供口實，儘管強迫的動機是為了爭取美好的東西。恰恰相反，法蘭克福學派許多理論家不喜歡「消極自由」的主張，認為自由意味著「自由到……」從法蘭克福學派對黑格爾這個標準的整體主義者和國家主義者的尊崇看，在支持還是反對強大的國家權力這個問題上，他們和自由主義者正好處於兩極。

其二，從自由主義向極權國家的轉變，是在同一社會秩序框架中發生的，獨裁主義是自由主義的更高階段和完美實現。看來，為王彬彬所接受的馬爾庫塞的思路是這樣的：法西斯主義誕生於資本主義社會，而資本主義等於自由主義，因此法西斯主義可以和自由主義劃等號。但是，任何深入研究過法西斯起源的人都會指出，在「資本主義」這個混雜的概念中，可以劃分出自由主義和極權主義的對立，自由資本主義的典型是英美，而後者的典型則是德國。想一想「納粹」這個詞的原意，就可以明白把法西斯等同於自由主義是多麼缺少根據，怪不得毛澤東在〈青年運動的方向〉中提到希特勒也講「信仰社會主義」。

法蘭克福社會研究所的成員雖然多半遷居美國，但囿於語言、文化、心理（包括歐洲中心主義傾向）等原因，囿於德國經驗，並未研究德美之間的區別。王文引證的《法蘭克福學派史》中有一段話很說明問題：「納粹的經驗深深刺傷了研究所成員，使他們僅僅根據法西斯的潛能來判斷美國社會。他們獨立於美國社會到如此程度，以至於無視使美國的發達資本主義和大眾社會

不同於他們在歐洲遭遇到的獨特歷史因素。研究所總是認為極權主義是自由主義的產物，而不是其反動，但在美國，自由的資產階級社會確實在抵抗這一變化，為什麼會如此？研究所從未有深度地予以探討。」

　　法西斯主義的意識形態從來不是自由主義，而是整體主義、權力主義、國家主義、軍國主義、民族主義和種族主義。法西斯主義在德國得勢，原因很多，比如整體主義哲學、軍國主義傳統、一戰的失敗以及經濟大蕭條等等，自由主義不是法西斯成功的原因，恰恰相反，自由主義傳統薄弱，自由主義勢力軟弱才是其原因之一。可以大體上把魏瑪共和國視為具有自由主義傾向，希特勒靠選票把魏瑪共和國變為第三帝國，並不是自由主義向法西斯主義的和平過渡，而是因為自由主義在德國缺乏根基。魏瑪共和國是德國軍國主義在一戰失敗後由其他西方大國挾持而出現的短暫現象，義大利的法西斯勢力是在與左翼力量聯手搞垮自由民主制度之後而得到政權的，二者都認為議會制度是平庸的、腐敗的。義大利法西斯分子宣稱，國家需要的不是自由，而是工作、秩序和繁榮，自由是一具「正在腐爛的屍體」。墨索里尼自稱為馬克思主義的社會主義者，搞過罷工，當過社會黨報刊的編輯，他本質上卻是個現存制度的叛逆者，始終是自由主義的死對頭。

　　王文在引證馬爾庫塞的話時，漏了關鍵的一句，即說自由主義與極權主義發生在同一社會秩序框架，具體指的是經濟基礎的統一。我們可以深究一下，自由主義式的市場經濟是否與法西斯主義有內在關係呢？答案同樣是否定的。同樣屬於法蘭克福學派的紐曼對德國經濟作了經驗研究後指出，德國經濟廣泛的、顯著的特徵是壟斷經濟，也是一種命令經濟。納粹黨建立了一個完全

屬於自己的，幫助它提高官僚化的經濟機構，在他們的國家社會主義綱領指導下，自由主義國家所提供的緩衝和防禦機制已不復存在。

其三，自由主義對於調節社會不同階級、集團利益時採取自然和放任態度，但當衝突和危機加劇，整個的和諧越來越不可能時，自由主義從理性轉向非理性，求助於具有超凡魅力的、獨裁的領袖。馬爾庫塞的這個論證是在玩弄法蘭克福學派成員從黑格爾那裏稟承的、他們玩得得心應手的辯證花招，想要說明極權主義既是自由主義發展傾向的繼承，又是其反動。但這種先驗的辨證推演並不符合經驗事實。在上世紀末本世紀初，鑒於社會上出現分配不公、福利低落、經濟蕭條等現象，古典自由主義發展為新自由主義或所謂社會自由主義，放任主義和個人主義原則有所修正。情況剛好和馬爾庫塞所說的相反，自由主義重視了調節而並未求助於獨裁權威。到了 70 年代，由於羅爾斯的《正義論》的發表，上述傾向更為強烈和明顯，羅爾斯最新版本的自由主義更偏向平等，大力強調照顧社會上最少受惠者的原則，引起長期、激烈的爭論，從而使自由主義在當代更具活力。我國學術界對羅爾斯的思想、影響、後果有詳細譯介，我們在談論這方面問題時應利用這些較新的材料。

法蘭克福學派的領導人和最重要的理論家之一霍克海默晚期態度的轉變頗令人玩味，他在 60 年代退休時表示，他對資本主義表示無限的歉意，我想，作為資本主義制度的堅定批判者，他的真意可能是對法蘭克福學派頗為偏頗不公地攻擊過的自由主義表示歉意。在 1965 年為《批判理論》一書所寫的序言中，霍克海默說：「應當公開宣佈，一種即使存在有缺陷的，可疑的民主制，也總是比我們今天的革命必然會產生的專制獨裁好一些。這種公開的表白，出於真理的目的，我認為是必要的。」「用自由世界

的概念本身去判斷自由世界，對這個世界採取一種批判的態度而
又堅決捍衛它的理想……就成為每一個有思想的人的權利和義
務。」他表示，他生活於其中的那個世界不可避免地有許多不公
正，但仍是暴力海洋中自由的島嶼，這島嶼的沉沒也意味著包括
法蘭克福學派理論在內的整個文化的沉沒。

　　依我之見，極權、專制、法西斯主義是與自由主義，還是與
其他什麼東西易於發生聯繫，對於我們這一代中國人應該比較容
易弄清楚。「文革」前，毛澤東多次強調，我們的黨，搞得不好
就會變成法西斯黨，當時有不少人感到很新鮮，因為人們習慣的
說法是，法西斯黨是資產階級政黨。毛澤東還說，史達林那樣嚴
重破壞法制的事，在英、美、法等西方國家就不可能發生。鄧小
平在 80 年代初談論我國的制度改革時，重提了毛澤東的觀點，並
高度重視人們的一種議論：為什麼資本主義制度所能解決的一些
問題，社會主義制度反而不能解決？（參見《鄧小平文選》第二
卷，第 333 頁）當然，毛澤東、鄧小平絕不會認同自由主義的立
場，也不欣賞西方政治制度，但他們以自己的政治閱歷和洞見，
對英美式的體制與極權主義的關係，看得顯然比當年的法蘭克福
書呆子和今日中國「新左派」青年要清楚得多。

自由主義在中國面臨的困局

　　本世紀上半部分，中國的自由主義在思想傳播和實現自己政
治理念方面作了艱苦不懈的努力，但以失敗告終，並且是慘敗。
從思想傳播方面說，傳統文化、王霸之術根深蒂固，不但不能剷
除，連反傳統者都難於徹底擺脫傳統的思維和行為模式。雖然倡

導西學之風尤盛，但中國思想文化傳統與德國的整體主義、國家主義同構之處甚多，中國人的心理素質與法蘭西的激進輕率天然諧調，雖然有不少從英美歸國的學者竭盡全力鼓吹自由主義，但中國的思想文化土壤對於自由主義實在是太貧瘠。從實際政治運作方面看，自由主義者中凡是不打算書生論道、愛惜自己羽毛者，要麼在波譎雲詭、險惡萬分的政治風浪中暈頭轉向，要麼在強大而毫無妥協可能的武裝集團之間左右碰壁，束手無策。有人或者有「我不入地獄誰入地獄」的決心，或者是不知天高地厚不自量力，企圖以結盟的方式在政治牌局中占一席之地，但他們「吃不著羊肉惹一身膻」，鎩羽而歸，身敗名裂。有人被人玩弄於股掌之中，狼狽不堪；有人八方討罵名；甚至有人最後招來殺身之禍。我們可以認為，在本世紀前半葉，自由主義不適合中國國情而必然失敗，但不能把失敗的原因歸於自由主義與極權主義的內在聯繫，說自由主義者投靠反動的獨裁者而成了殉葬品。王文的分析，要麼是沿襲了以前的偏見，要麼是瞭解情況只知其一，不知其二，結論有失公允與中肯。

王文為了證明「在中國現代史上，自由主義者往往在特定的歷史關頭，會走向極權主義，會擁護專制、獨裁」，舉了嚴復為例。作者斷定嚴復「自始至終都信奉自由主義學說」，不知根據何在？是否為專門下過功夫研究嚴復得出的獨特結論？我所閱讀的有關嚴復的論著，沒有一種有此結論。大多數論者都認為嚴復發生了巨大變化，從進步走向保守、反動，從「全盤西化」變為維護傳統。而更認真細微的研究表明，強調嚴復早期全力擁抱西學，棄絕傳統，後期甘心情願擁袁復辟，都是片面不確之論。

如果一定要深究嚴復與自由主義學說的關係，那麼我們只能說，囿於嚴復從小受薰陶的文化傳統和中國士大夫急欲尋求新學

以救亡保種的實際目的，嚴復對自由主義的理解是片面的、為我所用的。在西方思想家把個人自由、個人幸福當作目的的地方，嚴復一概將其視為促進民智民德、達到國家目的的手段，所以，史華慈在《尋求富強：嚴復與西方》一書的結語中感慨說：「凡在價值觀念被認為是達到強盛手段的地方，這些價值觀念就很可能是靠不住的、無生命的和被歪曲了的。」不錯，嚴復介紹和宣傳過包括自由主義學說在內的西方學說（因此被譽為「西學聖人」，而未被稱為自由主義者），但嚴格說來，嚴復的興趣與其說是自由主義，還不如說是社會進化論。

　　中國的自由主義者在紛繁複雜的國內政治鬥爭中處境艱尬，左右為難，作為群體他們不斷分化，甚至分道揚鑣；作為個人他們立場態度時有變化，因時、因事而異，幾乎沒有倒向一邊，從一而終的。而王文為了證明自由主義和極權主義的內在一致性，採用了這麼一種簡單的邏輯：國民黨蔣介石政權是獨裁政權，擁蔣就是擁護獨裁。作者只以擁蔣人物的言行為例，對相當多的人物反蔣擁共的情況避而不談。即使在擁蔣的人中，不少代表人物也並非始終一貫擁蔣，他們反對國民黨專制極權的言行，被國民黨鎮壓迫害的情況，也被作者回避了。

　　幾乎沒有什麼自由主義者從一開始就支持蔣介石，也幾乎沒有人全心全意、義無反顧地支持他。一個重要的轉折是「九・一八事變」，日本的侵略，民族的危亡使得中國很有必要以統一的力量去對付外敵，而當時不論從國內還是從國際上看，國民黨政權都是合法性的代表，整合全民族抗戰的領導中心。在這種情況下，自由主義者減弱了甚至放棄了對國民黨專制統治的抗爭。實際上，當時連共產國際的立場都是：抗日必須擁蔣，反蔣就是為日

本帝國主義效勞。一些自由主義者在抗戰後的國共鬥爭中傾向於國民黨，是因為他們對雙方都不滿意，而採取「兩害相權取其輕」的態度。儲安平的話可能代表了他們的判斷和心境：「老實說，我們現在爭取自由，在國民黨統治下，這個『自由』還是一個『多』『少』的問題，假如共產黨執政了，這個『自由』就變成了一個『有』『無』的問題了。」你可以說這個判斷與選擇在政治上是錯誤的、反動的，但不能說他所選擇的內在因素是自由主義與極權主義的一致性。王文提到蔣廷黻主張「開明專制」，而蔣的一席話頗值得注意：「沒有人說南京好或國民黨好，但是人人都怕南京倒了以後的不可收拾，就是極不滿意南京的人——這種人並不少——也不願，且不敢冒天下之大不韙公開的來破壞南京的基礎。這種思想是當前中國政潮的一個大潛伏力。」

王文用了大量篇幅談論胡適對國民黨政府的支援與合作，這些都是事實，不必掩蓋和辯護。但他還有堅持自由民主理念，與國民黨抗爭和受國民黨壓制、打擊的一面，那也是事實，不應回避。比如 1929 年國民黨第三次全國代表大會宣佈軍政時期結束，訓政時期開始，以「總理遺囑」為國家根本大法，以三民主義為標準限制人民自由，嚴厲處置「反革命分子」。胡適和其他自由主義者就發起人權運動，要「明白否認一黨專政」，他們以《新月》雜誌為陣地，撰文揭露批判國民黨政權以「反動分子」，「共產嫌疑」等為藉口，剝奪人民的自由民主權力，其結果是《新月》被封，羅隆基被逮捕，胡適作為「反革命」被聲討，先後丟掉中國公學校長和清華大學校長職位。國民黨上海市黨部宣傳部作了如下決議：「宣傳部提議，中國公學校長胡適，公然侮辱本黨總理並詆毀本黨主義，背叛政府，煽惑民眾，應請中央轉令國府嚴予懲辦案決議，呈請中央。」

　　王文稱，中國的自由主義者「永遠要借助現有秩序，依賴現有秩序，因此，現有秩序無論如何糟糕，不管怎樣腐敗，都要先維持住它，都不能從根基上動搖它」。還說，他們珍視的秩序如果不能以理性方式確立，「那就以專制和獨裁的方式，依靠強權得以確立」。但就是在上述人權運動中，胡適在《新月》發表的「人權與約法」中，批判國民黨政府粗暴侵犯人權，他敦促制定憲法，認為只有如此政府才有法制基礎。他和其他自由主義者還指出，沒有憲法或約法的訓政，只能是專制，絕不可能訓練人民走上民主之路，而中國真正需要訓練的倒是政府與黨部諸公，他們應當學會憲法之下的法治生活。

　　在王文反覆引證的《胡適與中國的文藝復興──中國革命中的自由主義》一書中，格里德對胡適有公允之論，對自由主義在中國失敗的根本原因也有令人信服的分析。他說，胡適在兩條戰線上展開戰鬥，一方面不倦地譴責社會對個人的暴政，另一方面又倚重社會本身（或社會輿論）去監督政府。他說：「無可爭辯的是，在一個只能根據實力來估計力量的時代，胡適和他那個小團體都是些沒有實際力量的人。」「簡言之，自由主義之所以會在中國失敗，乃因為中國人的生活是淹沒在暴力和革命之中的，而自由主義則不能為暴力與革命的重大問題提供什麼答案。」在我看來，中國自由主義者力量弱小，以及自由主義十分依賴人的理性，都不見得是自由主義本身的了不起的罪過，更不能證明它有與極權、專制勾結之罪，如真要拋棄理性而與極權力量勾結，中國的自由主義就不會那麼軟弱，但也就不再是自由主義了。

結語

　　如果大而化之地勾畫自由主義的基本精神，那麼可以說它主張對人性採取聽其自然的態度。如果不把握以洛克發端的自由主義的主流，那麼由此滑向盧梭的專斷主義和柏克的保守主義，都是有內在邏輯線索可尋的。法蘭克福學派指責自由主義和啟蒙運動等於實證主義，抹殺價值的一維，這是沒有根據的，但在中國，確實有不少人這麼理解自由主義。把握洛克式的自由主義路向對中國人似乎很難，中國的政治思潮總是習慣於在激進主義和保守主義之間選擇與震盪。

　　如果以盧梭那樣的方式高舉道德理想主義大旗，拒絕現狀，那久我們必須認真思考，法國大革命中雅各賓專政的後果是否應該接受和讚美。

　　另一方面，如果把自由主義僅僅理解為不計代價，不顧社會公正地推行市場經濟，那也不會使中國的前途光明。中國學術界目前存在這麼一種組合型思想模式：經濟上的自由主義──走火入魔到把腐敗當成建立市場經濟的潤滑劑，把侵吞國有資產，以權力化公為私當作最有效率的市場化手段；文化上的保守主義──視「天人合一」為中國傳統專利，認為儒家學說將成為下一世紀主流；政治上的民族主義和國家主義，這種傾向應引起人們的警惕和批判。法蘭克福學派的批判精神值得借鑒，但其批判理論的許多結論不可簡單照搬，因為它以浪漫復古的態度拒斥現代化，與中華民族一百多年來鍥而不捨的追求不相符。

　　對於有分辨力的頭腦來說，人類古往今來的大多數主義和學說對於理解歷史和當下生存處境都有助益。要充分利用前人

的思想成果，需要真正弄懂各種理論究竟主張什麼，還要進一步思考它們對中國意味著什麼，無知、偏見和教條，是我們每個人的大敵。

社會轉型和政治文化

　　中國社會在近 20 來年發生了巨大的變化，新的行業和職業群體、新的消費方式和娛樂方式、新的通訊手段、人際關係和政治笑話不斷產生，個人和人群的流動性大大增加。中國當代發生的是社會轉型而非政治轉型，簡單地說，「人民共和國」的名義和實質之間的差距及矛盾和以前是一樣的。最典型的表現是，電視節目的品種越來越多，報紙越來越厚，版面越來越花哨，但實質性的資訊和不同意見一如既往地付諸闕如。

　　中國知識界的思想狀況也發生了巨大的變化和深刻的分化。改革、開放剛啟動時，人們的立場、情緒可以用「咸與維新」來形容，人們關心的是黨內高層的改革派能不能戰勝保守派。現在，任何稍具批判精神的知識份子都不會無保留地肯定現狀，人們重新深刻地思考改革的目標，思考社會轉型的含義和後果。但與以前類似，知識界主流對於上世紀 50 至 70 年代有深厚積累的所謂「中國社會主義」遺產，持不認同態度，並程度不等地援引西方學理資源展開論爭。

　　我認為，中國的社會轉型發展到今天令人不滿的地步，知識界不能負主要責任，甚至沒有多少責任，因為知識份子在這個過程中並沒有起主導作用。但另一方面，知識份子對中國社會變遷是否有清醒的認識，是否為營造一種恰當的政治文化盡到了責任，對此問題是應當反省和檢討的。多元化時代正緩慢地來臨，

政治權威的壟斷力量日益減弱，人們的意願、選擇作用會越來越大，如果我們認為中國畢竟還有希望的話，那麼一種文明的、符合歷史潮流的政治文化就是至關重要的。政治文化也具有多元化特徵，但一些基本價值和方向是必須肯定的。

一、政治文化缺課的改革

中國的社會發展水平比蘇聯低，改革的意願和動力大不如蘇聯，當赫魯雪夫邁出改弦更張的第一步時，中共作出了猛烈反應，但在 70 年代末，中國改革的決心之大，步伐之快，不但令世界矚目，還令世界吃驚。這是為什麼？

這是因為，中國有一個文化大革命。中國的改革是自上而下的改革，摧毀毛派政治集團「四人幫」的中共領導人，認識到原先的路走不通了。任何國家的統治集團，如果還能照原樣統治下去，一般是不大可能有改革意願的。毛澤東搞文化大革命，使舊體制的弊端提前暴露，而且暴露無遺，中國以一場浩劫為代價，得到一個告別毛澤東主義，告別毛式社會主義的機會。

但中國並沒有把握住這個契機，或者說，中國有志之士抓住這個契機的努力沒有成功。中國在文革劫難中付出的代價之大和之後收穫之少，恰成鮮明對比。但認真想一想中國改革的動力和目標，想一想中國改革是在什麼樣的政治文化氣氛中啟動和進行的，我們就不會那麼想不通了。

可以和德國（這裏指西部）經歷了法西斯統治這場浩劫後發生的巨變作一個對比。德國戰敗後，大量的獸行與慘劇被揭露，

一方面德國人痛定思痛，另一方面卻對西方戰勝國強加的憲政民主體制隔膜甚至反感。德國如果要新生，就需要一種全新的政治文化。幸運的是，德國優秀的知識份子提供了這樣的政治文化，我們可以把漢娜‧阿倫特（Hannah Arendt）的《極權主義的起源》當成一個典型例子。只是在這種徹底批判法西斯主義、深刻揭露其根源的政治文化站住了腳並蔚然形成風氣之後，德國的政治生活才在憲政民主的康莊大道上順利行進，不論是基督教民主黨還是社會民主黨執政，不論內政外交政策有多少差異，反法西斯、反種族主義、維護人權與和平則是全民族的共同準則。德國知識界為營造這種政治文化一直進行著艱苦努力，並取得豐碩成果，為人類思想寶庫增輝，哈貝馬斯（Jurgen Habermas）近年來在人權問題上的論述可以作為另一個例子。

　　形成一種新的政治文化殊為不易，戰勝國的軍事佔領是必不可少的條件，德國知識界的歷史感和深刻性也是重要因素。中國經歷浩劫之後這兩個條件都沒有，既沒有外力強制，中國知識界的自覺程度和主觀努力也不夠。比附當前中國思想現狀，如果當年德國知識界充斥著批判西方大國的軍事佔領和馬歇爾計畫的「反對新型殖民主義」，「反對強權政治格局」的理論，如果德國知識份子一味鼓吹「第三帝國也有經濟成就，不能全盤否定」、「要從第三帝國發掘制度創新的積極因素」，德國的後來會是什麼樣？

　　中國思想界在 70 年代末面臨著一個極為艱巨的歷史任務，這就是：徹底清算毛澤東主義，揭露文化大革命法西斯專制的性質，探討文革得以發生和釀成大禍的制度性原因；清算「鎮反」、「反胡風反革命集團」、「反右」等各項政治運動反人性的本質和對全

民族的傷害；清算大躍進、人民公社的危害，總結其教訓。在批判、揭露、探索的基礎上，應該形成一種嶄新的政治文化，使得曾經遭到極度否定的人的價值和權利——信仰和思想的權利、言論表達的權利、個人安全和尊嚴的權利、結社的權利、擁有財產的權利，等等——成為中國社會生活和政治生活的基石。在這種政治文化的薰陶下，中國人將知道自己的權利和服從法律的義務，將對任何專斷的傾向、侵犯人民權利和削弱法律權威的傾向警惕和鬥爭。

這種政治文化並未形成，於是我們看到，在一陣短暫的「第二次解放」的歡呼和「新時期」的興奮之後，人們對改革產生幻滅和質疑，於是我們看到，呼籲深化改革的青年學生在「六四」遭到鎮壓。

從另一個角度看，即從當權者的立場看，中國的改革大致是成功的。

中國的改革是由中共領導層中較有遠見的少數人發動和主導的，改革的根本目標與其說是救國救民，不如說是救黨。改革固然有利國利民的一面，但利國是為了避免重蹈國民經濟瀕於破產的覆轍，遵循的是「落後了就要挨打」的邏輯；利民是為了使人民不至於因饑寒而造反。改革的出發點和歸宿都是要有利於黨執掌政權。這個目的在國家意識形態中的表達是「一切要有利於安定團結」，即政治上不要有變動，一黨執政的局面絕不要變。

改革 20 來年，中國的經濟有相當的增長。雖然貧富差距極大增加，但尚無一個階級或階層中的許多人貧困到足以鋌而走險反抗的地步；雖然下崗工人的示威請願不斷發生，但政府不但有力量彈壓，而且有足夠的錢「買安定團結」（比如讓地方領導在春節

前送點米麵食品,相當於發小紅包,給人一點安慰和希望)。更重要的是,幹部隊伍的整體從對改革抱懷疑、抵觸態度轉為積極肯定改革的現狀,他們和其他各行業中的一些人形成了既得利益集團。應當承認,現在中國社會上有抱負、有能力的人中,願意擠進統治階層和願意用不正當或正當手段發財致富的人,遠遠多於願意為社會正義努力的人,而且前一種人總有機會。如果社會上最有能量的人多數肯定現狀和安於現狀,並有條件發揮他們的能量,那麼這個一黨執政的體制是安全的。20 來年轉型和變遷的最大特徵,是統治的維持不是靠意識形態而是靠既得利益,是革命黨正在轉變為執政黨。統治者喪失了道義優勢和士氣,但統治機器憑藉巨大的慣性仍能運轉。一黨專政論者的不安,多半是由於「敵情觀念」太重,神經過敏;另外,他們要提防的,與其說是底層民眾,不如說是自己的同僚。

　　從 1989 年之後,中國一直處於一種「改革的停滯」或「停滯的改革」狀態,權貴式改革的成功和當權者扼殺、壓制中國新的政治文化的成功完全一致。在經濟方面五光十色的變化之後是政治上的連續性,人們還泛泛地支持改革是因為他們認為變總比不變好,只有變才提供某種可能性。

二、新的政治文化為什麼沒有形成?

　　在上世紀 70 年代末,中國似乎很有希望產生新的政治文化,因為文化大革命的徹底破產使人們認識到了毛主義和毛式社會主義的徹底破產。很有希望的另一重大理由是,不但激進的毛派分

子「四人幫」被打倒，溫和的毛派、文革的既得利益者也逐漸失勢，在搞掉這兩個集團的鬥爭中，一種新的、以反專制為基調的政治文化氛圍開始形成。掌權者全是在文革中受過毛的迫害或打擊的人，他們也不想再有文化大革命，也打算總結經驗教訓。到了 1979 年，希望達到最高點，對毛的揭露、批判不斷升溫，西單「民主牆」不但得到容許，而且得到讚揚（雖然事後證明，這只是與「新四人幫」奪權鬥爭的權宜之計），在這之前，張志新事件被披露，標題為「誰之罪？」的文章開始從制度層面追究和分析。

在北京召開的「理論務虛會」勢頭很好，體制內的理論精英濟濟一堂，對毛主義的批判越發深入、暢所欲言。但就在這關鍵時刻，思想解放過程嘎然而止，「四項基本原則」定於一尊，一切思考和探討的道路都被封死。緊接著，《關於建國以來若干歷史問題的決議》出爐，成為政治理論問題的標準答案。它固然是各方意見妥協的產物，也包含了一些批毛的內容，但它的本質是維護廣義的（即所謂「集體智慧」的）毛主義，阻止對政治制度及其原理的思考和批判。

為什麼身受其害的人不乘勢批毛，反而要維護毛？這表現了「老一代無產階級革命家的政治智慧」，因為他們本質上是毛主義者，他們可以批判毛的某些路線、方針，但絕不容許批判毛的政治原則，毛締造的政治制度。這麼做也不是首創，毛澤東曾受到史達林的長期排擠、打擊，但反史達林的浪潮興起時，他要堅決捍衛史達林，他捍衛的是自己的利益，毛認為史達林是搞專政的一把「刀子」。

70 年代末期體制內形成新的政治文化的努力受挫並一直受到鉗制和打壓，這種努力由體制外的學者在社會上繼續，這是理解

80年代「文化熱」的鑰匙。「文化熱」有雙重含義，一、它有不得已而為之的性質，它不再具有塑造新型政治文化的直接性；二、在泛化和淡化的同時，它具有深化的優點，體制內理論家雖然有道德勇氣，但他們的眼界和知識結構實際上是相當狹隘的，他們的學術訓練和功底在馬克思主義方面，他們不熟悉西方主流的、為憲政民主奠基的政治思想學說，中國要形成新的政治文化，需要從頭作起，需要恢復中斷了幾十年的學統，需要在近代經典學理和當代新興思潮兩方面補課。

　　既然不可能正常地塑造一種新的政治文化，那麼我們現在就不應該責備知識界失職。但我們可以也應該對當時的思潮進行梳理，這既有思想史的意義，也可以檢討我們的主觀努力夠不夠，以利於將來的發展。

　　按體制內思路活動轉到體制外繼續從事啟蒙的人高揚人性和人道主義的大旗，大談異化，其中學養最深的人已經從政治文化的角度反思和批判黑格爾哲學，由此挖毛主義的老根；還有人突破黑格爾哲學體系，主張「寧要康德，不要黑格爾」，這是難能可貴地看到了康德哲學中政治自由的可能性要大得多，而黑格爾思想中專制因素的蘊藏量頗為豐富。如果可以對這部分學者的工作作點苛求，那麼我要說，他們在德國古典思辯哲學中停留得太久，為掙脫傳統思想而付出的時間和精力太多了，如果他們熟悉西方哲學在20世紀的內容，他們本可以更快地越過這一階段的，其結果是，他們較晚才對政治文化中德法傳統和英美傳統有所理解，而這是在他們的思想高峰期之後了，以他們的學力和對中國歷史與現實的體悟，他們本可以對新的政治文化作出更大貢獻。

　　更多的思想派別、學術集團、文化山頭並不囿於馬克思主義和德國哲學的背景，他們有的大力吸收當代自然科學的最新成果，力圖在世界觀、歷史觀方面有所突破和建樹（這種努力的意義是顯而易見的的：歷史唯物主義是舊政治文化的核心）；有的全面、系統引介 20 世紀西方人文思潮，目的是為重新理解外部世界，尤其是當代世界，從而為深刻理解中國提供參照和學養；有的人突破中國人對「文史哲」的傳統偏好，引進人們不熟悉的，但對營造新的政治文化極為必需的社會學、政治學、法學等方面的知識，這種工作的意義在 90 年代開始顯示出來；即使是以恢復對中國傳統思想的正常研究為己任的學人，也不可避免地、或多或少地具有為營造新政治文化打基礎的意向。

　　應該對這些體制外的迂迴努力和基礎性工作作點評論，現在僅從新政治文化的角度簡單說幾句。

　　「文化熱」的思想學術成就巨大，但似乎在形而上的維度上著力過多，對精神和文化的偏愛大大超過對制度安排的探索，人們追求深刻性、基礎性、系統性，而較少對現實性、直接性的焦慮。有人曾說過，中國人熱衷於「形而上」和「形而下」，就是對「形而中」不感興趣，80 年代的顯學是美學，宗教倫理學也大行其道，似乎在重走心性之學、「先內聖然後外王」、「改造國民性」的老路，其結果是當社會風潮突起時措手不及。

　　當然，不能以政治文化為唯一尺度，大多數學者並不以此為己任，他們在自己喜愛的領域工作並獲得成就與影響，絕不能說他們領導潮流不力。但改革風潮中思想文化界某些最有影響的人素養不夠，未能盡到自己推動新政治文化產生的責任，卻也是不爭之事實。

　　比如，在 70 年代末，「西單民主牆」運動中湧現了一批很有實力的民間思想家，其中《沃土》的主筆從霍布斯（Hobbes）的政治哲學談起，剖析專制主義產生的思想根源，後來又寫出了膾炙人口的「論言論自由」。這些人曾去找過當時在體制內有一定地位，在社會上有相當號召力的知識界領銜人物，尋求支援，但這些大人物未予重視，他們顯然不理解新出土的思想幼芽的意義，僅熱衷於自己「為馬克思主義正本清源」或「為民請命」的工作。20 多年後回過頭來看，能從經驗主義和自然權利的角度，或者說能從英國古典自由主義的角度談問題，是難能可貴的，這種政治哲學的思路是太超前了，這種超前性也反映了當時思想界整體及領軍人物的眼界和水準。

三、六四事件：政治文化建設的中斷

　　在 80 年代，形成新政治文化的工作在風風雨雨、磕磕絆絆中迂迴曲折地進行，但 1989 年發生的六四事件使這種平穩、漸進的文化建設工作嘎然而止。六四之後有一段空白期，其間知識界彌漫著犬儒主義和拜金主義，然後，後現代思潮和新左派思潮的出現使中國知識界再也不能像以前那樣整體性地致力於反專制主義的政治文化建設了。

　　六四事件是分水嶺，因此，對它的起因、性質、後果進行反思和分析是必要的。一個顯而易見的事實是：引發青年學生民主抗議運動的導火索是胡耀邦逝世這一偶發事件，而其思想後援則是十來年持續不斷的反專制政治文化的影響。

　　1989 年事件有一個總的歷史文化背景，不少知識份子在年初甚至年前就有一種預感甚至預言：1989 年一定會發生什麼事情，因為這一年恰恰是五四運動 70 周年，法國大革命 200 周年。這兩個日子的寓意再明顯不過了：以啟蒙思想為先導，反對專制，爭取自由和民主。

　　胡耀邦的逝世成為事件的導火索，其含義也不言自明：他是因為主張寬鬆和寬容，反對搞「批判資產階級自由化」，反對鎮壓學生而下臺的，人們對他的懷念，不管是不是借題發揮，都是在表達對專制的憎恨和對自由的嚮往。

　　事實上，在學生的大規模運動之前，已經有含義更深刻、更明確的知識份子的表態，著名的知識份子，不論是科學家、人文學者、作家，還是各界知名人士，單獨地或分批地上書最高領導、發表公開信，呼籲釋放政治犯、保障人權。幾批知識份子不約而同、言簡意賅地提出一個要求：思想自由和言論自由。

　　六四事件中最引人注目的現象之一，是大批新聞工作者走上街頭遊行示威，要求新聞自由、言論自由，這些平時在官方喉舌機構供職的人敢於冒著風險在最敏感最關鍵的問題上公開挑戰，說明自由民主的要求有多麼強烈。

　　從鎮壓力量的思路和鎮壓過程的演變加劇看，更能明白中國政治文化的癥結究竟在何處。1989 年的事件之所以釀成震驚世界的慘案，關節點在人民日報的「4.26 社論」，如果沒有這個令學生讓無可讓的「定性」，如果當局能在這一點上有所鬆動，1989 年的學生運動的結局將和 80 年代的前幾次學潮一樣，雖然能產生影響，造成一定的社會震盪，但絕不會成為震驚世界的事件，成為蘇聯東歐巨變的先導。30 年（甚至更長）的歷史經驗表明，掌權

者的政治思維是一種容不得半點不同意見的家長觀，是只知道「你死我活」，決無妥協餘地的鬥爭哲學。他們過分敏感、誇大「敵情」，有一點動靜就認為一場「有預謀、有組織」（往往還「有黑手」、「有國外背景」）的，以奪取政權為目的的鬥爭正在來臨。事實上，甚至在掌權者當中也有人對這種過時的、荒唐的政治思維不以為然。可惜，傳統的（不是幾千年的大傳統、老傳統，而是幾十年的小傳統，革命的新傳統）政治文化是如此根深蒂固，在經濟體制正在發生變化的時候，它毫無改變，這使得中國重蹈覆轍，使中華民族重複 50 至 70 年代的悲劇——流血更多的悲劇。

六四事件發生不過 10 餘年，幾乎所有的捲入者、觀察者都還健在，當事者的回憶大量出版，有關文件、材料，包括官方機密材料也已出版，它的起因、過程一清二楚，對其性質不難判斷，海內外對之形成了基本的共識和判斷。但是，最近有人對六四提出了一種全新的解釋。

按這種解釋，「這一運動的許多訴求與一九九九年十一～十二月間在西雅圖和二〇〇〇年四～五月間在華盛頓發生的對於WTO 和 IMF 的抗議和二〇〇一夏天在義大利日那亞發生的針對八國高峰會議的抗議具有內在的聯繫」；「一九八九年社會動員起源於社會各階層對於放權讓利的不平等過程的抗議，起源於地方和部門利益集團對於中央政府的調整政策的不滿，起源於國家內部的分化，還起源於社會各階層與國家機器之間的互動關係。」「參與一九八九年社會運動的階層也包括了一些利益群體，他們在一九八〇年代以放權讓利為特徵的改革過程中得到了廣泛的好處，出於對正在到來的調整政策的不滿，這些利益群體試圖

通過將自己的訴求注入社會運動，推動國家進行更為激進的私有化改革。」[1]

我不知道把上述言辭叫做論述，還是叫做囈語為好。我不是不屑於論爭，但我真不知道如何論爭，我驚訝於作者捏合事實、套裁現實的勇氣。好在短短的 10 餘年，人們還不至於喪失記憶，幸好還有堆積如山的材料可以作證。

六四鎮壓之後，不出預料地出現了政治文化的反動氣氛，其基調是「反資產階級自由化」、「反全盤西化」、「反和平演變」，這又從反面證明了六四的起因和性質。在這種政治文化反動的氣氛中，官方試圖對 80 年代的非官方文化建設活動進行徹底清算（批《河殤》就是顯著的一例），但陳舊話語的反攻倒算毫無作用。到了 90 年代中期，出現了性質同樣為左，但話語十分時髦的另一種清算，比如有後現代派說 80 年代的新政治文化建設是「在『啟蒙』話語中沉湎的知識份子對西方話語無條件的『臣屬』位置和對於『現代性』的狂熱迷戀」[2]又如有新左派對 80 年代的文化活動進行全面清理，除了與己相同的少數幾個人，對各家各派都輕慢地加以否定。[3]同一作者在新近發表的論文中甚至說「一九八〇年代的社會思想……無法超越冷戰的意識形態所提供的思考框架。」[4]應該承認，新左派的清算往往較老左派有力和有效。

---

[1]　汪暉：「一九八九社會運動與『新自由主義』的歷史根源──再論當代中國大陸的思想狀況與現代性問題」，載於《臺灣社會研究季刊》第四十二期，2001年 6 月，第 19、18、14-15 頁。

[2]　張頤武：「闡釋『中國』的焦慮」，香港中文大學中國文化研究所，《二十一世紀》，1995 年 4 月號，第 132 頁。

[3]　見汪暉：「當代中國的思想狀況與現代性問題」，《天涯》，1997 年第 5 期，第 135-146 頁。

[4]　「一九八九社會運動與『新自由主義』的歷史根源──再論當代中國大陸的思想狀況與現代性問題」，《臺灣社會研究季刊》第四十二期，2001 年 6 月，第 5 頁。

六四事件使新政治文化的建設中斷多年，但在沉寂期，人們並沒有停止思考，巨大的歷史事變使人的思考更加明晰和透徹，同時也使一些人力圖回避令人難堪和痛苦的現實，把批判的鋒芒指向遙遠的，不會遭致反彈的目標。

四、90 年代以來政治文化的不同路向

六四事件使中國政治文化建設中本來就無可回避的問題更加尖銳：我們面對著專制和暴力。我們需要探究：它的形成原因，它在新的市場經濟條件下的表現形式，取代它的政治制度形式、社會條件和實現這種取代的可能性與方式。作為一般性的、前提性的任務，仍然是對專制政治的批判。90 年代中國知識界的分化和基本分野，說到底就是堅持這個方向，繼續努力完成五四運動就提出而一直沒有完成的任務，還是背離、偏離這個方向，對完成這個歷史任務的努力（過去的和正在進行的）進行抵制和詆毀。90 年代至今，中國思想文化場景紛繁複雜，但從這個角度看，基本輪廓和分野還是清楚而簡單的。

以下，僅以三次討論和爭論為例加以說明。

（一）關於激進主義的爭論

對激進主義的反思這個論題由余英時先生在 1988 年提出，與六四運動無關，而與批判舊政治文化密切相關。余先生的論題可以這麼理解：中國革命政權的建立以及中國革命的發生是一場悲劇，中國知識份子對此應負責任，問題出在他們的激進心態。這

種看法對於大陸知識界來說具有新穎性和啟發性，當然，它引起的爭議和批評，不下於贊成與響應。

在錯綜複雜的學理交鋒和論證之中，有兩種觀點與本文的討論有關。

第一，朱學勤不同意余英時的觀點，認為它對中國革命原因的解釋是一種文化決定論，與其說是知識份子的過激心態釀成革命，不如說是一系列事件（包括像西安事變這樣的偶然事件）導致本來無望的革命居然成功。

第二，李澤厚接過反思激進主義的思路，提出「告別革命」的口號。如果說余英時反激進是清理既往，那麼李澤厚反激進目的相反，是為了維護現狀。李在學理上有一種內在的困難：一個激進的革命政黨用過激的手段取得政權，靠反激進論維護它，同時也就是剝奪它的歷史合法性。

汪暉出於反自由主義的目的對有關激進主義的討論加以論說，但因為想要把事實往自己的理論上硬套，張冠李戴，把本來條理清楚的爭論攪成一鍋粥。他的錯誤是一望而知的、多重的。首先，他斷言反思激進主義是出於總結 1989 年的運動，而形成的共識是對激進主義的批評，[5]這兩點都不是事實；其次，他將自由主義等同於反激進主義，[6]這也不符合事實，自由主義和反思法國大革命中的激進民主主義有關，和解釋中國革命的起源與成功沒有內在聯繫，現在談論的是這一方面而不是前一方面，實際上，

---

[5] 「一九八九社會運動與『新自由主義』的歷史根源──再論當代中國大陸的思想狀況與現代性問題」，《臺灣社會研究季刊》第四十二期，2001 年 6 月，第 29 頁。

[6] 同上，第 32 頁。

與余英時論爭，反對李澤厚觀點的，好多都是自由派學者，汪暉完全沒有弄明白這一點，因此，他在攻擊自由主義和點評朱學勤時，完全不得要領、混亂不堪。

（二）關於人文精神失落的討論

1994 年上海一批中青年學人在《讀書》雜誌上討論人文精神，很能說明轉型期中國問題的複雜性，以及對問題的觀察與診斷的歧異。

據我所知，討論最初的發起者是有感於六四之後學術文化局面的凋零，與 80 年代「文化熱」的巨大落差而發議論，力圖對 1949 年以來的文化專制作一回溯與總結。

與此同時，許多上海文化人以其對時局的敏感，預見到商品文化、大眾文化、拜金心理將對他們理解和尊崇的人文精神的威脅和衝擊，無可諱言，這場討論也包含知識份子對自身地位下降和邊緣化的困惑與不滿的宣洩。

對商品文化和大眾文化作何評價，是一個複雜的問題，但不論如何，意識到（哪怕是誇大地、偏頗地）可能有一種新形式的壓迫產生，意識到隨著社會轉型會出現新問題，是有意義的。如果能進一步探究舊體制如何利用、結合新的經濟、社會、文化形態繼續運作（舊體制當然善於，也確實在作這種利用和結合），則更有意義。在這種意義上說，質疑人文精神討論的一些人是太不敏感和局限於舊經驗了，他們對於「反右」、文革有刻骨銘心的記憶，對毛澤東時代型的壓迫可能回復有足夠的警惕，對原有專制的根基尚未動搖有深刻的認識。但是，他們可能自囿於這一個維度的警惕，覺察不到新問題正在或將要出現，不能理解轉型期的

問題不是單一的，而是有兩種主要類型，在正確地看到舊政治文化仍然十分強大的同時，他們不無偏頗地把任何消解舊體制和舊意識形態的東西——比如「痞子文學」——都看成是有進步意義的。

但是，他們的基本判斷是正確的，人文精神的失落不是起於90年代初的商品經濟潮，而是發端於1949年的文化專制。他們的這種質問是無法回應和回避的：「如果說人文精神的喪失是由於90年代初的商品經濟，那麼在此之前我們就很有人文精神了？」人文精神討論剛起時，我們明顯看到了批判文化專制的意識，把人文精神喪失的原因歸結為知識份子遭受文字獄的摧殘之後精神的侏儒化和動物化，但這種觀點很快就被歸咎於商品經濟的看法沖淡了。這場討論受到有關方面的關注，一些人感受到了壓力，於是話語更加向安全的方向轉移，對文化專制的追究銷聲匿跡，對商品經濟的聲討虛火上升。一位發言者在逃避現實性的路上走得更遠，當他被正面問到「人文精神究竟是何時喪失的」時，給出了「自明末清初就開始喪失了」的回答。

知識界大部分人並沒有喪失現實感，他們清楚人文精神的喪失到底始於何時。陳寅恪的悲劇和抗爭雄辯、生動地說明了這一點，90年代中期的陳寅恪熱部分原因即在於此。海外不少人不明此理，指責大陸知識界忽發復古之情。而新左派的代表人物還嫌沒有把原因推到遙遠渺茫處，有人把人文精神失落問題的討論歸結為是對當代資本主義系統危機的本能反抗，認為其缺點是「沒有真正解釋市場主義時代的內在矛盾」，[7] 看來，文化大革命革中國

7　「一九八九社會運動與『新自由主義』的歷史根源——再論當代中國大陸的思想狀況與現代性問題」，《臺灣社會研究季刊》第四十二期，2001年6月，第41頁。

文化的命還不夠，歷次運動打擊知識份子還不夠，幾十年的摧殘、奴化也不是原因，應該負責的是美國的大公司。

（三）關於自由主義和新左派之爭

　　從 90 年代中期起到現在，自由主義和新左派的爭論構成當代如何建構新型政治文化方面的分歧和對立的主要內容。自由主義被重新提出，不過是把自五四到 80 年代的新文化運動中反專制、要人權，提倡科學、自由、民主的內容深化、純化和學理化，並明確肯定以前未能強調的個人自由、法治、市場經濟和個人財產權。

　　不同的人和群體對自由主義有不同的理解，對其內容有不同的強調和取捨，對古典的和當代的自由主義流派、學說各有偏愛，對當前中國的問題有不同的看法，在評價自由主義的政治文化內涵和社會作用時，只能取其基本主張。事實上，中國當代的現實問題是如此複雜，我們不可能簡單幼稚到只在某家某派的理論中討藥方。但是，中國新舊形式專制的毒害是如此深廣，中國傳統政治文化與人類既有的文明是如此隔膜，我們不能不重申關於人的價值和制度安排的基本原則。

　　「新左派」這一稱呼在 90 年代中期一場有關國情的思想爭論中即已出現，現在，這批人中不少人拒絕這一稱謂，認為是誣稱（有人還想沾對立派的光，稱自己為「自由左派」；有人扮兩幅面孔，在國內拒絕，但欣然接受西方新左派雜誌給予的「新左派」稱號）。基於以下三項理由，我認為「新左派」這個稱呼是恰當的。一，他們的思想理論資源完全來自當代西方新左派，並和他們有聯合行動；二、他們和中國老左派一樣，只反資本主義和市場經濟，不反專制主義；三、與老左派一樣，他們肯定毛澤東的左傾

做法，如大躍進、人民公社、文化大革命等等，號稱要「繼承社會主義遺產」。

　　兩派的分歧，說到底是堅持反對專制主義、極權主義，還是反對資本主義的問題。其他許多問題都由此派生，比如社會不公、腐敗等等，主要是由於舊體制、由於權力的壟斷和專斷引起，還是由於新因素，即市場經濟和資本的存在引起。其實問題並不難回答，比如誰都知道，中國最嚴重、最普遍的不公正是城鄉差別，占人口大多數的農民從未享受到國民待遇，這難道是資本造成的不公？市場經濟是導致、加劇了這種不公正，還是起到了消解這種不公正的作用？實行市場經濟 20 年來，尤其是最近 10 來年，中國社會的轉型一直進行著，但是，中國已經變成了資本主義社會，還是仍然是一黨制國家？中國的前途是實行憲政民主，還是要借助分析全球資本主義危機（是否真的存在這種危機？）找到救治的答案？兩派的回答截然相反。

　　我認為，中國在政治文化方面的缺課非補不可，對毛式「社會主義遺產」非批判不可。如果社會主義和資本主義之爭還有意義，那也只能是在這之後。政治自由的問題不解決，一切理論探索和爭論都像是戴著鐐銬跳舞，只不過有的舞者極力想解脫鐐銬，有的舞者覺得扭曲著肢體狂歡很榮耀。

當代中國公共知識份子的生成

　　今日中國社會生活的重要特點之一，是有一批公共知識份子盡其所能地就社會問題發表意見，對隨時發生的重大事件表態，他們的觀點和態度已經對輿論的形成與走向，對公共生活的氣氛發生影響，在少數情況下甚至對政府政策的形成產生作用。雖然不同的人對於誰是這種公共知識份子的代表，誰是名列前茅的有影響的公共知識份子有不同意見，但這批人的存在與作用，是得到公認的。

　　2003 年被稱為「公民維權年」，公共知識份子的言論作用在這一年表現得最為明顯。在孫大午、孫志剛、劉湧、黃靜、李思怡案件發生之後，在「乙肝歧視」事件、《南方都市報》負責人被捕事件之後，在許多大城市準備出臺法規禁止乞丐在市內繁華地段乞討的時候，公共知識份子的立場與表態帶動了輿論，極大地影響了輿論的方向、深度與廣度，效果不等地使各類案件、事件朝向法治的方向解決。

　　在社會新聞性媒體中，一些有責任心和上進心的報刊因為盡可能地刊登具有批判精神和知名度的公共知識份子的言論而受到歡迎，並獲得商業上的成功，當局的制裁和打壓，除了撤換主編外，就是列出禁止發表文章的作者名單。報刊能否刊登這些人揭露真相、大膽批評的言論，決定了它們能否保持繼續受歡迎和較高的銷量，《南方週末》就是一個明顯的事例，也是中國輿論環境的晴雨錶。

　　中國公共知識份子的標準、作用、影響力、局限性等等問題，逐漸成為人們關注和討論的議題。2004 年夏季，《南方人物週刊》發佈「影響中國公共知識份子五十人」名單，這個不怎麼值得稱道的舉動引發了一場十分不值得稱道的爭論，相當程度暴露了中國知識份子的毛病。同時，這一事件也提示我們，要認真思考和研究中國公共知識份子問題。在今天，公共言論受鉗制的情況達到了近 10 多年最甚的程度，但從長遠看，市民社會的穩步成型，言論空間的逐漸擴展，輿論在社會、政治生活中的作用越來越大，畢竟是大勢所趨。知識份子只有不斷地對自身進行反思和批判，才能更好地批判社會，促進社會轉型的良性發展。

一、公共知識份子存在的一般條件

　　社會總是有基本問題存在，總是有重大事件發生，需要有責任心、有見識的人表明立場和觀點。只要有最起碼的生存條件，公共知識份子就會盡可能地發言，古今中外，概莫能外，中國的孔子，古希臘的蘇格拉底都是典範。但是，並不是每個時代和社會都具備這樣的條件，中國自 1949 年之後，至少有 30 年沒有公共知識份子存活的條件。寥若晨星的志士仁人冒死犯難，勉力發佈自己的觀點，其命運要麼是成為殉道者，如撰寫「出身論」的遇羅克，要麼被批鬥和關押，如發表「關於社會主義的民主與法制」的李一哲。他們利用文化大革命中「大民主」這種稍縱即逝的機會，才得以使自己的觀點為人所知和廣為傳播，在其他時間，即使不怕死，也沒有使思想在公共空間表達的可能。

　　大致上可以說，公共知識份子出現需要以下三個條件：一、社會存在重大的公共性問題，這個條件幾乎在任何時代和時間都能滿足，不論是在動盪還是承平年代，不論在社會急劇轉型期還是平穩發展期；二、有或大或小的言論空間，這是最根本的，對中國當代知識份子而言，他們只要有最低限度的可能就會發言；三、程度不等的獨立經濟地位，同樣，中國知識份子的要求也是極低的，有人只要餓不死就要說話，當然，當較多的人能夠不太困難地解決生計問題時，公共的言說便呈蔚為大觀之勢。

　　很難精確界定最近這次公共知識份子群體出現的時間，事情在一開始總是不清楚、不完整，表現為雛形。也許可以說，最早的公共知識份子言說出現於上世紀 70 年代末，體制內的理論家（一開始主要是黨的意識形態專家）在「解放思想」的旗號下，以「實踐是檢驗真理的唯一標準」為主題替改革、開放路線論證與吶喊，一些黨內理論家的觀點──比如王若水剖析異化、提倡人道主義，李洪林反對現代迷信，郭羅基追究殺害張志新的「誰之罪？」──實際上已經超越了官方意識形態範圍，而具有更一般和深遠的意義；同時，一批尚未取得知識份子身份（但無論就思想和學識而言都大大強於多數知識份子）的年輕人以西單「民主牆」為陣地，就社會生活的幾乎所有重大問題發言，矛頭指向專制主義，他們既談現實，也談歷史，即探討政治、社會、經濟等問題，也發表詩歌、小說、劇本、美術方面的作品。文革的結束遺留了大量問題和疑問，黨內主流力量向「凡是派」奪權暫時借助體制內開明派和民間力量，這一切使得公共言論一時有一個廣闊空間，表現得極其豐富和有吸引力，成為當代思想史上永遠值得追憶的美景良辰。

80 年代中期形成的「文化熱」為公共知識份子提供了寬廣的活動舞臺，人們對思想、學術、文化的嚮往和尊崇，對社會問題的關注，熱情背後的幼稚，以及幼稚背後的熱情，形成了一些公共知識份子嶄露頭角的最佳氣候與沃土，有時，只要在《讀書》上連續發表幾篇文章，甚至發表一篇文章，就會被當成某一思潮的代表，某一主張的旗手。

在我看來，這一時期的公共知識份子還不是很典型，過於偏向思想、學術，關注點過於偏向形而上方面，談論更多的是「主義」而不是「問題」。這是因為，這時的公共知識份子主要由人文學者兼任，他們的專長是哲學、文學、倫理學等高深、抽象的學科（文化熱的特徵是美學熱）；這時的公共媒體還不像後來那樣發達，傳播知識和意見的主要載體是書籍（當時最時興的是按學科分類出版的叢書），研究、討論的多是中國文化、西方文化，人道主義、主體性等宏大、根本、終極性問題，人們還不善於對即時出現的政策性、公共性問題發表意見；利益分化還不明顯，沒有引起人們注意，多數人還沒有形成利益意識，發言者分為兩派：改革派和保守派，沒有人說自己代表新興的中產階級，或代表弱勢群體說話。

80 年代末發生的事件導致一個短暫的冬眠期，但對於繼續關注社會的人而言，也是一個難得的休整和積蓄期。從 90 年代中期開始，以《東方》、《現代與傳統》、《方法》等雜誌為代表，公共言論空間恢復形成，並迅速擴展。公共知識份子的聲音越來越響亮，越來越頻繁，他們的面貌越來越清晰，特徵越來越明顯，關心和討論的問題越來越具有現實性；他們在社會、政治、文化各方面有不同的立場和定位，形成不同的派別；自認為（或被認為）代表了不同的階層或人群。

　　90 年代形成的公共知識份子不但更關注現實的具體問題，而且在現實生活中更強韌，更有生命力，這是因為市場經濟給他們提供了比以前大得多的生存空間與活動空間。新聞媒體比以前發達得多，對評論和其他體裁的文章需求量大大增加，情況和以前不一樣，不是寫作者為投稿的採用發愁，而是有點供不應求；圖書發行的第二渠道比正規渠道有效率，不但一大批民營書商活得幹勁十足、有滋有味，而且不少知識份子參與其間，靠寫作、顧問、策劃等等養活自己，過著決非「君子固窮」的生活。一批獨立作家完全靠寫作為生，例如王力雄、劉曉波、余杰，一些人就社會問題和公共事務勤奮寫作，同時積極介入圖書的策劃、發行，如丁東、傅國湧，這兩方面相互支撐和促進，使他們得以在思想文化活動中大顯身手。

　　體制內的知識份子也大大受惠於市場經濟，這不僅是因為他們的額外收入可以高於正常的工資，而且由於有經濟上自立的現實條件或前景，他們對於失去工作的擔憂、懼怕大大減小了，他們不必像以前那樣，以「高保險係數的言論自律」方式寫作。很多情況下，在公共言論空間積極發言早已不是太冒風險的事情，對有些人來說，哪怕是出於名利雙收的動機，也願意成為公共知識份子，只要他們有足夠的能力。

　　網路的出現使公共知識份子大大增加了用武之地。在很多情況下，發表言論的激勵性動機不是稿費，而是讓人知道自己的觀點，使自己的思想影響人，網路的言論限制比紙質印刷品的審查限制小，禁忌少得多，時效高得多，被轉載傳播的可能性大得多，得到反饋意見、進行交流討論容易得多。網路特別有利於對即時性事件作出反應，迅速形成聲勢，在劉湧案、黃靜案中這一點表

現得十分明顯。從 90 年代後期起，不少年輕學者通過網路寫作進入公共領域，然後得到紙質出版物的青睞，例如王怡、楊支柱，他們不但在網上寫作，還自建網站，從事「憲政論衡」，談論「問題與主義」。[1]

海外書刊的發行是大陸公共知識份子可以利用的一種重要資源。它們不但提供了發表的場地，而且由於主編者的眼光、水平和統籌組稿能力，往往還處於探討中國社會、思想、文化問題的前沿，對於大陸的言路有引導和示範作用。90 年代初在香港發行的《二十一世紀》，目前越來越引人矚目，在美國發行的《當代中國研究》就是這樣的有影響的刊物。此外，像香港的《開放》，也為談論敏感的政治問題和發表大膽的批評意見提供了空間。

二、90 年代：公共知識份子任務和話題的轉變

如果說，80 年代的公共知識份子許多是文、史、哲類人文學科學者，那麼 90 年代以來公共知識份子顯然以經濟學、社會學、法學、政治學等社會科學的學者為主。重大的公共話題也從安身立命的根基——從海德格、薩特、佛洛伊德或者早期馬克思的哲學思想而來，轉換為制度安排的原則——諸如市場經濟的優越性、憲政民主的可欲性、社會公正的理想與現實，甚至更為具體的問題，比如國有企業改制時資產流失問題。可以說公共話題的主要內容，公共知識份子的基本專業身份，有一個從人文科學到社會科學的轉向。

---

[1] 王怡的網站名為「憲政論衡」，楊支柱的網站名為「問題與主義」。

　　轉向的原因在於 90 年代的社會形勢。如果說 80 年代的主要任務是要從文化大革命和毛澤東的「專政理論」、「繼續革命學說」的陰影中走出來，要確立人性和人道的合法性，那麼在 90 年代，主要任務則是要應付轉型時期產生的種種社會矛盾和問題，這些問題不具有形而上學的抽象性和安身立命的終極性，但更具體，更與人們的切身利益相關。社會處於轉型的過程之中，市場經濟與計劃經濟、權力經濟並存，相應的法律、制度體系沒有建立起來，社會極大失序、百弊叢生，解決這些問題不能只憑藉人們對於價值立場的認定和感性經驗，還需要堅實的社會科學知識。如果說，80 年代的主題是人性的復歸和堅守，是對剛過去的歷史的批判，那麼 90 年代的主題則是對正義原則的堅持，對現實的批判；80 年代爭論的問題是要不要改革，90 年代爭論的問題是是要什麼樣的改革。

　　80 年代風雲人物具有開風氣之先的氣質和呼風喚雨的本領，有些人還善於在話題上跑馬占地，善於把某些具體問題掛在某種主義、某類型文明的名下；而 90 年代的重要公共知識份子必須是這樣的人，他們能夠以學理為支撐深入分析、闡明一個個具體的問題。80 年代的任務大多是從自己的學術專長出發，把自己認定的價值投射於社會，比如宏揚傳統文化的價值、基督教的價值、西方人文主義的價值、科學理性的價值，乃至整個西方文明（藍色文明）的價值，等等；而 90 年代的公共知識份子不能從學科專業出發，必須從問題出發，不能由內向外，必須使自己的思考和言說受制於現實。因此，他們必須既有專長，又有對其他領域的興趣和知識，有綜合思考能力。不是每個人從一開始就屬於這種類型，不少知識份子為了適應新的形勢，或者說為了保持對於公

共事務的發言資格，或多或少地調整自己的知識結構，甚至改變治學方向。

　　可以舉幾個人的學術轉向作為例子來說明這一點。不少人注意到，在80年代以引入西方人文學術著稱的《文化：中國與世界》編委會中，若干重要成員發生了從人文學科到社會科學，從學術文化到公共性關懷的轉向。該編委會主編甘陽、編委徐友漁原來的興趣和專業是現代西方哲學（分別研究歐洲大陸哲學和英美語言哲學），他們在90年代轉向了西方政治哲學，副主編劉小楓從宗教學轉向政治哲學，另一位副主編王焱的興趣和研究從馬克斯・韋伯的思想轉向政治學。

　　如果要作一個不太恰當的聯想，我們可能會想到當年馬克思從純粹的哲學轉到經濟學。也就是說，為了自己的社會關懷和對公共事務的發言權，為了跟上從80年代到90年代話語轉變的潮流，這些人毅然轉變治學方向，從抽象、形而上層面轉到接近現實。當然，與馬克思從純粹的哲學轉到經濟學相比，他們轉變的幅度不算大，而且，這種轉變能否成功，還要留待事實檢驗（其實馬克思的轉變雖然為其追隨者津津樂道，嚴格說來並不成功），但這一事實畢竟折射了時代的進化與潮流的轉變。李澤厚在2004年夏季回答陳明問時談到了這一現象，並說：「政治哲學是當今的第一哲學，在中國會走紅相當長一段時間。」這個評論表現了李澤厚對於思想和時政的敏銳觀察，當然，專業轉向並非易事，俗話說「江山易改，本性難移」；另外，如果只是為了「走紅」，是不會有大出息的，關鍵是要真正關注現實，不但用腦，而且用心。

　　社會環境的變化不但要求知識結構的調整，而且要求問題意識的改變。如果說在80年代，基本問題是要不要改革，是以批判

的態度，還是死命維護的態度對待毛澤東的遺產，那麼在 90 年代
「咸與維新」的情況下，基本問題變成了要什麼樣的改革，不正
義是來自舊體制的權力，還是來自新誕生的市場經濟。

　　對 80 年代的公共知識份子來說，批評對象只有一個，那就是
以史達林模式、以毛澤東的「全面專政」理論的面貌出現的現代
專制主義，但到了 90 年代，在舊有的批判對象遠未消失的情況下，
似乎又出現了另一種惡，即金錢力量的肆掠。但是，是與市場相
聯繫的經濟力量取代了舊體制的權力而成為不正義的主要根源，
還是舊惡實體未變，只不過多了一重顯相？也許，任何偏執一端
的回答都是不對的，但如果不想搞調和、折中，就必須弄清孰為主，
孰為次的問題，而更重要的是，二者有沒有本原和派生的關係？

　　在 80 年代，公共知識份子往往借助西方的理論框架來觀察、
研究、分析、評判中國的現實，到了 90 年代，他們發現西方的理
論和思潮不是單一的，而是有多種。如果可以大致分為兩類的話，
那麼在 80 年代被借用的是西方的主流話語，即中國在鴉片戰爭以
後，尤其是五四新文化運動以來一直被尊奉為先進思想的話語，
即肯定科學、民主、理性、自由、現代化的話語；但另一種反抗
主流的話語在當代西方也強勁有力，它消解上述價值，指責主流
為霸權，這似乎與中國人多年來被欺壓，被邊緣化所產生的心理
相投契。哪一種話語更適合中國的語境？知識份子隊伍產生了分
化和對立，而且陣線與上一個問題相對應。

　　大致可以說，中國公共知識份子的總體面貌在 80 年代呈現一
元特徵：價值認定、批判主要對象、思想借鑒資源、追求目標都
是一個或一類；在 90 年代則呈現二元特徵，中國的現實呈現二重
性，以前被視為一體的西方世界和西方思想也呈現二元性。

　　跨過新的千年之後，中國公共知識份子主流的多元化趨勢更加向前發展，民族主義與文化保守主義的話語不但登臺亮相，而且咄咄逼人。各種牌號的權威主義（從蕭功秦的「以自由主義為目的，以權威主義為現實步驟」的主張，到康曉光的以「合作主義」為表，以維護一黨專制為裏的理論）竭力佔據話語空間，人們面臨新的選擇。

　　本文作者認為，中國的公共知識份子如果不能適應社會現實和思想格局多元化的趨勢，將顯得僵化，將被社會的快速變化、發展拋在後面。另一方面，如果在紛繁複雜的多元現象面前失去對現實的把握和歷史方向感，看不到各種變化中不變的東西——專制政治和相應的政治文化仍然頑強地存在，則會從根本上忘掉公共知識份子的使命——批判和改造社會。

三、體制性局限和個人缺陷

　　雖然我們可以說，中國已經有一批公共知識份子，他們的言論在當代公共生活中產生了影響。但嚴格說來，這個說法不是在真正、完整的意義上，而是在大致、相對的意義上才能成立。公共知識份子的存在以言論自由、出版自由為前提，在沒有這些自由的今天，知識份子的言論要麼是自我設限的，要麼是以受到懲罰為賭注進行冒險，在最好或最常見的情況下，言論檢查機關和知識份子發言之間的關係是一場貓鼠遊戲。事實上，在現在的言論空間中，有太多的禁區和雷區，在公開發表的言論中，不痛不癢的、顧左右而言他的評論占多數。那些稍有實質意義的觀點得

以成為公共言論，全靠言者的言說技巧和讀者的解讀技巧，事實上，中國人在長期沒有言論自由的情況下已經形成了一套特殊的表達和領會方式，只有具有一定閱歷的人才明白那些含混其辭的說法、那些缺乏主語的句子、那些故意張冠李戴的稱呼是什麼意思。

所以，我們在談論公共知識份子問題時必須知道限度，保持警惕，不能煞有介事、一本正經、忘乎所以地談論這個問題，就像談論羅素在英國、薩特或雷蒙・阿隆在法國、賽義德或喬姆斯基在美國的情況一樣，就像我們在談論正常社會中的公共知識份子問題一樣。

2004 年《南方人物週刊》提出公共知識份子五十人名單一事就很說明問題，許多人指出，這個名單意義不大，因為它不敢把最有資格、最有影響的人列入名單，儘管此刊物的做法已經算是很出格的，名單公佈後立即受到言論檢查部門的嚴重警告。另外還有人認為，這次的做法具有兩面性，一方面，它肯定了一大批敢於發言並因而處境困難的人士，而且喚起讀者思索中國的公共言論問題；另一方面，它在某種意義上認可了現狀，和當局一樣，把最敢言的人士排除出去，似乎中國不存在這些人，似乎他們的言論不是知識份子關於中國公共事務的言論，似乎他們談論的那些最重要、最尖銳的問題不存在。

另一方面，公共知識份子的不充分、不盡意的言論，在現階段往往具有特殊意義。一種物品，越是被控制和壟斷，就越成為被人們嚮往的稀缺物品，被重視的程度就高得多。人們常常說，在中國大陸，有話可說但說不出來，而在海外，有言論自由但講話沒有人聽，這只是部分真理，大陸並不是完全講不出話，海外的言論也並非全無作用。在中國大陸，人們對於被壓抑的聲

音，對隨時可能被扼殺的聲音，總是報以極大的熱情和特殊的注意力。

　　除了體制造成的極大限制，中國知識份子自身也有很多問題，使得他們的公共言說是畸形的、不地道不成熟的。當然，知識份子並不天然就善於承擔公共任務，他們的缺陷顯然與不利的社會條件有關，他們長期不能自由發揮，得不到鍛煉提高。容易看出，今日中國知識份子公共言論的水平，遠遠不如胡適那一代人，這與學養有關，但更與條件和磨練有關。

　　不論是出於言論自由的原因還是出於傳統文化影響的原因，中國知識份子的批判精神總顯得不夠。儘管可以把公共知識份子的言論分為兩類，一類以促進社會正常良性運行為目的，一類以批判為手段，目的是匡正時弊，但總起來說，公共知識份子的基本素質缺少批判精神是不行的。許多人已經形成了面面俱到、四平八穩的言路和站在當局立場上考慮問題的習慣，所謂「顧全大局」一直是中國知識份子的優良傳統和優秀品質；一針見血的銳氣和大聲疾呼的氣勢在我們的公共言論中是十分稀缺的。

　　更不幸的是，在關注社會的知識份子中，有太多的人有「諫士情節」，他們雖然有資訊、有知識、有見解，但寧願以上書的方式讓當局知道和欣賞自己的看法，寧願把自己的見識轉化為體制內的進身之階，而不願變成公眾的共識。他們之所以發表公共言論只是因為缺少進言的渠道，或者多次進言而不得賞識，在無功而返之余以文章作一種無奈的表示。因此，他們的言論儘管可能包含真知灼見，但往往言不由衷、曲裏拐彎、留有餘地。

　　中國知識份子的通病和致命缺點是缺乏現實感，理論與實際脫節。很容易發現，一些較為知名的公共知識份子始終只善於，

也只樂於在自己的言論中顯示、炫耀西學知識。在他們看來，西方的學理，越是新穎、時髦，越是不那麼廣為人知，就越有價值。有極少數人甚至發展到裝神弄鬼的地步，鼓吹最寶貴的真理只能靠私傳秘授，靠領悟文本的字裏行間的言外之意。他們是聰明人，除了善於提出一些貌似深刻、半真半假的問題借機顯示自己的高明與博學之外，也善於在關於中國現實的公共討論中發表驚人之言。但與其說他們對於中國的現實有真切的研究和體悟，不如說善於抓住話題發揮，使公共舞臺的燈光聚集在自己身上，中國的問題只是他們表演的由頭或道具，他們關注的是對言說機會和效果的考慮，除了想當精神導師或言論領袖而必須瞭解動向與潮流，他們其實對中國現實既沒有興趣也沒有感情。

　　談到現實感和批判精神，也有人耍另一種滑頭，他們的批判是捨近求遠，避實就虛。他們批判遠在天邊的世界頭號霸主美國，知道不論言辭多麼激烈也不會危及自己；他們批判有「能指」而無「所指」的中國新興的資本主義或資產階級，因為反正沒有任何人、任何集團會對號入座充當靶子。在這方面，臺灣公共知識份子的傑出代表殷海光的言行很有啟發意義。殷海光一生與共產主義為敵，與中共為敵，他顯然懂得儲安平講過的道理：自由對國民黨而言是多少的問題，對共產黨則是有無的問題，他年輕時大力批評中共，但到了臺灣後義無反顧地批評國民黨，遭受打擊迫害也不退讓。他並沒有改變反共立場，但既然具體實施專制，剝奪人民自由的是國民黨，只是一味反共對於爭取民主自由有什麼意義呢？又怎麼能與官方文人劃清界限呢？ 世界上醜惡的東西很多，值得批判的事物很多，如果對眼前的醜惡採取鴕鳥政策，對身處其中的壓制習以為常，對公眾的切身利益不聞不問，專去

攻打那些遠在天邊虛無縹緲的靶子，批評不會打擊報復的對象，那公共知識份子的道義何在，勇氣何在？

中國知識份子還有一個突出的毛病，就是常常把個人遭遇、個人心理情節帶到對於公共問題的討論中，不能把主觀的東西和客觀的東西，把個人的東西和公共的東西區別開來。在 80 年代成名的公共知識份子中，很有幾個人原來是以倡導學習西方先進文化著稱的（甚至被視為「全盤西化」的代表），但他們在美國的經歷相當不利，不足為外人道，他們不能正視問題——有些問題屬於自己，比如英語不好；有些問題本來是自然的、正常的，比如在中國暴得大名，充當學界領袖，到了美國顯然不會有此等待遇，不會出現振臂一呼應者雲集的盛況——於是非理性地把怨恨情緒轉化為學術觀點和公共立場上的反美、反資本主義。固然，反美和反資本主義本來也是一種可以持有的立場，但這種基於個人際遇的反應是不負責任、誤導人的，而且常常使人費解，因為一方面是激烈的反美言辭，另一方面又是處處以美國某教授的某本書為圭臬。

不能厘清行使個人權利和公共權力的界限，在公共事務中不能嚴格遵守規則，把對於公共事務的討論視為對個人的攻擊，動不動就追問動機，以「妨礙學術文化討論，有損學術文化事業」的帽子送人，這是個別尚不習慣公共事務又掌握了一定公共權力的知識份子的作為，筆者對此在另文「知識份子與公權」（《當代中國研究》，2004 年第 3 期）中有所闡述，這裏不再重複。

四、兼評一種謬論

探討當代中國公共知識份子生成問題，不能回避對朱蘇力（北京大學法學院院長）在談論相同問題時表達的難以理解的觀點，我最後想發表一點簡略的評論。

朱蘇力提出，很容易在當代中國造就一批公共知識份子的因素是：民眾對名人的強烈好奇心，社會科學和人文科學沒有學術傳統和專業化程度不夠，討論社會問題容易產生轟動效應，許多學者專業研究和競爭能力下降，等等。

不知為了什麼目的，他特別指出，有一部分公共知識份子來自非學術部門，不是學者而被公眾當成學者。「一個典型的例子就是何清漣。她並不在任何一個學術部門任職，沒有正規系統的學術訓練，儘管她曾經上過研究生班，她的《現代化的陷阱》很難說是一部經濟學著作，同時也很難說是一部社會學著作或政治學著作，儘管其中涉及到這些學科的問題……她也被相當一部分人認為是學者。」[2]

照朱蘇力的說法──的確，他在這篇兩萬多字的長文中反復地並且用好多例子說明，中國公共知識份子產生的主要原因之一，是有不少人專業不行，研究搞不下去，只有去當不太需要專業能力的，成名容易的公共知識份子。不用說，中國公共知識份子的專業學術水平有高有低，確實有人感到對公共事務作泛泛而論比踏踏實實做學問容易，這是自然的、正常的現象，用不著說

---

[2]　朱蘇力：「公共知識份子的社會建構」，《天涯》，2004 年，第 5 期，第 161、163 頁。

大家也明白。但在對中國公共知識份子生成的原因作認真研究時，將其作為一種重要因素著重提出，不是淺薄，就是另有用心。

我認為，何清漣的《現代化的陷阱》之所以產生很大影響，深受廣大讀者喜愛，並受到許多著名學者的好評，原因有三：一、此書尖銳地揭露和批判了中國轉軌時期社會不公正的現實，道出了人們的心聲；二、作者有長期研究的積累，結論建立在第一手調查的基礎上；三、作者的經濟學素養和學理性分析使讀者感到書中的結論和論證是可信的。

朱蘇力不知出於什麼動機，強調《現代化的陷阱》沒有學術性，甚至將其貶稱為「記者性文字」。[3]他不該忘記，《現代化的陷阱》是 2000 年「長江《讀書》獎」的獲獎著作，他本人作為評委的「長江《讀書》獎」的宗旨，就是要「鼓勵學術積累與創新」，「特別是倡導與表彰在學術與思想領域中具有原創性與想像力的書籍與文章」。[4]他談論公共知識份子時另藏心機，顧不得「此一時，彼一時」的問題了。

另外，據我所知，何清漣在完成大學本科歷史系的學業後，又在復旦大學經濟系攻讀學位，並在 1985 年獲得經濟學碩士學位。她曾在暨南大學擔任教職，並受聘擔任中國社會科學院公共政策研究中心特約研究員。朱蘇力說她「並不在任何一個學術部門任職，沒有正規系統的學術訓練」，不知根據何在，動機何在？

朱蘇力的證明方法很難讓人相信他是受過學術訓練的學者，甚至僅僅是有起碼邏輯推理能力的人。他要取消何清漣的學者身

3　「公共知識份子的社會建構」，《天涯》，2004 年，第 5 期，第 165 頁。
4　《讀書》，2000 年，第一期。

份，除了對別人的學習和工作情況造謠外，還從作品入手，但他的唯一論證是：「《現代化的陷阱》很難說是一部經濟學著作，同時也很難說是一部社會學著作或政治學著作，儘管其中涉及到這些學科的問題」，他在這裏犯了兩個糊塗。第一，何清漣發表有近10部著作，上百篇論文，就算《現代化的陷阱》不是學術著作，除非能證明其他論著都不是學術著作，才能剝奪掉作者的學術性。試問，我們能不能列舉朱蘇力一篇或幾篇抒發小情小趣的打油詩或散文，就證明他與法學無關？第二，就算我們同意，《現代化的陷阱》很難說是一部經濟學著作，同時也很難說是一部社會學著作或政治學著作，這也不過是說，它不是一部純粹的、標準的經濟學或者社會學、政治學著作，但難道只有內容單一，學科分類邊界整齊的著作才算學術著作？就算朱蘇力證明了《現代化的陷阱》不是一部純粹單一學科的學術著作，他也沒有證明這不是一部學術著作。如果朱蘇力的邏輯能夠成立，我們也可以作如下推論：阿馬蒂亞・森的《以自由看待發展》不是一部純粹的經濟學或社會學、政治學著作（這個說法是對的），因此它不是學術著作，因此阿馬蒂亞・森不是學者。

其實，和朱蘇力辯論上面的問題，是夠無聊的。關於《現代化的陷阱》一書，從根本上說，重要的在於它是不是一本有社會意義的、有影響的、受人歡迎的著作，面對中國社會轉型期的嚴峻形勢和嚴重問題，爭辯它是不是學術著作沒有多大意義。如果說，與朱蘇力這個也算是公共知識份子的人爭論再一次說明了中國公共知識份子之間的爭論水平太低的話，我們只能請求讀者明鑒責任在哪一方，我們只能保證這是最後一次證明朱蘇力的無理和謬誤，他以後再說什麼我們都由他去了。

　　朱蘇力在這篇「公共知識份子的社會建構」中說了許多咋一聽不相干的話，比如他把中國當代公共知識份子首先劃分為留過洋和沒有留過洋的，在留過洋的人之中又劃分為獲得博士學位的和只是作過訪問研究的（朱蘇力本人自然屬於拿了博士的最高一檔）；還把他們區分為有行政職務和沒有行政職務的（朱蘇力本人榮幸地和厲以寧、吳敬璉等高職位者並列在一起）。人們很可能不明白，洋博士和官位與公共知識份子身份有什麼關係，它們既不是必要條件，也不是充分條件。但是處在洋博士和有行政職務這兩條「精華人物」交叉線上的，除了朱蘇力和另外兩三個人之外，就沒有別的人了，讀者通過他的排隊劃分得到的結論是，他屬於極少數精華中的精華，這就是朱蘇力關於公共知識份子社會建構的分析。

　　中國目前正處於一個特殊的發展時期，中國知識份子也正面臨著特別的、困難的選擇。一方面，轉型期的現實非常需要敢於直言的公共知識份子，另一方面，「穩定壓倒一切」和所謂「輿論導向」的要求處處鉗制言論。說還是不說，說什麼，怎麼說，對每一個知識份子都是選擇，都是問題。從上世紀 70 年代末到現在，有多少知識份子在公共舞臺上亮相，無情的歲月使上一代人花果飄零，而更多的人則是不能堅持到底，成為曇花一現的人物，來去匆匆的過客。歷史經驗表明，知識份子的公共性不在於話語權的大小，也不在於聲音分貝的高低，而在於批判精神。不能設想，公共知識份子可以在現存體制內左右逢源、如魚得水，更不能設想，公共知識份子可以與極權專制相安無事。今日中國的問題既複雜又簡單， 其複雜是目前的社會轉型前無先例，其簡單是價值與是非涇渭分明。幾十年之後再回過頭來看，考驗我們的很可能不是知識的多寡與深淺，而是良知與道德勇氣。

西方馬克思主義在中國

　　西方馬克思主義誕生已有大半個世紀，它在中國的傳播則不到 20 年。時間雖短，中國人對它的理解、態度、運用卻有很大的變化，這反映了 20 年來中國社會狀況的巨大變遷，也折射出中國知識份子把握西方思潮並用之解決中國問題的能力和水平。

　　當前中國思想文化界的一些動向表明，我們正處在一個重要時刻，我們對於西方馬克思主義研究的正確程度和深刻程度，對於中國歷史走向的洞察和對於人類命運歸宿的方向感和健全感，正在受到考驗。中國最新一輪現代化的努力已歷時 20 年，既有舉世矚目的成就，又面臨不容忽視的問題。西方馬克思主義最有價值的內涵是它的批判精神，它提出和發展的社會批判和文化批判理論，對於我們反省現代化進程中的種種負面現象，抵制物欲的膨脹和拜金主義盛行，具有可貴的啟發和借鑒作用。但另一方面，它的浪漫主義和烏托邦氣質，它對現代化的拒斥態度，有可能在中國引起「半是輓歌，半是謗文；半是過去的回音，半是未來的恫嚇」般的反響，造就出幾個西方「新左派」的盲目追隨者和蹩腳模仿者，有礙於中國走向世界，走向現代。

　　中國理論界正式接觸西方馬克思主義，當始於 70 年代末思想解放，探索之風大盛的潮流中。但若認真追溯，這個起始時限可提早到 60 年代。那時為了「防修反修」，內部發行了薩特、梅羅‧龐蒂、布洛赫、柯拉科夫斯基等人的著作，對盧卡奇關於異化的

論述，也通過蘇聯的批判為人所知。從後來事態的發展中可以看出，當時有資格接觸這些「反面材料」的高級理論家中，有少數好學深思之士願意抱著同情態度理解那些對馬克思主義的新闡釋，並在80年代初表示了強烈的探索願望。當然，這姍姍來遲的開放態度仍嫌為時尚早，思想的新芽一露頭就夭折了。

從60年代末開始，在舉國上下大學「無產階級專政條件下繼續革命理論」的同時，在曾經狂熱和盲從的一代人中產生了一股自發的、強大的，然而是逆向的學習馬克思理論的潛流。上述內部書刊廣泛地散落民間，被飛快地傳閱並熱烈地討論。「文革」的非人環境，「文革」理論的空前武斷使人更加相信馬克思的論述：「理論只要說服人，就能掌握群眾；而理論只要徹底，就能說服人。所謂徹底，就是抓住事物的根本。但人的根本就是人本身。」西方馬克思主義顯示的獨特魅力，首先就在於它從人出發理解和闡釋馬克思。

80年代初，西方馬克思主義正式成為學術界的研究主題，學者、教師和學生都表現出了強烈的興趣。有人力圖做借鑒和接納的工作，以擴大研究馬克思主義、考察中國和世界現狀的視野。但占主導地位的作法仍遵循以下思路：「毒草可以肥田」、「在批判和鬥爭中發展」。因此，人們在零零碎碎地獲得有關知識時，耳朵裏也充斥著「針鋒相對地回答挑戰」、「無情揭露」、「堅決打擊」一類的戰鬥口號。

時代畢竟在前進，人們的心態也越來越開放。到了90年代，帶著敵情觀念研究西方馬克思主義的人越來越少了，以前那種純粹批判的態度，也轉變成在瞭解、交流和撞擊中發展馬克思主義的主張。如果說，專業研究者不論態度是嚴峻還是寬容，始終在

理論領域做文章的話，那麼 90 年代初出現的另一種動向則更有意義，更值得注意。90 年代中國社會發生的最大變化，就是市場經濟的建立，突然間洶湧澎湃的商品潮，對人們的心理造成了巨大的衝擊。大眾文化、商品文化的平庸性，精神和價值的失落，引起了不少文化人的憂慮與反彈，社會批判和文化批判應運而生。有些人突然間發現，自己的處境與心態似乎和西方馬克思主義者一模一樣，在現代化的潮流中，他們放眼國內外，都感到一種「資本主義」式的壓迫正在進逼。於是，西方馬克思主義提供了抗拒和批判的張力與武器。當然，動力的源泉和武器庫並非僅此一個，後現代主義與西方馬克思主義雖然在某些原則和理論上有根本差異，但這兩種思潮在立場、觀點、方法上的交疊重合處也很多，在中國，人們幾乎是同時操這兩種型號的武器，而並未感到有重大的區分和不便。另外，不少人並未淡忘文革中「批判資本主義道路」那難忘的一課，而細究起來，文革的理論、西方馬克思主義和後現代主義三者之間也確實有共通的思想淵源（比如阿爾都塞對文革時代的「毛澤東思想」的支持以及後現代主義對阿爾都塞思想的繼承）。於是，在中國的知識界，對現代化導向最堅定和最徹底的批判者往往是這樣的三位一體：他們心儀西方馬克思主義，擁抱後現代主義，並為文化大革命、大躍進等「新生事物」作辯護甚至唱讚歌。

　　依我之見，從西方馬克思主義中尋找在本土進行批判的靈感，是給它派上了最好的用場。我們知道，西方馬克思主義是資本主義世界工人革命運動低潮的產物，由於科學技術革命和西方社會自覺的或被迫的自我調適、自我變革，西方各國大體上處於相對穩定的發展階段，身處這種社會的理想主義者和社會變革

家，再去發展一種經濟危機及其爆發的理論，再去制定無產階級奪取政權的策略，既無緊迫性，也無實際意義。但是，現代化社會並不意味著完美無缺、毫無問題，從馬克思的原始出發點——即人的解放，消除異化，個人自由、全面的發展看，現代發達社會中的人一方面得到了物質享受，另一方面卻在人性上付出了極大的代價，迷失了，甚至喪失了自我。因此，西方馬克思主義者不論是從主觀上想堅持初衷不變，還是客觀上形格勢禁使然，走上了社會批判和文化批判的道路，並以他們的深刻和執著，提出了許多發人深省的觀點。作為一種（在否定的辯證法這種意義上的）批判理論，作為一種社會病理診斷，西方馬克思主義和馬克思的基本精神是相契的。

中國改革開放搞了 20 年，取得了巨大的成就，方向、路線、政策的改變引發了社會結構、人際關係、文化心理各方面的巨大變化，特別是 90 年代初洶湧而來的商品潮，大大地激發了中國知識界的批判意識。終於有人領悟到了，時代的前進使人面臨著一種問題轉換：知識份子的使命不僅止於抨擊守舊意識，為改革鼓與呼，而且要從價值層面對現代化的方向、後果或伴隨現象加以監督，作社會公正的發言人，精神和文化的守護者。

有人對問題轉換反應遲鈍，或者囿於簡單、機械的「經濟基礎決定上層建築」的思維模式，認為只要市場經濟繼續搞下去，一切道德、文化問題都會迎刃而解；更有人擔心，對社會上種種弊端奮力抨擊，會不會導致否定改革，走回頭路。確實，否定改革和現代化的吵嚷聲從來沒有停止，而且越來越與批判人心不古、世風日下，捍衛精神純潔性的聲音交織在一起。問題變得錯綜複雜，有些人似乎忘記了，現代化社會從前現代中脫胎而出，

發展至今，始終逃脫不了批判；還有人自感無法在替新體制除弊與替舊意識形態招魂之間劃清界線和掌握分寸，因而放棄責任。問題的微妙和麻煩在於，從典型的西歐現代化歷程看，厭惡物欲橫流、痛斥斯文掃地、批判機器統治時代的人物，如巴爾扎克、勞倫斯者流，多半是未能看清歷史潮流的守舊派，如果中國的現代化努力還有停滯甚至逆轉的可能，人們如何忍心用批判的解剖刀指向那並非筋骨強健、甚至還是傷痕累累的現代性軀體呢？但是，如果我們把考察現代化進程的視野從歐美擴大到當代的亞洲和南美洲的某些地區，就可以看到，「什麼樣的現代化」和「是否現代化」同樣是值得關注的大問題。如果現代化進程的結果是門閥政治、族權經濟，是黑社會勢力沉渣泛起，是精神文化價值的喪失，那麼現代化將引起社會動盪和民眾的詛咒，原教旨主義的崛起將使忍無可忍的人們寧願受過去的苦而不願遭現在的罪。

不管你是否贊成，不管你左顧右盼、進退兩難的心情是否有根據，批判的旗幟一定會打起來，問題只是由什麼人舉這面旗，批判的出發點和歸宿是什麼，以什麼理論為武器。

中國文化傳統中，批判的精神相當稀薄，要在工業化進程中從事批判，更是資源難尋。西方馬克思主義不但是一個現存的武器庫，而且以其深刻銳利，以其唯美主義的風姿令人傾倒。

使有些中國文化人首先感到驚喜的是，諸如勒斐伏爾、馬爾庫塞、弗洛姆等西方馬克思主義者對於當代資本主義社會、工業社會的揭發與批判，竟與自己對當前現實的感觸相差無幾。比如，他們指出，在商品豐富，物質生活提高的同時，產生了新的匱乏，即精神的空虛和痛苦：人們成了商品的俘虜，他們被動地接受傳媒鋪天蓋地的廣告，這些廣告製造虛假的、強迫性的需求，人們

的情趣在不知不覺中完全被大廠商調度和控制,毫無理性地一味追求高檔、名牌商品;在虛假的滿足中,人喪失了自己的天性,甚至喪失了痛苦的感覺,這並不是說明痛苦不存在,而是說明人已被異化得失去了自我。

大眾文化、商品文化時代的到來,使得文化享受(實質上是文化消費)擺脫了貴族化限制,而成為一件輕而易舉的事。但是,霍克海默和阿多諾等人提出的「文化工業」概念,深刻而尖銳地揭露了這種庸俗文化的本質:這種大批量製造的文化商品使藝術作品的創造性、批判性和想像力萎縮乃至消失,它們不是按照藝術品的內在邏輯創造出來,而是按投資者和製造商對投入-效益的估計批量生產,它們的價格越便宜,內容就越貧乏,品質就越低劣。但大眾的口味就這樣被調配,以至於人們在表述內心生活和傾訴感情時,都按照文化工業提供的單一模式進行。

西方馬克思主義者還提出,由於異化性的高消費、高生產,人類與自然的和諧關係早已不復存在,雙方處於極度尖銳的對立和衝突中;貪得無厭地追求物質享受驅使人不加節制地開發自然,這實際上成了盤剝和破壞自然。他們警告說,自然界對人類的侵略並不是無動於衷的,它會進行報復,在人與自然的戰鬥中,最終吃虧的還是人。他們主張重建新的經濟模式,限制消費,降低生產,扭轉浪費資源、破壞生態平衡的趨勢。

種種說法,不一而足。這種批判在西方社會有振聾發聵之效,在中國更是別開生面,令人耳目一新。但是,積一個多世紀以來援引西學的經驗,我們已經知道,未經消化的生搬硬套,不加甄別取捨地平面橫移,總會造成一些「假洋鬼子」式的問題。依我之見,目前中國文化界中一些「西馬」式的批判和主張,就有鸚鵡學舌、拾人牙慧之嫌,以下僅略舉幾例。

　　在科技落後，理性精神難於彰顯，啟蒙屢屢受挫的中國，有人大肆否定科學、鄙棄理性、嘲笑啟蒙，將其與極權主義、法西斯主義、殖民主義聯繫在一起。

　　當中國還有上億的文盲，數千萬人生活在貧困線之下時，有人認為過上現代生活（實際不過是稍微像樣的小康日子）的人實質上是處於精神上無家可歸的漂泊狀態。他們認為現代生活的一切都是異化、孤獨、分裂、變態，鼓吹回到人與自然難於區分，朦朧、混沌、自由的家園，也不知這樣的家園是存在於奴隸時代，還是遠古的洪荒時代。

　　當中國還在努力掙脫閉關鎖國的藩籬，大力爭取利用外來的技術、資金、管理方法，走向世界時，有人把改革開放的中國形容成為跨國資本提供機會的場所，正面臨變成新殖民地的危險。

　　應當看到，不論「西馬」在當下如何有其魅力，不論我們多麼有必要在其武器庫中借用一二，它本身作為理論形態就是大有問題的（不然不會在西方由盛而衰，現今已處於花葉飄零的境地），而將其從西方語境搬弄到中國語境中來，更應加倍小心，只能取其神髓而決不能用其皮毛。

　　這裏不可能全面、深入地剖析「西馬」理論的問題，只能對其闕失面隨意點觸一番。

　　第一，批判精神固然可貴，但「西馬」的批判往往有鑽牛角尖，甚至走火入魔的地方，因此，依據其批判來評價西方社會和西方文化，有時免不了偏頗不確，在中國照葫蘆畫瓢，更容易顯得不倫不類。比如，阿多諾認為樂曲的結構中包含著社會衝突，他一會兒認為勳伯格的十二音系表達了矛盾衝突，是辯證的因而是進步的，一會兒又認為十二音系使後人僵化而失去了否定和批判精神，從而必須加以警惕。

　　第二，一些「西馬」（例如馬爾庫塞、霍克海默、阿多諾）人士不是以向前看的眼光批判現代社會，而是向後看，表露了濃郁的懷舊復古、浪漫悲觀的情調；他們緬懷虛構的中世紀的田園牧歌式的精神寧靜，想退回到前現代時期；他們一味推崇精神，否棄物質，鄙棄大眾又儼然以大眾的代言人自居，表現了十足的貴族、精英傾向。

　　第三，他們把科學技術、物質進步附隨的弊病與科學技術、物質進步本身混為一談，把科學技術、現代性等同於資產階級意識形態，這只不過表明了他們自己過分地意識形態化。

　　對西方馬克思主義稍加研究就可以看出，它的地域特徵相當明顯，與德法思想傳統有一脈相承的關係。有些西方馬克思主義者（如阿多諾和霍克海默）身上透露出歐洲中心論和歐洲優越感，亞洲、非洲難於進入他們的視野，甚至美國也不在話下。他們把現代性當成西歐這棵枯樹上熟得開始腐爛的果子，他們的論調是否全部適用於現代化剛剛起步並且步履維艱的中國，值得認真思量。即使他們觀察新問題得出的言之有理的看法，也不能與我們在新舊交替中面臨的問題混為一談。比如，工業社會和大眾文化的異化機制可能使人喪失自由選擇和自我決斷的本能，但在中國，市場經濟和商品化打破了單位所有制的束縛和鐵飯碗的禁錮，使人的主動性、選擇性，支配自己命運的可能性越來越大。商品化到底促使人獲得自由還是喪失自由，就至少包含了兩個不同層面的問題，不能籠而統之作答。

　　「西馬」極度推崇價值理性，極其貶斥工具理性，在其偏頗的眼光中，西方社會的一切遊戲規則，不論是法律體系還是經營方式，都純屬資產階級意識形態。如果我們也抱著這種心理，那就無法充分借鑒利用人類創造的一切有價值的制度建設和文化建

設的財富了。另外,「西馬」從政治鬥爭策略到文化批判,其中包含無奈的成份,但這種批判愈是得心應手,愈是火爆,愈容易使人認為它是惟一有價值的東西,這就容易將人帶到文化決定論的歧路。「文化解決根本問題」、「重價值理性,輕工具理性」,這兩條和中國正大行其道的新儒家路向不謀而合。那邊只談異化,這邊醉心於終極關懷,現實的、嚴峻的歷史可能少有人顧及,制度革新和制度建設有無人問津之虞。

　　大陸一位「西馬」專家在他的臺灣版著作中作序告誡臺灣人說:當你們想伸張臺灣不需要什麼東西的時候,大可以從「西馬」出發,這會使你們對自己的社會環境有深刻的透視。但是,當你們伸張臺灣需要什麼東西的時候,就不能以「西馬」為出發點了。誠哉斯言,深得「西馬」其中三昧!此書名曰《從「新馬」到韋伯》,表明了作者探索和思想發展的路徑。

為什麼是自由主義，什麼樣的自由主義？

　　在剛讀完石勇先生的文章「徐友漁：『自由』還是『主義』？」[1]時，我的感覺是，作者是不友善的、挑剔的、有誤解和偏見的。

　　緊接著讀了剛到手的《天涯》上朱蘇力的「公共知識份子的社會建構」，頓時覺得相比而言石文就算客氣和講道理的了。

　　朱在此文中斷言，我從當代西方語言哲學轉向政治哲學是因為學術研究能力衰退，我很奇怪，他怎麼知道是這樣？朱從未與我交談過，他對我專業興趣改變的動因毫無所知，他顯然並不暸解我在政治哲學方面已經發表的東西從而評價我的學術能力，也不清楚我在國內國際專業會議上的表現和得到的評價，更無從知道我即將發表的東西，他有什麼理由把自己的主觀願望當成事實？

　　我發現，石勇先生在批評我的時候，讀了足夠多的東西，他是在批評我說話的內容，而不是臆斷我這麼說是出於學問做不下去這個可悲的原因。而且，他針對的問題是重要的，如果恰當地回應，將助於討論的深入。

　　我願與石勇先生對話，表達我的觀點，同時也表露我的困惑。我只在論證必需時才解釋和澄清我的看法，以避免大量的自我引證。

---

[1] 載於「世紀沙龍」網站的「世紀週刊」，2004 年 9 月 24 日發佈。

一、自由主義者怎樣看改革

中國的改革已經進行了 20 多年，從經濟實力增長的角度看，它取得了巨大的成績，但廣大民眾對它的支持越來越小，抱怨與不滿的聲音越來越大。當初改革的阻力成了動力，因為那些佔據「近水樓臺先得月」位置的人，看清了變動對他們不是威脅而是機會；而那些當初全心全意支持改革的知識份子開始反思改革和批判改革過程中的種種社會不公正現象，重新認識改革的初衷與目的。

在回答「『改革』到底是一種什麼樣的改革」這個問題時，石勇這樣描述：

> 經過從承包到改制到大力私有化，爭著搶著要把本屬於大家的東西——公共資產——「賣」出去，「改革」的「財富再分配」過程變成了一種赤裸裸的「搶劫」的過程，大量的公共資產落到了權力和資本階層的手裏。

他還描述了自由主義者和新左派面對改革難局的尷尬心態，我相信，他在評判時力求客觀公正：

> 這個時候，自由主義所面臨的複雜問題在於：鼓吹私有化既可以被看成是他們所嚮往的建立一個「自由市場」的必要步驟，但同時這種「私有化」卻又是一種搶劫。而很顯然，為了達到他們所嚮往的目標，他們必須默認掠奪和搶劫，從而使自己陷入不義。新左派面臨的複雜問題是：他們從追求公正和捍衛弱

勢群體的利益出發，對權力與資本的抨擊、對私有化的抨擊非常容易被一種對「自由市場」的警惕所支配，而如果不能建立一個成熟的「自由市場」，不付出被掠奪和搶劫的代價，一個最終能防止權力參與掠奪的市場機制又在哪里？在這裏，比新左派更不喜歡作價值判斷的自由主義者只能選擇站在資本一方，客觀上因弱勢群體利益的忽略而使自由主義變成了一種甘陽所抨擊的「貴族」的自由主義。而新左派則沒有歸宿，他們無法提供可以解決問題的實用路徑，他們只能是在不斷地解構和批判，以弱勢群體的利益作為批判的價值基點而不停地呼嘯吶喊。這是一個悲劇。

上述說法大體上成了當前中國民間話語中「政治正確」的新版本，但在我看來它是成問題的，需要辨析的，整個事情也需要進一步探討。

最近郎咸平挑起的關於國企產權改革的爭論是說明改革兩難局面的最好例子，國有企業的產權改革是當今改革的重頭戲，它所產生的不公正是最大的社會問題。我一直密切關注這場討論，對郎的立場，我有一個從共鳴、支持到疏離的過程。

我和大多數人一樣，一直對郎所指控的現象憤懣不平：在國有企業的產權改革過程中，掌權者私分公有財產，國有資產大量流失。

但郎主張不搞產權改革，不承認國企存在的問題，認為國企經營得很好，效益不比民企差，沒有必要改革，這是我和許多人所不能同意的。（郎的觀點似乎在變化，他後來說同意國有企業應該改革，只是主張應該按青島啤酒公司模式進行，我們這裏可以不追究細節）

　　周其仁對郎的批駁使我想到了我一直思索而不得解答的問題：我們能不能在總體上給中國這些年來進行的國有企業的產權改革作這樣的定性：這完全是一個掌勺者私分大鍋飯，國有資產流失的過程？任何人都同意，這個過程中問題很多，貪污腐敗很嚴重，但多到什麼程度，嚴重到什麼程度，以至於可以得到一個基本判斷：國企改制就是國資流失，沒有半點好處？

　　爭論的雙方都列舉了一些事實，講了一些道理，但都只是列舉對自己有利的事實，沒有人認真考慮對方舉出的事實和講出的道理，因此並沒有形成真正的爭論。

　　我覺得有一種觀點也應該考慮：一些企業以大大低於帳面資產值賣出，是因為新的經營者要花很多資金來解決原企業工人就業問題，或冗員的退休安置問題（比如見戴慕珍：「國家社會主義之後——中國企業改制的政治約束」，《二十一世紀》，2004 年 8 月號，第 21－22 頁）。

　　我還知道，國營企業的資產一直在大量流失，其渠道並不僅限於改制，比如有企業經營虧損引起的流失、管理不善造成的流失、被所屬集體企業無償佔用、被行政事業單位無償佔用導致的流失，等等，這其中的根本原因就是產權關係沒有理順，從根本上解決上述問題正是改制的初衷。

　　問題的核心是數字問題，程度問題：化公為私的比例有多大，正常和比較正常的情況有沒有，有多少？在中國沒有言論、資訊自由的情況下，沒有人能說得清楚。政府部門的決策和執行也是不公開、不透明的。

　　所以，陸興華的評論很好，他認為在沒有民主憲政、法治框架、民意表達和民眾參與的情況下，談論和爭論目前的國有資產

的產權改革，是極其困難，甚至沒有意義的。陸指出，政治改革嚴重滯後，這就是問題的癥結。我贊成並一直堅持這樣的看法。

可以把像我這樣的自由主義者所持的立場歸結如下（事實上我們從來都是這樣表達的）：一、堅決主張以市場經濟為導向的改革，以形成最終能防止權力參與掠奪的機制；二、批判現行改革中嚴重的不公正，要求規範市場經濟體制，排除權力的干預；三、認為解決問題的根本辦法和當務之急是立即把政治體制改革提到議事日程上來。

作為對比，我把我們與新左派的分歧理解為：一、我們提倡並力圖推動市場經濟，大談規範的、較為理想的市場經濟的種種好處，包括對於實現社會公正的根本好處，而新左派主要談市場經濟的弊害；二、我們批判現行的權力主導的改革，但沒有斷定目前改革的性質就是赤裸裸的掠奪和搶劫（也許要被說成是不徹底和抱有幻想），而新左派對現行改革的批判要嚴厲得多，基本上是持全盤、徹底否定的態度，甚至主張不改革；三、自由主義者有一個憲政民主的目標和綱領，而新左派沒有表現出對於政治體制改革的興趣。

二、市場經濟、權貴改革和專制

石勇雖然稍微公平地提過一次「『新左派』對公正的強調在一定程度上淹沒了『自由主義者』在這個領域的聲音」，但他主要還是斷定自由主義「默認掠奪和搶劫」，認為自由主義無法「對新左派指責自己無視社會公正進行辯解」。我曾糾正過這種「政

治正確」的老生常談，但基本無效，由此痛感成語「眾口鑠金」說得太有道理了。

我曾在「評中國九十年代的新左派」一文中指出：「從學理上講，自由主義強調財產獲取、轉移的正當與合法，反對對他人和社會利益的侵害；從實際上看，中國學者中最早和一直呼籲並論證社會公正的，主要是公開認同自由主義原理，與新左派展開論戰的人……新左派在什麼時候大力提倡社會公正呢？他們只是在攻擊自由主義的時候才對此大加議論和渲染，事實上，公正成了他們打自由主義的一根棍子。」（這裏應該說明，後來越來越多的呼喚社會公正的聲音中，自然包含新左派的聲音）

石勇讚揚甘陽抨擊自由主義是「貴族」的自由主義，我特別樂於以甘陽為例，來看看是我上面這句話說得對，還是甘陽果真是「平民」的代言人。

甘陽說：「今日許多對自由主義的高談闊論主要談的是老闆的自由加知識人的自由，亦即是富人的自由、強人的自由、能人的自由」，他斷言中國版本的自由主義是：「民主是奢侈的，平等更是罪惡的，反倒是弱肉強食成了自由主義的第一原則。」他甚至進而對整個中國知識界作出了如下宣判：「我把這種集體信仰稱為『中國知識界的集體道德敗壞症』。因為這種信仰只能表明中國知識界幾乎已經喪失了最基本的道義感和正義感。這種集體信仰同時還可以稱為『中國知識界的集體知性低能症』」。[2]對於這麼嚴重的指控，甘陽提供了甚麼樣的文本依據呢，沒有，一點也沒有。甘陽也提不出任何文本依據，證明他比我所提到的自由主義者更

2 甘陽：「自由主義：貴族的還是平民的？」，《讀書》，1991 年 1 月號，第 85 頁。

早（或者同時，哪怕更晚也行）論說過社會公正問題，抨擊過有人利用改革化公為私、搞腐敗。

那麼，為什麼許多人都附和「自由主義主張自由和權利，新左派主張公正和平等」這種說法呢？石勇解釋說這是因為「『新左派』對公正的強調在一定程度上淹沒了『自由主義者』在這個領域的聲音」，其實，這與其說是因為新左派強調公正的聲音強大，還不如說是像甘陽這樣的新左派代表人物上面那種機敏而精明的策略（甘陽精明到這種地步，他連「自由主義」的旗號都不想放過），他們的工夫與其說下在呼籲社會公正方面，還不如說更下在抨擊自由主義不要公正方面。而甘陽們的策略之所以得手，是因為沒有人去查核文本，認真考察事情到底是不是那麼回事。

印象和想當然之所以大行其道，還有更深刻的原因。人們把哈耶克當成自由主義的正宗，或者把他們理解的西方社會中左、右的區別不假思索地運用於中國。在他們看來，說「自由主義主張自由、新左派主張公正」應該是正確的，說「自由主義強調效率、新左派強調平等」也應該是不會錯的。他們沒有去追究，中國的自由主義是不是西方的自由主義，中國的新左派等不等於西方的新左派。不過也有人能夠區分「應該是」、「邏輯上是」與「實際上是」，站在第三者立場的楊繼繩在說到自由主義者比較親近中產階級和新左派更親近低層社會民眾時，就要在括弧裏注明一種是邏輯結論，不是口頭表達，而另一種是口頭表達，不是邏輯結論。[3]

---

[3]　楊繼繩：「跨世紀的爭論──自由主義和新左派之爭」，《明報月刊》，2000 年 5 月號，第 38-39 頁。

　　中國的自由主義和新左派具有明顯的本土特徵,雖然二者的理論資源均來自西方。仔細弄清楚他們實際上的主張和行動,而不是顧名思義地想像他們的思想和主張,是至關重要的。比如,對體制資源的接近,中國的自由主義者根本沒法和對方比,這肯定是與照西方歷史情況來想像相反的;又如對中國搞人權外交,西方的左派往往比右派更來勁,因為他們理想主義色彩更濃,右派有時傾向於地緣政治和實用主義的考慮,而中國的新左派對人權外交的憤恨則不下於官方。

　　我認為,石勇這篇文章的一個相當可取之處,是區分了經濟自由主義和政治自由主義, 而以前新左派在論爭中的做法是以經濟自由主義中那些遭病垢的主張為靶子,攻擊政治自由主義。他的疏漏在於認為我和一般的自由主義者把「經濟自由主義」與「政治自由主義」捆綁在一起而使後者蒙受損失。事實上,我在「自由主義與當代中國」一文對他所說的經濟自由主義的批評,幾乎和石勇如出一轍:

　　　　有人(比如有個別經濟學家)把適用於理想市場條件下的學說、理論、概念、公式用於分析當前中國經濟問題,而無所不在的權力干預,多變的政策使他們的研究純屬紙上談兵。有人把中國的民主進程等同于中產階級的形成和發展,認為除了等待這個階級的壯大之外不能做其他任何事,他們對於民主的意願和參與,不是抱怨,就是咒罵。

　　　　……在中國,確實有人認為市場化就是私有化,以加快改革步伐為藉口肆無忌憚地化公為私,把改革的成本和代價全推到普

通人民群眾身上。可能有少數自命為自由主義者的人支持或默
認以上言行，但真正的自由主義是與此格格不入的。

曾經有人向我建議，我們根本不應承認經濟自由主義是自由主
義，支持壓迫和專制的主張怎麼能夠是自由主義？我不同意這個
建議，這樣做未免有為了論爭而「捽包袱」之嫌。大力主張市場
經濟的學說應該是自由主義的一個品種，它在論證和推動市場經
濟方面的作用不容否定。當然應該看到，並不是每個（甚至並不
是大多數）大力鼓吹市場經濟的經濟學家都在為權貴式的改革辯
護。外號「吳市場」的吳敬璉大概是最典型的市場經濟的鼓吹者
了，但在揭露改革中的腐敗和尋租，鼓吹和維護社會公正方面，
有哪個新左派比他做得更早、更有力和有效呢？

　　「經濟自由主義」這個詞中的「自由」，即使不包括政治自
由和個人自由這些可欲的含義，絕對要包含「自由競爭」的含義，
而市場的規範化與規則平等則是題中應有之義。因此，我們譴責
的對象嚴格說來不應該稱為「經濟自由主義」，而應該是與權力
體制聯繫的「市場主義」，這種依靠市場的權貴主義與在拉美和
東南亞某些國家中的專制既得利益是不一樣的，從中國的歷史和
現實看，最恰當的稱呼是「市場列寧主義」。

　　如果一種不確切的「能指」不妨礙我們有共同的「所指」，
那麼如何判定這個所指的性質則是至關重要的。也就是說，關鍵
問題在於，我們怎麼分析當前中國現實條件下的市場經濟、自由、
專制之間的關係。

　　石勇斷言自由主義（主要是其中的經濟自由主義）「已經滲
透入官方的意識形態體系」，而「它成為主流實際上通過自由主

義體系內在的聯繫已經為政治自由主義的出臺準備了基礎和合理
性的保證。」我認為這是大大低估了官方的執政能力和應變能力，
完全沒有看到市場經濟和專制政治結合並服務於它的可能性，即
誕生一種「市場列寧主義」的可能性。

　　共產制度的死敵杜勒斯（曾任美國國務卿）曾斷言社會主義
國家的「和平演變」會由於經濟建設而發生，基辛格（H.Kissingger）
在《選擇的必要》一書中駁斥並嘲笑了這個反共政治家實際上信
奉的還是馬克思的「經濟基礎決定上層建築」，並引述近代歐洲
歷史證明這個看法不正確。石勇上面論斷的原理也是如此，他從
他所謂的經濟自由主義與專制在目前的蜜月狀態推斷專制已經不
再具有列寧主義-史達林主義的性質，而具有資本主義的性質、自
由主義的性質。也許可以把石勇和新左派擔憂並反抗的東西叫做
「自由主義的極權制」，這在概念上和理論上都是非常古怪的，
連毛澤東和鄧小平都承認，英美式的自由主義體制很難產生專制
極權，而從中國的社會主義中倒比較容易。我早就說過，新左
派對自由主義的無知和偏見，超過了終生大反特反資本主義的
毛澤東。

　　自由主義看重的是，儘管中國的經濟體制、社會風貌、尤其
是消費心理在這四分之一個世紀發生了巨大變化，但史達林、毛
澤東的政治模式並沒有根本改變；而新左派力圖讓人們相信的
是，中國人現在面臨的奴役，是馬爾庫塞教導的那種歐美西方社
會中產生的資本主義異化。

三、關於國家利益和地緣政治

　　我認為，石勇這篇文章的重大意義，在於提出了如何理解國際關係，正確處理對國內體制批判與正視國家利益的關係問題。他的批評是針對中國的自由主義，這種批評值得認真對待，對某些人來說是切中要害，當然更需要進一步分析和妥當地厘清事實和觀點。石勇在批評持自由主義立場的人時說：

　　他們完全忘記了，任何一個國家的政府不僅是在代表他們自己，也在代表國家，一句話，他們在捍衛他們自己的利益時也在利用國家的力量捍衛生活在這個國家裏的所有人的利益。這種「一反到底」的單向度思維在 1998 年中國駐南使館被炸和到現在仍然未算真正結束的伊拉克戰爭中得到痛快淋漓的反映。支持戰爭的「自由主義者」認為美國的制度是民主的，那麼美國政府的某些對外行為便也是正義的；而誰膽敢反對侵略戰爭，誰就是在維護專制。他們似乎從來不知道無論一個國家國內政治體制是專制還是民主，都不影響國際關係的政治體制中的性質。它們之間所遵循的不是同一機制，深刻地表現出某種異質異構的特徵。從邏輯上講，以一國的政治體制來判斷它在國際關係中的作為出現了一個斷裂，這種斷裂宣告了國內和國際政治體制處於不同的領域和情境，並且遵循不同的指令。而國際關係由實力來劃分不同的等級體系、由暫時的利益來劃清暫時的敵友已經表明這種國際政治體制毫無自由民主可言，而赤裸裸就是一個極權主義政治秩序。看不到這一點，那就不是在捍衛自由和正

義，恰恰相反，倒是在捍衛美國的利益，為霸權張目，扼殺
國際關係領域的民主和正義。

我首先要指出，石勇只把自由主義挑出來批評，其實全體中國民
眾中都有人存在同樣的問題，而且他沒有分析產生這種情況的原
因，而這一點才是事情的關鍵。

自從 1949 年以來，中國人生活在可悲的封閉狀態，他們無從
瞭解世界上到底發生了什麼事；教育和文化上的意識形態專制和
愚民政策使中國人，包括知識份子，甚至知識精英，都沒有國家
利益的概念，更缺乏觀察國際關係的地緣政治學維度。

事實上，支撐執政黨合法性的意識形態支柱的一個重要方
面，就是一整套關於近現代歷史的精緻的、無所不包的神話，從
三元里抗英的似是而非的故事，到「共產黨領導的八路軍抗擊了
95%以上的侵華日軍」，從毛澤東斷言「美國出錢出槍，蔣介石出
人，替美國打仗殺中國人，藉以變中國為美國殖民地」，到「美
國發動侵朝戰爭，目的是以朝鮮為跳板侵略中國」，對事實的歪
曲與對敵人的醜化緊密結合在一起，至今都難於還原歷史真相。

有一項事實特別值得一提，經歷了文化大革命之後，中國人
的懷疑和批判精神大大增強了，但常常可以發現，哪怕是最尖銳
最激烈批判國內現實的人，一說到國際問題（包括臺灣、香港問
題），馬上變得相當盲從和無知，從不妥協地（甚至是過分地）
批判官方變為不自覺地附和官方──北京的計程車司機往往就是
如此。原因很簡單，人們從自己親身經歷中對關於國內事務的謊
言有免疫力，在許多事情上甚至本能地採取逆反態度，但對於發
生在國門之外的事，他們沒有親身經驗來證偽，他們仍然是資訊
管制和宣傳的犧牲品。

　　對許多人來說，逆反態度，對官方的宣傳作反向解讀往往沒錯，既然在國內事務方面能如此，這種方法和習慣自然就延伸到國際問題方面。這當然是不可靠的，也許有時冤枉了政府。但是這不過是政府自食其果，當它把廣大中國人民變成自己宣傳和意識形態灌輸的受害者時，它偶爾也成了受害者，這不過是愚民政策小小的報復。但石勇可能沒有注意到，第一，這種逆反態度導致的結論很可能是對比錯多；第二，持這種方法和態度的決非只是自由主義者；第三，在國際事務問題上仍然是盲從者、受害者大大多於持逆反態度者。

　　作為自由主義者，近年來我常常痛感我的一些朋友在知識結構和思想方法方面的欠缺，他們思想的基調只有「自由、民主-專制、極權」的對立，他們不知道國家除了這種分類並導致對立外，還有考慮問題的其他維度，比如民族國家作為一個利益單位，比如地緣政治的考慮是國際關係中不可缺少的，是超乎國內制度和意識形態的，他們不瞭解歷史的複雜性。當然他們還有常識，不至於在中國政府與美國就紡織品貿易和反傾銷進行交涉時指責政府。

　　我最想說的是，自由民主國家的立國理想和原則是一回事，它在國際競爭中和利益格局中推行實力政策（任何國家都不得不這麼做）是另一回事。當不同政治制度國家之間發生利益糾紛時，並不能保證民主國家天然持有正義，任何手法都屬正當。把國內政治制度的優越性外推到判斷外交政策的是非是不對的，反過來說，把正常的國家利益衝突演繹為對人類政治文明公認價值和成果的否定也是不對的。

　　我想和石勇先生探討的第一個問題是，如果說這兩種毛病對中國人都存在，那一種更厲害？更長期、更廣泛？更值得提醒、反思、清理、矯正？

　　我想和石勇先生探討的第二個問題是，雖然我們肯定不同意「外交是內政的延伸」這句格言，但民主國家和專制國家的外交是否還是有不容忽視的區別，我承認並重視這種區別。許多政治理論家都指出，人類歷史上戰爭不斷，但近現代歷史上民主國家之間無戰爭（羅爾斯在《萬民法》中也強調這個事實），哪怕有例外，但這個論斷肯定基本正確，這是否還是說明一點問題？

　　國際事務中固然是利益主導而非理想與價值主導，但外交政策或多或少總要受國內政治價值觀的影響，民選政府和獨裁政府受民意約束程度大不同，在對外政策上畢竟會得到反映。比如二戰中，民主陣營和法西斯陣營的作為是否毫無區別？我們當然可以譴責西方盟國的自私和重實利，比如我們說雅爾達協議是大國劃分勢力範圍的協議，但它和無恥的蘇德互不侵犯協定（即瓜分波蘭協定）是不是完全一樣？我們不少人樂於譴責美國對日本投原子彈，但這和南京大屠殺是一回事嗎，難道這不是日本右翼份子為二戰翻案的理由嗎？石勇斷言，近現代史，包括兩次世界大戰史「證明最有軍國主義狂熱的恰恰是自由主義『長期占居文化哲學和意識形態的主導地位』的國家」，我覺得這實在是走火入魔，你指的軍國主義只能是英美，而不是德、意、日，那麼中國與誰結盟，被誰侵略呢？

　　當石勇斷言：「主導美國政府行為的新保守主義在世界各地進行掠奪、干涉和發動戰爭，已建立了一個令人恐怖的極權主義政治──軍事秩序」，我感到，這種說法已經超過了中國自 1949 年以來最革命、最狂熱、最極端的語言。我不知道當石勇使用「令人恐怖的極權主義政治」時是否認真想過其準確含義，我想問一下，你是否比較過日本、德國、伊拉克在戰前和美國軍事佔領之

後的憲法、人權狀況和政治制度？（為了避免無謂糾纏，我要強調，我這裏只是追究「令人恐怖的極權主義政治」的含義，而不談整個相關歷史；也許澄清這一點不是多餘的：我沒有表態支持過美國出兵伊拉克。）

我自信我對美國和其他西方國家的地緣政治考慮有足夠的清醒，比如我一直對中外人士說，既然北約的宗旨是針對和防範東歐社會主義集團、防範華沙條約，那麼在蘇聯東歐巨變、華約不存在之後，北約有什麼必要存在，有什麼理由反而要東擴？我認為，中國的自由主義者必須正視類似的問題，理解國際問題的複雜性，這不能靠簡單地劃分「民主-專制」來解決，正如對待國內問題不能簡單地靠區分「左-右」、「保守-改革」來解決一樣。「利益」是思考政治最根本的維度，但由於意識形態和愚民政策，在中國的教育和知識中一直付諸闕如。

許多人認為，使館被炸事件、撞機事件，還有以前的「銀河號」事件，充分說明了美國的霸權行徑和對中國的欺凌，國內群情激憤是自然的，自由主義者偏重於警惕極端民族主義是親美賣國。我在這期間沒有作公開表態，但內心想法和表態的自由主義者差不多，因為我從各種資訊來源知道情況和官方宣佈的大相徑庭。當石勇大力為民眾的民族主義情緒辯護時，我想到的是他們情緒的真誠（這種人除外，他們朝美國使館扔石塊來勁，考託福和辦簽證同樣來勁）和資訊狀況的可憐。我不知道石勇是否打算和我討論中國的資訊自由問題，我這裏只簡單地提一句，在全中國人民面臨「非典」這個大災大難時，如果沒有蔣彥永大夫的冒險犯難，後果會如何，而蔣大夫的遭遇又如何？把災情（家醜？）捅給美國的媒體，是不是（用石勇的話來說）親美賣國？但是，

我和石勇現在能對話，沒有被「非典」奪走生命，沒准還是托了蔣大夫的福呢？

　　石勇應該想一下，一個體制，當自己的億萬人民的生命受到「非典」嚴重威脅，當由於封鎖消息疫病已經傳播到香港、東南亞、北美時還拒不說出真相，它在與「美帝國主義」打交道時，還會把真相告訴人民？對許多國際事件的判斷，問題並不在於有人要「親美賣國」，而在於是根據真實的還是虛假的資訊作出判斷、作出反應。

　　所謂「親美賣國」的最雄辯事例，是 9‧11 事件發生後任不寐、餘傑等人起草的公開信中有一句「今夜，我們是美國人」，許多人揪住不放，極盡挖苦嘲罵之能事。我曾對任講過，我也不贊成說這句話，但你們的唯一過錯，是高估了國人的知識和理解力，用了一個歐美化的表達。此話出自柏林牆危機時，美國總統甘迺迪訪問西柏林，講話中表示反對蘇聯的封鎖，道義上支持柏林人民，用德語說了：「Heute, Ich bin ein Beiliner（今天我是德國人）。」任不寐等在 9‧11 事件後的聲明中套用這句話，用意一樣，即一國人民遭遇危難時，表示與之站在一起，分享其道義和感情。甘迺迪講此話時沒有「崇德媚外」的意思，任不寐說這話時也沒有以當一夜美國人為榮的意思。

四、什麼樣的自由主義

　　說到這裏我願向石勇先生表明，我和你對話並不是想宣講自由主義的教義，你在文章中說我是激進的自由主義者，我認為更

準確地說是清醒的自由主義者。我知道存在著成為教條的自由主義者的危險，我很警惕，我希望我的朋友也警惕。

世界上決沒有無緣無故的愛，我找不到理由使我決心在自由主義這棵樹上吊死。我認為自由主義的基本理念，如市場經濟、法治、人權、思想和言論自由、權力的制衡等等，對中國很有價值，我是為了這些價值而研究、言說自由主義，如果有更好的主義，我何必死守著它？我在文章中說得很清楚，我並不認為自由主義壟斷了這些價值，或者其他思想流派不分享這些價值（石勇有這種誤解），我特別願意強調這些價值的普遍性。但一個不爭的事實是，自由主義首先提出並深刻闡發了這些價值。也許，從社會民主主義出發也可以抵達和實現這些價值，但因為這些理念和價值並不是我們思想文化傳統中固有的，也不是社會民主主義首先提出的，需要學習，就應該從源而不是流起步研究。

我認為，自由主義對中國人來說，不能只意味著其中的這一家這一派，而絕不可沾染另一家另一派，有用的是上面提到的那些最基本、最核心的東西，那些被歷史證明了，為其他思想流派同意，成為人類政治文明共同財富的東西。其中的細微差異，比如福利多一點還是少一點，國家多管一點還是少管一點，對別人可能很重要，對我們就並不那麼重要，更何況我們必須根據具體國情集思廣益、相容百家、創新發展。「XX 主義救中國」已被歷史證明是一種僭妄，我想自由主義沒有那非份之想。

自由主義和新左派的爭論，構成了近 10 年中國思想舞臺活動的主要內容之一。作為爭論的參與者，我常常感到就中國的現實而言，這不太像是自由主義和新左派的爭論。我覺得，對於像陸興華這樣的真正的（或真誠的，他似乎自稱為「原教旨主義的」）

新左派，我與他可能的分歧是在對「原教旨」的喜好還是不喜好方面，就現實問題而言，就這年發生的重大事件而言，據我看多的還是立場和感情的一致。所以我和他的工作有重合之處，即我批評和揭露的與其說是新左派的理論，不如說是一種偽立場和偽觀念，是對學術真誠性的藐視和冒犯。這可以解釋，當我寫「評中國九十年代的新左派」一文時，把很大篇幅花在「評新左派學風」上面。

敏銳的觀察者可以看到，在自由主義者中間，開始出現了分歧和分化的苗頭。我以複雜的心情看待一種新興的、強有力的動向：自由主義和文化保守主義的合流。對劉軍寧以愛德蒙・柏克為典範解釋自由主義和保守主義的關係，我沒有太大的異議。但我的問題是，如果說在英國歷史上早就存在著可貴的自由傳統，因而保守意味著保持這個傳統的話，那麼在中國要保守什麼傳統呢？三綱五常，「君君，臣臣，父父，子子」？有人說，對文化、對傳統，絕不能革命，保守天然合理。我的疑問是，如杜維明所說，傳統多種多樣，不止一個，除了大傳統，還有小傳統，除了舊傳統，還有革命傳統。杜維明的例子中，就有延安傳統。誰也不能否認，就其影響的強度、廣度、深度、持久度而言，毛澤東在延安文藝座談會上的講話形成一種傳統，難道它可以在「保守傳統」這一抽象原則下而具有合理性、合法性？

我理解一批年輕學者的思路，對於像中國這樣歷史悠久、文化豐富的國家，難於想像文化基因的徹底改變，自由主義不是出自本土，不以某種方式與傳統接榫，難道可以全面移植？我完全承認，文化保守主義應該是多元文化建設種一種正面的、建設性的元素，我知道，像湯一介先生所主張的以批判、革新精神對待傳統文化，使其「苟日新，日日新，又日新」，是很有價值的。

　　一些認同自由主義原理的年輕學者正在大力進行自由主義與傳統文化的對接工作，我理解他們，祝福他們。我沒有這方面的學術興趣和能力，只能對他們的努力樂觀其成。但我要提醒他們兩點，第一，不要因為有良好的願望就落入實用主義的為我所用的窠臼，在對接中要實事求是，不要善意地曲解和美化傳統經典要義。在這一點上，我願意做忠誠的、建設性的反對派。

　　第二，雖然湯一介先生在學養、人品以及學術界內部的影響力方面是第一流的，但在我看來他似乎沒有以文化保守主義相標榜，至少在今天以文化保守主義旗手自命的人士當中沒有他的身影。年輕的自由主義學人看好和接近的是另外一些人，這些人的底蘊我不瞭解，但我提醒注意以下特點：他們中有人主張凡人只有生來接受聖人教化的義務，不存在用理性審查同意不同意的問題；中國人天生不適合自由、民主；他們立志要把孔孟的所謂「王道」運用於今日中國；他們開始與權威主義、國家主義（用餘世存的話說是「次法西斯主義」）接近或結盟，而後者正在想方設法地利用文化傳統資源。

　　如果說我對分歧和分化的動向不無憂慮，同時我也感到樂觀。分化是思想、學理研究深入、發展的標誌和必然。如果中國的自由主義成為內部傾向、觀點多元雜陳，交鋒、爭論不斷的思想流派，這決非壞事。

　　同樣，如果目前自由主義-新左派的僵硬劃界能有所鬆動、改變，那一定體現了中國知識界的長進。觀點的分歧和對立並不那麼重要，重要的是對專制和非正義的抗爭；重要的是觀點一定要是頭腦思索、心靈感受的產物，而不是由現存地位和既得利益決定。

進入 21 世紀的自由主義和新左派

　　自由主義和新左派在上世紀中後期幾乎同時出現於中國社會思想舞臺，它們之間的爭論構成了那一時期思想派別之爭的主要內容，引起了海內外的極大關注。進入新世紀之後，中國的這兩個思想流派怎樣了，它們是否還存在，是否還在爭論？它們是否繼續對中國的現實問題發表意見，是奄奄一息，還是保持活力？

　　根據有些人的觀察，自進入 21 世紀後，自由主義和新左派已經風光不再，它們的爭論也煙消雲散。根據有些人的判斷，自由主義和新左派本來就是舶來品，時髦一陣之後就該偃旗息鼓了。但在我看來，它們的爭論仍然在繼續，只不過隨著形勢的變化，爭論的內容和方式有變化，許多爭論並不像以前那樣表現為亮明旗號的公開對立。另外，由於民族主義、文化保守主義再次崛起而且發展勢頭很猛，格局從二元對立變為三腳鼎立，交叉、聯合的情況時有出現，陣線變得不那麼分明。

　　進入新世紀後，自由主義自身的發展甚至分化成為值得關注的動向，它與文化保守主義的關係也引起了人們較大的興趣和較多的評論。

一、「自由主義」和「新左派」是帽子還是事實？

　　早就有人從不同的角度質疑，到底有沒有自由主義與新左派之爭；甚至有人懷疑，所謂自由主義和新左派，到底是真實存在的思想派別，還是某些人出於某種目的給自己或者給對方貼的標籤。一個有趣的情況是，自由主義者都坦然承認自己的稱號，承認存在立場的對立和觀點的爭論，而新左派則竭力否認這種稱謂和這場爭論。比如，被認為是新左派主要代表人物的汪暉多次譴責使用這樣的稱呼和描述這樣的爭論，他說：「我本人從不贊成用『新左派』和『自由主義』來概括知識界的分歧和論爭，也反對一切給別人戴帽子的方式。」[1]

　　我曾指出，兩派觀點之爭是不可否認的事實，有大量的文本為證據。我把自己較為熟悉的爭論情況歸納為以下 7 個方面，顯而易見，這樣的分歧和對立用「自由主義與新左派之爭」來分類是恰當的：1、對於腐敗和社會不公正原因的分析，一派認為是市場經濟和國際資本，一派認為是不受限制的權力的尋租行為；2、對於全球化和加入 WTO 的態度，一派反對，認為對於現存不公正的世界資本主義體系，不能加入，只能革命，一派認為加入利大於弊；3、關於如何認識、判斷中國的國情，一派認為中國已經成為資本主義社會，因此診斷中國的問題就是診斷世界資本主義體系弊病的問題，一派認為中國問題主要不是資本主義性質，是新形勢下的老問題；4、關於如何看待大躍進、人民公社、文化大革

---

[1]　汪暉：「我對目前爭議的兩點說明」，中華讀書網編：《學術權力與民主》，鷺江出版社，2000 年，第 16 頁。

命，一派認為否定過頭，拋棄了寶貴的社會主義遺產，一派認為批判和清理還不夠；5、對於上世紀 80 年代的新啟蒙運動和五四新文化運動，一派認為是西方話語霸權的反映而主張批判性反思，一派認為被打斷應該繼承發揚；6、關於現代化或現代性，一派質疑，一派肯定，認為應該大力追求；7、在一系列國際問題，比如美國出兵伊拉克、對 911 恐怖主義襲擊的態度和應對等，有不同的立場和表態。[2]

從雙方所援引的西方理論資源也可以明顯看出自由主義與新左派的對立：一方喜愛引證或介紹洛克、休謨、孟德斯鳩、亞當·斯密、愛德蒙·伯克、哈耶克，以及中國的胡適、儲安平等；而另一方則多引證或介紹薩米爾·阿明（Samir Amin）、沃倫斯坦（Immanuel Wallerstein）、貢德·弗蘭克（A. G. Frank）、愛德華·薩依德（E. W. Said）、多斯桑托斯（T. Dos Santos）和喬姆斯基（A. N. Chomsky），等等，這兩個譜系的特徵和名稱是一目了然的。

有人，特別是一些新左派，說「自由主義－新左派之爭」是自由主義派發明的辭彙，企圖用這個稱謂撈取好處，事實並非如此，最早使用「新左派」這個稱呼的並不是自由派。據李揚考證，中國的「新左派」稱謂最早出現在 1994 年 7 月 21 日，在這一天的《北京青年報》上，楊平在評價崔之元的文章「新進化論·分析的馬克思主義·批判法學·中國現實」時，稱中國出現了「新左翼」。《二十一世紀》在 1996 年 2 月號上刊登卞悟反駁崔之元、

---

[2]　欲知詳細的文本引證和出處，可參見徐友漁：「知識界到底在爭論什麼」，《改革內參》，2001 年，第 12 期，第 13-16 頁，以及 Xu Youyu, "The Debates Between Liberalism and the New Left in China Since the 1990s", *Contemporary Chinese Thought*, Vol.34, No.3, 2003, M. E. Sharpe, New York, pp6-17。應當說明的是，自由主義者後來表現出在對待啟蒙和五四新文化運動問題上有分歧。

甘陽，張隆溪批評張頤武的文章，使用了通欄大標題「評中國式的『新左派』與『後學』」。

　　雖然汪暉在國內一再表示他反對用「新左派」和「自由主義」來說明知識界的分歧和論爭，譴責這是「給別人戴帽子的方式」，但他在接受國外《新左派評論》雜誌採訪發表的談話表明，他完全清楚這兩個名稱的出現是中國社會條件變化和知識界立場分化的產物。讓我們來看看，對國外的新左派同道他是怎麼說的。

　　《新左派評論》的編輯提問說，80年代是改革派和保守派的對立，90年代措辭和劃分變了，人們開始談論自由主義和新左派，原因何在？汪暉詳細地（也是較為客觀地）分析了社會狀況的變化和知識份子立場的分化，認為用「改革」、「保守」難於表達實際內容，政治辭彙因此發生變化，這大致始於1993年，標誌是崔之元、甘陽在《二十一世紀》上的文章，在這種語境中開始說「新左派」。

　　《新左派評論》編輯的提問表明，連他們都對中國的情況很瞭解，那就是，1989年後，官方的政策使得這種情況出現了：「自由主義」一詞表達了對政府既支持又批評的立場，贊成市場化，不贊成言論控制和違反人權，這種態度的基礎是：我們是自由主義者，因為我們信仰自由，而自由的前提是私有財產占主導地位，因此多數中國知識份子從90年代起自我定位為自由主義者。當問及情況是否如此時，汪暉對此作了肯定的回答。

　　特別有意思的是，汪暉也表示他知道「新左派」一詞最早出現於《北京青年報》，他說，他看了報紙，認為該報是以正面口氣用這個詞，不過，因為該報編輯是新權威主義的支持者，所以他

疑心「新左派」一詞是用來打自由主義的棍子，這就是他本人一直猶豫在中國的語境中使用這個詞的一個原因。[3]

　　顯然，汪暉對情況瞭解得一清二楚，他因為公正和大度的緣故，為了不委屈中國的自由主義，才沒有用「新左派」這個詞。但他的公正和大度是說給外國人聽的，在國內，他有完全不同的說法和面孔。

二、從理念到實踐：維權活動

　　進入新世紀之後，自由主義與新左派的區別不僅表現為理論上的爭論，而且表現在實際行動方面，特別明顯地表現出對社會上不斷出現的維權活動的興趣和介入程度，以及所起作用等方面的顯著差別。

　　維權活動不能說是自由主義的社會活動，也不能說是自由主義領導的運動，但是，在維權活動中總是可以看到自由主義者的身影，聽到自由主義者的聲音，他們把維權當成是自己的理念在實踐中的延伸，他們使維權活動明顯具有保護個人權利、保護合法的私有財產、理性抗爭、在法治的軌道上解決問題的訴求特徵。對他們來說，自由主義理念和實際的維權天然地、內在地一致。

　　與自由主義者的積極、活躍形成對照的，是新左派們的悄然無聲，幾乎不見蹤影。這有理論上的原因：他們雖然一直空談人民民主、大眾參與，但那是一種對應於巴黎公社、蘇維埃和文化

---

[3]　見汪暉訪談錄「城門失火」，載於 *New Left Review*, No. 6, Nov. and Dec. 2000, pp71-74。

大革命中「群眾運動」的概念，他們拒斥個人權利和保護私有財產的觀念，當農民被剝奪土地，在村委會選舉中遭到壓制時，當城市裏的拆遷戶被剝奪時，新左派可能認為受害者是在捍衛個人利益、私人財產，他們不是那種大寫的「人民」；這更有實際的道義勇氣方面的原因：新左派的批判和反抗精神從來都是避實就虛、捨近求遠，他們可以唾沫四濺地痛罵另一個半球的美帝國主義，而對身旁的不公視而不見、裝聾作啞。

　　甘陽是一個很說明問題的事例。他曾十分高明地指責自由主義的自由是知識份子珍愛言論的自由，與人民大眾的生存無關，他把這叫做貴族的自由，而標榜自己主張的是弱者的權利、平民的自由。但當需要為弱勢群體說話時，當維權運動不斷發生時，他做了什麼，說了什麼呢？其他新左派的代表人物又做了什麼呢？他們當然可以什麼也不做，只是不能指責對手是貴族，而自己是為著弱勢者和平民。

　　孫志剛事件是一個很好的例子。孫的慘死凸顯了公民權利和國家執法機關濫用權力的問題，在維權過程中擴展到新聞自由、言論自由，對法律的違憲審查等問題，自由主義者根據自己的信念，順著自己熟悉的理路，義無反顧地與這場維權運動打成一片。在事件發生大約兩個月之後，某些新左派也草擬了一封「就孫志剛事件致全國人大書」，但其內容真是讓人哭笑不得。下面是我婉拒簽名時所作回復的一些內容，我想說的是，稟持新左的理念，想做維權的事都難，因為缺乏相應的思想資源和氣質。

　　　一、這是「就孫志剛事件致全國人大書」，但孫志剛事件在其中所占分量很小，一開頭的文字完全不提孫志剛事件，其訴求

也不集中於此事件。書中談到「兩極分化」、「共同富裕」、反思和阻止「減員增效」、「教育產業化」，這些我個人是支持的，但這些問題顯然涉及到國內不同人對目前中國社會形勢的不同見解，與孫志剛事件並無直接關係。

二、說「非典型肺炎，由於缺乏社會保障措施，造成了大規模爆發」，這有很大問題。海內外絕大多數人都看得清楚，疫情未得到及時制止，關鍵是新聞自由-言論自由問題，從而是政治體制問題。我不知起草者為什麼要避重就輕。「缺乏社會保障措施」，可以是經費不足的問題，也可以是確定資源分配和社會福利優先性的問題。

三、說「由非典型肺炎和孫志剛事件，我們認識建立社會緊急應變機制的重要性和社會團結的重要性」，也是避重就輕之談。孫志剛之死，完全是「專政機關」人員草菅人命之所為，由此的訴求方向應為尊重人權和法治，我知道這兩點是很多人一直回避的。說實話，一個無辜大學生被活活打死，結論和反應是「我們認識建立社會緊急應變機制的重要性和社會團結的重要性」，這不但使人哭笑不得，簡直令人氣憤。

四、文本說，「必須廢除一切不符合憲法和法律的規定和制度，必須改革收容和暫住證等制度」，這是對的。但緊接著說「社會救治只能施之於需要救助的群體和個人，社會救助不能違背任何被救助者的意願」，這使人感到莫名其妙。我懷疑起草者的理解是，收容制度還有好的一面，比如收容救助無家可歸者，應對其一分為二，故強調要尊重被救助者的意願。這是不瞭解收容制度的實際情況，不了解法學界關於廢除收容制度的長期努力及其原因。這個文本的起草者的認識大大低於上世紀 70 年代末中國法學界的水平，那時的要求就是廢除收容制度，

而不是完善它，或在實施時要因人制宜。起草者不知道收容遣
送制度的要害是：它是違反憲法的惡法，它賦予員警剝奪人身
自由的權力，他們以為可以發揚此制度中慈善的性質和社會福
利的好處。

　　與此相反，自由主義者很容易比較深刻地理解和闡發維權運
動的意義，他們不但用行動參與和支持維權，也用理論激勵維權。
比如，有人在總結維權運動的特徵時說：「其一，這些民間維權都
與整全性的社會政治訴求無關，而與在市場化進程中得到滋長但
尚未得到保障的各種個人權益相關。80 年前，胡適曾告誡青年說
『為自己爭自由，就是在為國家爭自由』。對個人權益的維護和保
守無疑具有眼下的正當性，同時也是在為更重要的政治制度的變
遷，奠定一種心平氣和的社會道義與心理基礎。其二，這些以『民
權』為訴求的維權活動，都主動遵循法治化的渠道，同時也在利
用和拓展著法治化的空間。法治是一種最具有連續性的統治，它
不用社會的剛性斷裂來尋求變革，也不通過對個人既得權益的否
定和藐視來重新界定起點。從法治的角度看，『新民權運動』恰恰
是一種在社會變遷中最有利於強化和彌補社會連續性的爭自由方
式。當越來越多的人在維權活動中，將自己的蠅頭小利或者身家
性命放進來，這種公民權利與個人利益的投入正是社會穩步前行
的最可靠的保障。」[4]
　　一位媒體人士的觀察和評論很說明問題：「孫志剛案對自由主
義的時評寫作，確實是一個基督復活的日子。在孫志剛案之前，
屬於自由主義的時評基本在網上，該案之後，自由主義者規模地

---

[4]　王怡：「2003：『新民權運動』的發軔和操練」，《中國新聞週刊》，2003 年 12
　　月 22 日。

佔領了新聞媒體的時評寫作，例如秋風和王怡成為《新聞週刊》的主力。」[5]

三、改革：令人尷尬的兩難局面

　　中國的改革已經進行了四分之一世紀，從綜合國力的角度，從 GDP 的帳面數位看，它取得了舉世矚目的成功，但從道義和人心看，它相當失敗。官員-管理者曾經是改革的阻力，現在成了動力，因為他們「近水樓臺先得月」，體會到了從公有制到私有制的轉變對他們不是威脅，而是機會，是尋租，進行權錢交易的機會；而對那些堅持道義立場和承擔改革代價的人來說，從上世紀末起，改革的烏托邦就不斷破滅，現狀令人難以忍受。

　　從 2004 年 6 月起，郎咸平公開批評海爾、ＴＣＬ和格林柯爾 3 家公司利用產權改革侵吞國有資產，引起媒體和民眾廣泛關注、經濟學界的各種反應和企業界的強烈反彈，引發了又一輪關於國企改革的爭論。國有企業的產權改革是當今改革的重頭戲，但在這個過程中，掌權者-管理者私分公有財產，國有資產大量流失，下崗工人處境悲慘，從而產生社會不公正的問題。

　　從媒體（包括網路）反映的民意看，支持郎咸平的意見是一面倒，那些批評郎咸平的學者受到很大責難。總體上說，新左派是大力支持郎咸平的意見，而主張市場化的自由主義經濟學家則站在郎的對立面。但細緻觀察和深入分析之後可以發現，不能把

5　陳永苗：「在《新京報》拱卒：走憲法之路」，天涯網站，http://www2.tianya.cn/New/PublicForum/Content.asp?。

事情簡單地說成是支持還是反對國企的產權改革，說成是新左派
與自由主義的對立。

　　經濟學家張維迎的反應被視為經濟自由派的典型立場，他強
調要善待為社會做出貢獻的人。他說，國有企業改革的過程，就
是一個社會財富不斷增加的過程，認為「只要有人賺錢，就一定
有人吃虧」的觀點，是極具誤導性的，不能看到買的人賺錢了，
就說國有資產流失了。他認為更嚴重的問題，反而是國家政府部
門對私人資產的侵吞，不能因為會出現國有資產流失的可能，就
終止國有企業的改革。他特別強調改革的時間價值，在回答「可
不可以把產權改革的步子放得慢一點」的問題時，他說：「現在很
多政府官員害怕承擔責任，他並不是真正害怕國有資產流失，而
是害怕承擔國有資產流失的個人責任，所以很多改制方案他能拖
就拖。就好比，這個番茄放著放壞了，我沒有責任，但如果這個
番茄賣了，而人家說我賣便宜了，這是要承擔國有資產流失的責
任的，那肯定就不賣了。難道我們現在還要國有資產就這樣子流
失嗎？」

　　在 8 月底舉行的「國資流失與國有資產改革」研討會上，新
左派經濟學家左大培、楊帆等與郎咸平一同出現，並且在郎咸平
發言之後，相繼發表了言詞激烈的「挺郎」觀點。9月底10月初，
「挺郎」派通過網站作出一系列強烈表態，被形容為國內本土派、
實踐派、非主流經濟學家出面集體支持郎咸平，一舉改變了郎咸
平孤軍奮戰的局面，將「郎顧之爭」引向社會大討論的階段。其
中有人說，從 1997 年以來，人們普遍感受到所謂國企改革實際上
就是國有資產的廉價大轉移，是將 50 多年來廣大工人和幹部用心
血和汗水積累起來的國有資產廉價轉移到極少數現任企業和地

方、部門的領導手裏。說得直白一些，就是一些官員和企業家在合夥盜竊國資產。還有人說：「我們不僅需要中國的普京，嚴厲打擊那些掠奪人民而致富的富豪，我們更需要真正的清算：對那些借『改制』掠奪人民財產的人進行清算，對那些推行權貴資本主義的貪官污吏進行清算，對那些有意識支持掠奪人民財產的人進行清算。不能再寬容他們的掠奪罪行，要把人民的財產奪回來，把人民的權力奪回來！」這些激烈的言辭使得郎咸平感到有必要劃清界限，表示自己與其完全無關。

郎咸平的問題是，他主張不搞產權改革，不承認國企存在的問題，認為國企經營得很好，效益不比民企差，他為了證明這一點使用的資料來自於國有壟斷性行業在香港的上市公司，沒有什麼說服力。他的觀點有變化，後來又說同意國有企業應該改革，只是主張應該按他所總結的「青啤模式」進行。這就使得雙方在大方向上沒有太大差別，只是強調和側重點不同。

可以說，大多數自由主義者並不持市場至上和不要公正的觀點，可以把他們的立場歸結如下（事實上他們從來都是這樣表達的）：一、堅決主張以市場經濟為導向的改革，以形成最終能防止權力參與掠奪的機制；二、批判現行改革中嚴重的不公正，要求規範市場經濟體制，排除權力的干預；三、認為解決問題的根本辦法和當務之急是立即把政治體制改革提到議事日程上來。

作為對比，可以把自由主義與新左派的分歧理解為：一、前者提倡並力圖推動市場經濟，大談規範的、較為理想的市場經濟的好處，包括對於實現社會公正的根本好處，而後者主要談市場經濟的弊害；二、前者批判現行的權力主導的改革，但沒有斷定目前改革的性質就是赤裸裸的掠奪和搶劫，而後者對現行改革的

批判要嚴厲得多，基本上是持全盤、徹底否定的態度，甚至主張
不改革；三、自由主義者有一個憲政民主的目標和綱領，而新左
派沒有表現出對於政治體制改革的興趣。

　　有一個情況很有趣，身居海外，自稱原教旨主義和純正的新
左派的陸興華認為，在沒有民主憲政、法治框架、民意表達和民
眾參與的情況下，談論和爭論目前的國有資產的產權改革，是極
其困難，甚至沒有意義的。他指出，政治改革嚴重滯後，這就是
問題的癥結。顯而易見，這種立場從思想到語言都是標準自由主
義的。

　　這場論戰使得所謂經濟自由主義和政治自由主義的區分明顯
起來，顯然，這是既分享某些重要的理念和價值（比如個人自由、
法治、政府權力的制衡、市場經濟），又在某些重大問題上有區別
（比如對現實的批判態度，對貧富差距和社會不公的重視）的，
兩種牌號的自由主義。而以前新左派在論爭中的做法是以經濟自
由主義中那些遭病垢的主張為靶子，攻擊政治自由主義。可以說，
這種混同基本上是有意的。例如，我多年前就對經濟自由主義提
出批評：[6]

　　　有人（比如有個別經濟學家）把適用於理想市場條件下的學
　　　說、理論、概念、公式用於分析當前中國經濟問題，而無所不
　　　在的權力干預，多變的政策使他們的研究純屬紙上談兵。有人
　　　把中國的民主進程等同於中產階級的形成和發展，認為除了等
　　　待這個階級的壯大之外不能做其他任何事，他們對於民主的意

6　徐友漁：「自由主義與當代中國」，《開放時代》，1999 年 5、6 月號，第
　　46-47 頁。

願和參與，不是抱怨，就是咒罵。

……在中國，確實有人認為市場化就是私有化，以加快改革步伐為藉口肆無忌憚地化公為私，把改革的成本和代價全推到普通人民群眾身上。可能有少數自命為自由主義者的人支持或默認以上言行，但真正的自由主義是與此格格不入的。

曾經有人主張，根本不應承認經濟自由主義是自由主義。這不是實事求是的態度，大力主張市場經濟的學說應該是自由主義的一個品種，它在論證和推動市場經濟方面的作用不容否定。老左派以批判新自由主義為名對它大肆批判，從 2005 年夏季開始在經濟學教育和經濟學教科書領域中的清算，說明經濟自由主義的正面作用不容否定。

四、自由主義、新左派與傳統和文化保守主義

在上世紀 90 年代的後半期，自由主義和新左派是民間思想舞臺上的主要角色，形成二元對立。而在新世紀，文化保守主義出現了，二元對立變成了三角關係，國學熱和文化保守主義的發展勢頭很猛，大有後來居上的意味。認真說來，國學熱在 90 年代上半期就出現過，但在老左派正統思想的警告和討伐之下倉皇退卻、無疾而終。這一次情況不同了，在 2004 年，由於「讀經」口號的出現以及《甲申文化宣言》的發表和其他事件，有人把這一年命名為「文化保守主義年」，2005 年發生了一系列與中國傳統儒家思想學說有關的事件，引起人們的廣泛關注和討論。

　　新左派思潮和自由主義都源自西方，初看起來與中國傳統的思想文化天然隔膜，但是，在新世紀，它們與傳統的關係並沒有那麼簡單。

　　新左派如果稟承老左派的精神，應該繼續把傳統文化當成所謂「封建主義」的東西來批判。但是，新左派除了把「資本主義」當成頭號敵人之外，與西方的後現代主義非常接近，對啟蒙、理性、法治、現代性持敵意，認為自由主義堅持這些價值的普遍性是錯誤的。如果說儒學是從前現代的角度批判以上價值，新左派則從後現代的角度進行批判。在對「資本主義」和現代性的前後夾攻中，二者找到了共同之處，可以配合之處。

　　當代中國的自由主義與以胡適為代表的，在五四新文化運動中激烈批判傳統的自由主義有傳承關係，但是如果說中國老的自由主義受杜威、拉斯基的影響因而帶上社會主義或社會民主主義的色彩，那麼當代的自由主義者中不少人則大受愛德蒙‧伯克和哈耶克的影響，他們非常重視和珍愛傳統，不能接受傳統的斷裂。一些中青年學者的思路是：對於像中國這樣歷史悠久、文化豐富的國家，難於想像文化基因的徹底改變，難於相信可以徹底拋棄自己的文化傳統白手起家或另起爐灶地追求現代化和憲政民主，既然自由主義不是出自本土，不以某種方式與傳統接榫，難道可以在文化上脫胎換骨、全面移植？

　　2004 年 12 月 28 日，文化保守主義刊物《原道》的編委會為慶祝雜誌創刊 10 周年，在北京舉辦了主題為「共同的傳統——『新左派』、『自由派』和『保守派』視域中的儒學」學術座談會，這是一個思想立場表達和碰撞的場合。從會場上的發言情況看，新左派對文化保守主義並不反對，但具體想法不多，而自由派則有

較多思考，不論是持同情性支持還是持批判性反對立場。事實上，在 2004 年和 2005 年圍繞國學的討論中，不論是發表正面還是反面意見，自由主義者都十分積極、活躍。

當今自由主義者中，最早、最深入和系統考慮自由主義與儒學相結合的是劉軍寧，他早在上世紀 90 年代初就提出：「儒家和自由主義是兩種根本不同的傳統，但同作為人類生存經驗和智慧的結晶，無疑應有相通之處。」他提倡一種儒教自由主義，「在政治上，儒教自由主義表現為代議政治、憲政法治、政黨政治加上儒家的施政作風。在經濟上，實行自由市場經濟，加上克勤克儉、互幫互助的儒家工作倫理，同時政府受儒家富民養民思想的影響對經濟生活進行積極的調控管理。在道德文化上，儒家自由主義既引入自由主義對個人權利、自立自主精神的強調，又保留了儒教忠恕孝順、尊老愛幼、重視教育和注重集體利益等價值傾向。」[7]

2004 年十分引人注目的一件事是，在讀經爭論中，一批年輕的自由主義的學者，比如王怡、秋風、劉海波、範亞峰等，都明確表示支援，都強調中華文化傳統的價值和重要性，都大力批判理性和啟蒙對傳統的衝擊。他們自稱在學理上受到哈耶克和蘇格蘭學派的影響，把自己的立場稱為「中道自由主義」。在他們看來，建立現代憲政制度與保守中國古老的文化傳統之間，並無矛盾之處，更有甚者，他們認為脫離傳統，依靠批判傳統建立的任何體制都具有人為設計的特徵，而不具有自生自發的生命力。

王怡說：「我和蔣（慶）先生一樣從法學院畢業，我好談憲政，他專講儒家。但我和蔣先生一樣也持文化上的保守主義立場。何

---

[7]　劉軍寧：「自由主義與儒教社會」，《中國社會科學季刊》，1993 年，8 月號，第 102、105 頁。

謂保守主義，保守就是保守自由的傳統，看待自由的傳統勝過看待自由的理念。」[8] 他還說：「為什麼要支持民間的兒童讀經，支持儒家道德理想和人倫情感的重新伸張，支持文化保守主義尊敬傳統的微弱聲音呢？因為從經驗主義的角度看，所謂自由就是具有連續性的習慣，而不僅是理念世界中激動人心的訴求。一件東西今天屬於你，昨天屬於你，明天也屬於你。這種具有連續性的佔有才構成一項法治意義上的權利。否則權利就是抽象而虛妄的。一個社會若沒有絲毫的傳統，將意味著沒有絲毫的自由。法治本身是一種保守主義的制度文化，它崇尚連續性，並依賴於整個社會在法律、文化價值、社會倫理乃至私人情感方式上的某種連續性。」[9]

「中道自由主義」的態度受到保守主義的歡迎，陳明說：「我很看重自由主義學人在讀經問題上的出場和言說方式。我一直認為，文化保守主義應該是為了自己民族生命的健康條暢才有所保有所守。因此，它應該把發展自己的傳統當做能保能守的前提或條件。與自由主義思想的結合，我覺得是頭等重要的。」

儘管許多人產生了一種印象，以為在 2004 年這個文化保守年，自由主義和保守主義走到了一起，但這個印象實際上是不準確的，因為並不是所有的，甚至也不是大多數自由主義者都傾心於保守主義，批評保守主義，批評自由主義倒向保守主義的也大有人在。比如，袁偉時對政治保守主義持強烈的批判態度，他說：「其實，簡單說來就是一句話：中國要回到政教合一的體制，由

[8] 王怡：「『讀經』和文化保守」，公法評論網，http://gongfa.com/wangyidujing.htm。
[9] 王怡：「『讀經』背後的保守主義和原教旨」，http://gongfa.com/wangyiyuanjiaozhi.htm。

儒教的『大儒』、『賢儒』加上血統高貴的前賢後裔集體君臨天下，保留對國家一切大事的否決權和決定權，需知在三院中他們篤定支配了國體院和通儒院！不過，這樣美妙的設計立即會碰到無法逾越的障礙：如何確定那些『通儒』和『國體』代表的合法性。」[10]

　　我在爭論中說，如果把「復興國學」比較平實地理解為知識、教育方面的補課和基本建設，那是沒有任何問題的；現在恢復國學的努力之所以正當和必要，是因為人們的國學知識太欠缺，國學在教育中，在人們生活常識中所占的地位和它應有的地位相比存在較大的差距，總之，中國人對於自己的傳統文化學術欠債太多。要反對的只是企圖恢復傳統思想的正統地位，使中國回到「獨尊儒術」的時代，不是把儒學當成「文化儒學」，而是「政治儒學」。爭論還涉及對國學衰落原因的認定，現在力圖復興儒學的人談論儒學的衰落不提權力的干預和壓制，不提政治運動的衝擊，而是一味批判眼光向外學習和對內批判的知識份子，對五四新文化運動、對啟蒙、對倡導科學與民主進行清算，這不尊重歷史事實，也不利於儒學的恢復和發展。[11]

五、對民族主義的態度

　　民族主義是比新左派思潮和自由主義更基本、更廣泛的思潮，它在中國源遠流長，至少有 100 年以上的歷史。兩派都有一

---

[10]　袁偉時：「『王道政治』、『文化意義上的中國人』和讀經」，《青桐文化月刊》2005
　　年第 3 期，第 22 頁。
[11]　徐友漁：「國學應該怎樣熱起來」，《新京報》，2005 年，11 月 29 日。

個如何面對民族主義的問題，即表現出對民族主義的親和性或拒斥性，以及是否形成具有自己特徵的民族主義。

民族主義思潮和情緒在上世紀90年代就相當盛行，在世紀之交，隨著北約在科索沃的干預行動，中國駐斯拉夫使館被炸等一系列事件，這種思潮和情緒迅速高漲。在一本作為對中國駐南斯拉夫大使館被炸的反應的書中，作者在序說：「1999年5月8日，我們終於看到了我們民族生命的衝動，聽到了民族的心靈在吶喊。」作者不同意美國是誤炸，說即使是誤炸，也說明美國並不在乎與中國的關係，並抱怨說，「另一方面，中國卻一直把與美國的友好放到一個極高的位置。二者對比，差別極大。」作者還抱怨說：「中國在過去許多年中，一直力圖做一個『好孩子』，這使得美國這樣只懂得力量的國家忘記了中國的實力。」作者建議中國也要做做「壞孩子」，不要怕影響國際形象。作者擔心的只是「現在的中國人已經失去了做『壞孩子』的陽剛之氣，這種社會風氣之中的頹廢之風亟需扭轉。」[12]

自由主義和民族主義都是歐洲隨著民族國家興起而產生的思潮和運動，因此從歷史和時間上看，二者的一致或交叉之處甚多。不過單從理論上分析，前者重理性，後者重感情；前者重個體，後者重集體或整體；前者重普遍性，後者重特殊性，因此內在矛盾是深刻的。拿左派思潮和民族主義像比較，前者原來重普遍性，但新左派卻相反，強調特殊性，尤其是後進國家的左派知識份子，以民族的特殊性來對抗「資本主義」和現代化的普遍性。

---

[12] 房寧、王小東、宋強等：《全球化陰影下的中國之路》，中國社會科學出版社，1999年，「序」第8頁，第3-15頁。

甘陽的觀點可以說是新左派強調中華特殊性的例證，他說：
「在所有『非西方文明』中，中國與其他非西方文明是不一樣的。
中國在歷史上和西方沒有任何關係，是完全外在於西方的，西方
也完全外在於中國……中國可能將按她自己的邏輯，而不是按西
方的邏輯……今天不但需要重新看改革與毛時代的關係，而且同
樣需要重新看現代中國與傳統中國的關係，不應該把現代中國與
中國的歷史文明傳統對立起來，而是同樣要看傳統中國與現代中
國的連續性。我們今天應該特別強調，中國漫長的獨特文明傳統
對於中國的現代發展具有根本的重要性。現代社會的普遍特點是
社會分殊化高、離心力大，因此一個現代社會如果沒有足夠的傳
統文明凝聚力，社會分崩離析的可能性相當大。」[13]

甘陽講話的主旨，在朱蘇力的評論中更加突出，即用所謂民
族的獨特的價值對抗被他們說成是想像出來的西方文化價值，也
就是「自由、市場經濟、兩黨制或者是憲法、法制」。

自由主義在上世紀 90 年代側重於對狹隘的、極端的民族主義
的批判，最近一、兩年則表現出一種新的動向：尋找自由主義與
民族主義的契合點，探討一種自由主義的民族主義。

高全喜提出：「從一種自由主義的政治理論出發，對民族主義
問題給予全方位的剖析與應對，特別是對於中國的民族主義問題
給出一種理論上的解答，不能不說是擺在我們面前的一項重要的
理論工作。」在他看來，憲政主義是馴化民族主義的最有效的手
段，也是一付解除民族主義暴虐的最有效的解毒劑。它的核心原

---

[13] 甘陽：「新時代的『通三統』——三種傳統的融會與中華文明的復興」，2005
年 5 月 12 日在清華大學公共管理學院「北京共識」論壇第四講的演講，
http://www.cc.org.cn/newcc/browwenzhang.php?articleid=4290。

則是多樣性的、個人的自治原則。他還說：「自由主義的政治理論以其憲政主義、法治主義、共和主義和民主主義的理論模式為解決民族主義問題提供了有效的途徑，因為自由主義的政治解決，不是與民族主義的二元對立的強權政治，也不以專斷的意識形態為共識的符號，它所提供的乃是一種以個人的自由權利與幸福為核心的政治框架，並試圖通過民主與法治的途徑，以多元的聯邦自治為制度形態，在共和主義的協調中，來解決民族主義所提出來的問題，這樣其實也就是提出了一個自由主義的民族主義理論。」[14]

　　在中國，民族主義往往和愛國主義緊密地聯繫在一起，自由主義要用一種新視角處理民族主義問題，自然要用一種新視角處理愛國主義問題。張千帆說：「在傳統上，愛國主義和自由主義往往是水火不相容的……方法論的個體主義有助於化解愛國主義和自由主義的緊張關係；或者更準確地說，通過將國家歸結為由具體個人組成的集體，使愛國主義在某種意義上落到自由主義層面。愛國並不等於高喊空洞的口號，逃避本國的實際現狀……嚴格地說，愛國和國家的制度現狀並沒有必然聯繫」，作者還認為，雖然一般人理所當然地把愛國主義和國家主權聯繫在一起，但主權是一個國際法概念，在一般情況下並不適用於國內問題。[15]

　　自由主義者還考慮到了內政和外交的複雜關係，考慮到了國家利益問題。我在「為什麼是自由主義，什麼樣的自由主義？」一文中說：「作為自由主義者，近年來我常常痛感我的一些朋友在

---

[14] 高全喜：「對民族主義的一種自由主義考察」，《大國》，第 1 期，北京大學出版社，2004 年，第 127、155-157 頁。

[15] 張千帆：「什麼是真正的愛國主義？」，《大國》，第 5 期，北京大學出版社，2005 年，第 19-21 頁。

知識結構和思想方法方面的欠缺，他們思想的基調只有自由、民主-專制、極權的對立，他們不知道國家除了這種分類並導致對立外，還有考慮問題的其他維度，比如民族國家作為一個利益單位，比如地緣政治的考慮是國際關係中不可缺少的，是超乎國內制度和意識形態的，他們不瞭解歷史的複雜性。當然他們還有常識，不至於在中國政府與美國就紡織品貿易和反傾銷進行交涉時指責政府。」「我最想說的是，自由民主國家的立國理想和原則是一回事，它在國際競爭中和利益格局中推行實力政策（任何國家都不得不這麼做），是另一回事。當不同政治制度國家之間發生利益糾紛時，並不能保證民主國家天然持有正義，任何手法都屬正當。把國內政治制度的優越性外推到判斷外交政策的是非是不對的，反過來說，把正常的國家利益衝突演繹為對人類政治文明公認價值和成果的否定也是不對的。」

　　高全喜提出，現代國家主權的確立，在國內和國際上的基礎是完全不同的。在國際上，國家主權基於現實主義的叢林原則，由其他國家的承認而獲得；「可是在國內問題上，國家主權的合法性及其尊嚴卻來自另外一種更為重要的原則，即人權原則，或者準確地說，來自公民權原則。」他借鑒休謨的理論，提出以下原則來打通內政與外交，自由的國家主義與現實的自由主義：第一，建立一個國家的自由政體是國家利益的最根本性問題；第二，自由政體作為構建現代國家的核心，它所現實的手段，在國家內部與國際關係方面是不同的，對內是自由的國家主義，對外是現實的自由主義；第三，自由國家是內生的，但在國家間關係方面，國際秩序卻是國家行為體外化的結果。[16]

---

[16] 高全喜：「論國家利益——一種基於中國政治社會的理論考察」，《大國》，第 2 期，北京大學出版社，2004 年，第 47-51 頁。

　　基於自由主義立場型塑一種新型的民族主義和國家利益觀，其意義既是深遠的，同時具有當下價值，但要與狹隘的民族主義和國家主義劃清界限，並不是那麼容易。高全喜在一次講演中轉述一位俄羅斯自由派的話說：「俄國的自由派確實主張憲政，主張法治，主張自由民主，但是讓他們感到痛心的是，當他們為之奮鬥並取得了現實成果時，蘇聯在哪兒？他們的祖國在哪兒？現在的俄羅斯已經退回到彼得大帝時期的疆域，甚至都還不到。」他接著反問：「這樣的自由主義是不是令人痛心？代價是不是太高？中國今天難道不也面臨這樣的兩難嗎？」[17]這裏需要澄清幾個問題，第一，蘇聯的解體，原因不在於自由主義，或者至少可以說，民族主義應負的責任要大得多；第二，那位俄國人士在說這些話的時候，立場顯然不是自由主義，而是民族主義；第三，怎麼能夠認為，一個大帝國的解體一定不好，為什麼只看它的結局，不問它的來歷？通過威脅、顛覆、侵佔、併吞而形成的大帝國，其解體不過是歷史正義的實現，有什麼值得悲歡的？

六、結論和展望

　　當代自由主義和新左派在中國的出現已有將近 10 年，兩派的爭論也有將近 10 年，這種爭論會有什麼樣的結果，這種爭論將在何時結束，讓位於其他思想派別之間的交鋒？

---

[17]　高全喜：「大國之道：自由主義與民族主義」，《大國》，第 5 期，第 181 頁。

　　我認為，在可以預見的將來，在中國的社會轉型期沒有出現戲劇性事件或重大變化之前，自由主義和新左派的爭論將會一直繼續下去，甚至在這之後，都有可能存在。這個預言不是個人的主觀猜測，更不是一個在這場爭論中取得一定發言權的人的一相情願，而是由中國社會發展的大趨勢所決定。

　　先說一個比較寬泛的理由。我們知道，從現代到當代，遠遠不止一個世紀，自由主義與新左派的爭論一直沒有停止，因為對於大工業生產方式和社會組織方式，對於現代的社會生活、精神生活、文化生活，確實存在兩種主要的不同觀察和評判的角度。從將近一個世紀之前起，兩種立場、兩種思潮的對立、鬥爭就反映到中國的思想界，而且成為中國思想界爭論的主要內容之一。如果說，我們在最近的將來無法斷言西方和第三世界國家自由主義和新左派的爭論會結束，那麼我們就不可以預言這樣的爭論會在中國結束。

　　其實，重要的不在於國際上的思想立場對立一定要反映到（而且是深刻地、廣泛地反映到）國內，關鍵在於，中國的社會轉型暴露出來的問題，恰恰易於使人們從兩種主要的不同立場和視角進行觀察與評判。

　　對於自由主義者來說，中國接受世界歷史發展和社會進步所提示的共同的文明準則，融入全球化的進程，實現憲政民主，是必然的、不可阻擋的趨勢，他們認准了這一點，除了義無反顧地爭取實現一個保障個人的自由與權利、法治，政府權力受到制衡的體制，沒有別的選擇。

　　而對於新左派來說，中國走向現代化、民主化的過程，就是一個標準的、典型的資本主義化的過程，西方左派、新左派對這個過

程的一切批判，都可以搬用到中國。無庸諱言，隨著中國經濟市場化的大發展，他們會越來越覺得自己有理由把中國看成是資本主義社會，因此越發有理由搬用西方新左派對西方社會的診斷於中國。

如果說，用「市場列寧主義」來形容當下和下一階段的中國是恰當的，那麼自由主義強調這個表達的名詞，而新左派則強調它的形容詞。很有可能，「市場列寧主義」是真正的中國特色，是世界歷史上的新現象，那麼對它的認識和批判，將考驗中國所有思想派別，所有思想者的道義和智慧。

新左派即使不能說將會永存，至少會在相當長的歷史時期存在，因為看來市場經濟將以不可阻擋之勢占居統治地位或主導地位，而新左派思潮將以市場批判者的身份存在，不論市場運轉得好不好，是利大於弊，還是弊大於利，就像這一、二百年歷史所表明的那樣。

至於自由主義，可以斷言它在中國的存活期也會很長。它在 20 世紀 30 和 40 年代一度活躍，那只不過是啼聲初試，在沉寂半個世紀之後以隔代相傳的姿態出現，表明了它的內在活力。如果說，在嚴酷的內戰中自由主義不可避免地會被擠到一邊去，那麼在市場經濟條件下，在和平時期的憲政建設過程中，它一定有用武之地。也許有一天，當中國的自由主義平臺已經搭建成功，它會失去重要的地位和作用，會有其他思潮——比如民族主義，就像在俄羅斯和東歐所表現的那樣——流行，但那也是功成身退。這個平臺一天沒有建立，自由主義的理念和追求一天不會失去作用。

自由主義和新左派思潮是走向現代化的一對孿生子，它們在當代中國幾乎同時出現，它們力量的消長與中國現代化事業的成敗密切相關。

自由主義還是社會民主主義

——未來中國憲政原理

前記

在北京出版的《炎黃春秋》2007 年第 2 期發表老共產黨員、前人民大學副校長謝韜先生的「民主社會主義模式與中國前途」，引起很大的關注和反響，交口稱讚者有之，厲聲批判者有之，爭論很快展開。左派意欲在全國範圍內發動大規模政治批判，但因為沒有得到最高當局的支持，僅僅零散地開了幾次會，發表一些批判文章而沒有形成浪潮。最高當局的態度，以《人民日報》發表一篇明確表示不贊同的小文章而低調表達出來。

大陸政權以馬克思主義為教義建立，什麼是真正的馬克思主義，中國實行是不是馬克思主義，中國應該以什麼主義立國，謝韜先生的文章探討的是這樣的根本問題，這對於我們反思過去的道路（尤其包括走過的彎路、歧路），規劃未來的方向，具有深遠意義。

我對謝韜先生的文章持理解和讚揚態度，我認為，這是一個具有真誠信念的老共產黨員，一個有理論修養的馬克思主義者在認真總結經驗教訓，放眼觀察世界大勢之後的嘔心瀝血之作，值得各方面人士學習和思考。我對文章中以下兩個觀點，有同情性的理解。

　　馬克思、恩格斯晚年是民主社會主義者，是「和平長入社會主義」的首倡者，民主社會主義是馬克思主義的正統，而列寧、史達林、毛澤東片面強調階級鬥爭學說和專政理論，是從左的一面修正馬克思主義。

　　社會民主黨在大多數歐洲國家競選執政，社會民主主義在歐美成為制定公共政策、協調社會矛盾、處理國際事務的主要政治思想資源之一，使得全世界那些企圖保留他們國家的社會主義前途的改革者們，都把目光轉移到民主社會主義運動上來，這值得我們認真思考和對待。

　　作者在文章中說：「我常常想，德國人是不是應該比我們更懂得馬克思，俄國人是不是應該比我們更懂得列寧，就像我們比外國人更懂得孔夫子一樣。為什麼德國人揚棄了的馬克思主義不適合現實生活的部分，為什麼俄國人拋棄了的列寧主義，我們要當作神物供奉著？當作旗幟高舉著？」我為這雄辯和動情的語言所懾服，這個問題的的確確值得人們深思。

　　在表明同情性理解的態度之餘，我想說，作為與謝老的問題意識相同或相近，但年齡不同，尤其是知識結構不同的研究者，我下面這篇在 2003 年發表的文章實際上還是表達了一些補充和商討的意見。我要說明兩點，第一，我的探討是在深層次的基礎原理方面，而不在實踐方面，在實踐上，謝老的主張無疑是先進和難能可貴的，對謝老的主張我樂觀其成，因為當代的社會民主主義執政黨是在自由民主的憲政原則之上執政，中國如果達到這種狀態將是對現狀的極大改變和革新；第二，我的出發點是：中國的前途根本在於實現憲政民主（謝老顯然同意此點），某些理論和實踐是否符合真正的、純粹的、正統的、原本的馬克思主義和這

個目標相比不能不居次要位置，或者說，其價值和重要性只能視其如何服務于這個根本目的。所以說，我與謝老在理論上的區別是，我不以是否符合馬克思主義為出發點為唯一判准。

最近若干年來，中國思想界學術界不斷有人主張，要重視和學習社會民主主義，參考借鑒瑞典、北歐模式，這種聲音和思潮，可以追溯到上世紀 80 年代。謝韜先生的主張，是其中最明確、最堅決的。事實表明，出來猛烈批判和兇狠阻擊這種主張的，是僵化、教條、左的所謂「馬列主義」。熟悉馬列主義發展史和共產主義運動史的人都知道，左的思潮、力量和領袖不太在意和重視他們認為真正右的東西，他們最在乎的是在同一傳統中的「修正主義」，雖然到底誰是修正主義本身就是問題。他們中有人倒是半真半假地喜歡「交右派朋友」，因為他們認為右派離得太遠，對他們的地位沒有威脅。對他們最要命的，是同一傳統和陣營中有人出來比純正、爭正統，這是他們絕對不能容忍，必欲置之死地而後快的。對這些人而言，教義是否正宗固然要緊，而發言權——也就是「飯碗」——則更要緊。

謝韜先生的文章發表後，除了自命為正統的左派，持其他觀點的人沒有對謝韜先生及其支持者的主張進行批判，有的只是同情和尊敬。我的商討意見，是基於和謝韜先生的價值目標一致，只是理論上更徹底。古人雲：「取法其上得乎其中，去法其中僅得其下」，我以為社會民主主義對於我們的憲政民主只是「中」而非「上」，所以此文的觀點可以理解為善意的提醒而不是否定和反對。

近年來，中國大陸思想界、學術界顯現出兩種令人注目的趨勢，即是對憲政民主和社會民主主義的關注與倡導。一些人熱心

於憲政問題，是以理論形態表現對於政治體制改革的渴望與促進，為有朝一日出現的政治改革作準備；另一些人宣揚社會民主主義，是自以為看到了某種現實的可能性：「三個代表」理論的提出，標誌著意識形態從舊正統向開放、現實的社會主義轉型。

不論從理論上還是從實踐上說，憲政問題都和自由主義有關，但是，有人認為自由主義與實行了半個世紀的社會主義太隔膜，他們把社會民主主義理解為馬列主義和自由主義之間、史達林式的社會主義和資本主義之間的第三條道路，理解為個人自由與社會公正之間、競爭機制與全民福利之間的中庸之道。我認為，這種理解本身並不正確，按這種理解來選擇中國實施憲政的原理，更不正確，憲政的思想基礎和學理資源應該參考自由主義。當然，這裏指的是本來意義上的自由主義，而不是當下被有些人用來為私分國有資產、靠權力暴富作辯護的「自由主義」。

不應輕易超越自由主義

回顧 20 世紀上半葉，中國人在實施憲政方面作了多次努力，自民國以來，每次立憲活動的指導，都以自由主義為本，那麼，在自由主義被禁絕長達半個世紀的今天，當重新考慮中國未來的憲政設計時，我們還應該以自由主義為參照？

中國現代化的後發劣勢的一個重要方面就是，當中國人剛認識到西方精神、文化、制度上的某些重要價值，剛開始體認、宣傳，遠未達到深入認識，更談不到實行的階段，就見到西方本土對自己的主流傳統意識的批判和反叛，再加上某些具體事件的刺

激，人們於是輕易放棄對那些價值的追求，擁抱更新、更時髦的
價值，以圖滿足「迎頭趕上」的心理。其結果是「欲速則不達」，
中國人在「最革命」、「最優越」的夢幻中不斷碰壁，吃盡了苦頭，
最後不得不老老實實地從頭來過，但時間浪費了，機遇喪失了。

　　中國人對個人自由、市場經濟、競爭機制等屬於「資本主義」
範疇的價值，就有這種從認同、宣傳，但很快就質疑、拋棄的過
程。這個過程發生在第一次世界大戰之後，但過了半個多世紀，
歷史重演：剛開始清算文革的蒙昧主義和個人迷信，緊接著就是
對啟蒙、理性、科學的解構和批判；剛開始大張旗鼓地從事現代
化建設，後現代和反現代的思潮就在知識界、文化界甚囂塵上；
剛認識到打破閉關自守、走向世界的必要性，馬上就有人把反全
球化運動當成最新方向。

　　自由主義在中國的命運也是如此。從嚴復比較系統、正規地
引入西方思想和學術以來，中國人的意識形態主流在一、二十年
間是自由主義，但五四之後，各種社會主義思潮就接踵而至，一
些著名的自由主義先驅改換門庭，擁抱社會主義，更有不少自由
主義代表人物在自由主義立腳未穩的情況下作社會主義式的修
正，以至於三、四十年代的自由主義陣營的政治宣言或言論自由
主義色彩不濃，社會主義色彩不淺（比如對蘇維埃體制的讚揚，
以及鼓吹「政治上民主，經濟上社會主義」）。對於中國在政治上、
思想上擺脫專制傳統至關重要的自由主義，就在一片亂哄哄的情
況下失去了紮根生長的機會。而且思想左傾激進的趨勢不斷發
展，如果說當時的社會主義思潮和力量既包括社會民主主義和共
產主義即布爾什維克主義的話，那麼其中較為穩健和民主的一支
不斷受到打擊與清洗，最後是倡導暴力革命和專政的共產主義大

獲全勝，自由主義和社會民主主義在近半個世紀都成了無容身之地的異端。

上世紀 90 年代，自由主義話語在中國大陸重新出現，與此同時，新左派思潮對自由主義的批評日漸猛烈，社會民主主義越來越受到重視。由於新左派和後現代思潮主要是從事批判與消解，正面建構性的內容不多，因此當人們思考中國未來的憲政前途和設計時，社會民主主義是與自由主義相近而最具競爭力的另一種選擇。

我認為，對於中國大陸憲政前景的基本原理和價值選擇來說，不論就邏輯順序還是時間順序而言，我們都應該把自由主義放在先於社會民主主義的地位。

就像市場經濟是不可超越的一樣，自由民主的憲政制度也是不可超越的。

憲政的基礎和理論框架只能是自由主義

社會民主主義和自由主義的相似與重合之處甚多，在當前中國的現實條件下，二者的相同之處更是多於相異之處。我們也許可以說，在現實目標的追求方面，目前二者是大體一致或平行的，它們有大致相同的理想和對立面。但是，談到憲政的基本原理，二者的差異就比現實追求和政策考慮層面上顯現的要大得多。我認為，從學理、歷史經驗和現實諸方面考慮，應當選擇自由主義而不是社會民主主義。

憲政基本原理和社會政策的考量與調節不同，它必須對政府權力的來源和界限，對個人自由和權利——如信仰自由、言論自

由、結社自由——的保障等最基本問題作出明確闡述。自由主義學說在歐美各國實現憲政民主的過程中起了極其重要的作用，其他後進各國的憲政民主過程——不論是真正實現還是僅僅在理論上承認——大致是對歐美憲政制度的模仿，從而是在相當大程度上對自由主義憲政原理的認可。從歷史上看，社會民主主義從來沒有獨立自主地發揮過作為憲政原理的作用。它曾經反對過那些原理，以及根據那些原理安排的政治制度，只是在改變策略和方向，從力圖打碎變為認可它們之後，它才得到發展。即使承認它對憲政民主的完善和發展有所貢獻，那也只是在自由主義憲政基礎上的二階性調適，而沒有起到奠基性、原創性一階原理的作用。中國的傳統思想文化與近現代憲政民主原理相距甚遠，如果我們承認這些原理值得學習，那麼我們應當追本溯源而不是僅得其流。事實上，時至今日在捍衛和發展自由民主憲政原理方面最活躍並作出傑出貢獻的基本上是自由主義的理論家，除了哈貝馬斯（J. Habermas），我們很難找得出可以和哈耶克（F. A. Von Hayek）、羅爾斯（J. Rawls）、德沃金（R. Dworkin）相媲美的著名人物。

當代德國社會民主黨理論家湯瑪斯・邁爾（Thomas Meyer）在其教科書式的《社會民主主義導論》中承認，從歷史上看，現代社會民主主義是自由主義的自由運動的繼承者，它的綱領建立在自由主義運動之上，並保持了這一運動的真正成就。他在這本書中還談到，第二次世界大戰後的德國社會民主黨主席庫爾特・舒馬赫「比以往任何時候更加明確地指出了社會主義的要求與啟蒙運動和自由主義的原則之間的聯繫。」[1]

---

[1]　湯瑪斯・邁爾：《社會民主主義導論》，中央編譯出版社，1996 年，第 6、96 頁。

　　當代社會民主黨的領袖也承認自由主義對於社會民主主義的前提性作用，比如曾連任四屆奧地利政府總理的社會黨領袖布魯諾・克賴斯基（B. Kreisky）說：「在那些已實現政治民主的國家，政治民主的先決條件無疑是自由主義創造的。」[2]

　　當然，社會民主主義的理論家和領袖在承認上述情況後往往馬上就要補充說，自由主義所確立的自由與民主是有局限的、不徹底的，比如自由是形式上的而不是實質上的，民主限於政治方面而沒有擴展到經濟方面，社會民主主義真正、徹底地追求自由主義確立的目標，把爭取自由、民主的運動提升到新的、更高級的階段。

　　這裏不可能深入討論上述主張，但中國、蘇聯等國的歷史經驗表明，對自由民主憲政的所謂「超越」所代表和導致的，絕不是更「高級」的自由與民主，而是對自由民主的摧殘。如果說在歐美國家，在自由主義憲政平臺已經牢牢實實地搭建成功之後再去批評、修補、完善這個平臺上施行的具體政策，以至這個平臺本身，是可以和可能的話，那麼宣稱應當致力於搭建人類歷史上從未有過的美妙平臺，要麼是欺人之談，要麼是理性的僭妄。人類歷史還沒有提供這樣的先例，可以脫離自由主義的憲政成果實現社會民主主義的目標。如果我們像西方真正的社會民主主義者那樣承認自由主義是社會民主主義的基礎和前提，那麼當這樣的前提條件離我們還非常遙遠的時候搞所謂的超越，實質上只能是否定。

---

[2]　勃蘭特、克賴斯基、帕爾梅：《社會民主與未來》，重慶出版社，1990 年，第 40 頁。

與自由民主和專制的距離

也許有人會說，從歷史上看，當然是先有自由主義，後有社會民主主義，但如果社會民主主義和自由主義同樣地認同自由、民主、法治等等，把時間順序轉變為對價值和重要性的判斷，從而分出高下，就是不公平的。

上面已經說了，確立一種原則並捍衛這原則，和走了一段歧路後回過頭來認可這原則，當然是有差別的。事實上，這兩種主義對自由民主及專制極權的親和力、抗拒力確有差異，我們可以從以下方面來考察。

從理論內涵方面看，社會民主主義雖然是對馬克思主義的修正，但在相當長的時間裏，它的理論資源主要是馬克思主義。馬克思主義一方面承認資產階級的自由民主對於封建等級制和人身依附是一種歷史進步，但它更強調這種自由民主的所謂「虛偽性」，它全力以赴從事的是摧毀自由秩序，它一方面勉強承認社會主義革命在英美可能可以用和平方式進行，但更主要和更熱心的是大力鼓吹暴力革命，論證無產階級專政的必要性和必然性。我們大致可以說，社會民主黨沒有使用暴力手段來摧毀自由民主制度，但各個黨在相當長的時間裏支持暴力革命學說。它們較晚才明確宣佈放棄暴力革命，更晚才在自己的政綱中把自由當成首要價值，比如德國的社會民主黨遲至 1959 年才在哥德斯堡綱領中明確無誤地把自由置於首要地位。

正因為如此，在專制極權和自由民主的對抗中，一旦情況稍一複雜，尤其是前者以「新生事物」的面貌出現，以「平等」的口號作號召，社會民主主義者就容易放棄自由立場而向專制妥

協，或者在專制的面目已經清楚暴露之後還要惋惜和辯護。當蘇俄布爾什維克在國內搞鎮壓時，英國工黨的不少著名人物（比如其理論家拉斯基）和費邊社的蕭伯納等人表示支持或同情，就是一例；法國的自由主義者雷蒙・阿隆和社會主義者在史達林主義問題上的爭論則是又一例。

　　有人不同意以上判斷，他們舉出自由主義政權對獨裁政權縱容和綏靖的例子；還有人認為，如果說社會民主主義可能對史達林式的、左的專制認識不清的話，那麼自由主義則容易對右的獨裁妥協。我認為，經過仔細辨析可以發現事情並非如此。其實，不論是自由民主國家的當權者還是社會主義、共產主義國家的當權者都有與獨裁政權結盟的事例，前者這麼做是出於謀略（特別是基於「兩害相權取其輕」的策略）和地緣政治的考慮（我並不是說這樣做就對），而不是價值觀的一致，至於左派和右翼法西斯之間可能有內在的聯繫，這可以從「納粹」意即「國家社會主義」這一事實看出，也可從墨索里尼始終堅持社會主義和狂熱地反資本主義這一事實看出。

　　如果說，因為時間關係，我們只能看到洛克、潘恩等自由主義者對個人自由的辯護與捍衛，對君主專制的抗議，而讀不到社會民主主義理論家的類似作品不足為奇，那麼，在上世紀二戰前後自由主義者哈耶克寫出《通向奴役之路》，波普寫出《開放社會及其敵人》這樣反專制、反極權的著名篇章，而在社會民主主義者那裏找不到類似的理論建樹，就比較說明問題了。

　　自由主義是在與封建的神權、君權專制主義和蒙昧主義的拼殺中，是在提出和捍衛「天賦人權」學說的過程中成長發展的，而社會民主主義從一開始就把自由經濟制度和民主政治制度作為自

己的對立面，二者自由信念的堅定性和對極權專制的抗拒性、敏感度自然不同。對於以建設憲政民主為己任的中國人，應該以什麼學說為憲政原理，是不難決定的。連湯瑪斯‧邁爾在《社會民主主義導論》中都承認：「自由主義作為中央集權主義、國家統治主義和受固定世界觀支配的文化解毒劑，是矯枉的不可避免的道路。」[3]

權力的制衡

憲政的最重要安排之一，是制約政府的權力，是奉行三權分立原則。

在不少憲政學家看來，「憲政」的含義就是對政府權力的制約。比如一位作者說：「簡單地說，我用『憲政』來指國家的強制性權力受到約束這種觀念。」[4]還有學者說；「在傳統上，西方憲政思想的突出主題是要設計一些政治制度來限制政治權力的行使。」[5]「在過去的 200 年中，有限政府一直是憲政主義者們最基本的要求。」[6]

即使不能說，憲政的唯一含義就是限制政府的權力，但它一定是憲政的最主要含義。

自由主義對憲政思想最早、最重要的貢獻之一，就是提出了分權思想。古典自由主義追求的首要目標是免除暴政，洛克在《政

---

[3]　《社會民主主義導論》，第 165-166 頁。
[4]　斯科特‧戈登：《控制國家——西方憲政史》，江蘇人民出版社，2001 年，第 5 頁。
[5]　斯蒂芬‧L‧埃爾金：「新舊憲政論」，載於斯蒂芬‧L‧埃爾金等編：《新憲政論》，三聯書店，1997 年，第 27 頁。
[6]　卡爾羅‧愛德華‧索烏坦：「一般的憲政論」，載於《新憲政論》，第 92 頁。

府論（下篇）》中明確提出，為了保護個人權利，應當限制政府的權力，為此，應當劃分政治權力，使立法權和執行權得以分立。[7]孟德斯鳩明確提出了三權分立原則，他認為，立法、行政、司法權如果不分別由不同的機關和人來掌握，公民的自由就完了。[8]

分權思想是實行憲政的核心，對中國人來說，要理解這種憲政觀的精髓，並非易事。

近現代文明早已確立了這樣的理念：政權的合法性必須建立在人民同意的基礎上，憲法的首要目的是保護公民的自由，防止政府對公民權利的侵害。而中國的政治傳統是「馬上得天下」，制定憲法和法律是為了治理人民，以便在整治和懲罰時能拿出條文依據。中國很多人對分權思想最為隔膜和敵視，他們反對的藉口是，分權會造成施政時掣肘，沒有效率，他們最喜歡的情況是最高領導隨意拍板，下級雷厲風行。他們沒有從文化大革命中吸取這樣的教訓：不受制約的權力會導致整個國家的災難。確實，權力的高度集中在文革中甚至給統治集團中的大多數人造成災難，即使在平時，也會使大家在提心吊膽中度日，沒有安全感。但是，中國很多人即使在口頭上講政治體制改革時，也決不會忘記強調「決不搞西方三權分立那一套」。

解決權力一元化問題只能靠法治，而不能寄希望於德治，這涉及到中國和西方對人性理解的深刻差別。洛克在論述分權的必要性時說，人性有一弱點，就是要受權力的誘惑，如果同一批人同時有立法和執法權，他們動輒就會攫取權力。[9]孟德斯鳩說：「一

[7]　洛克：《政府論（下篇）》，商務印書館，1996 年，第 89-90 頁。
[8]　孟德斯鳩：《論法的精神（上冊）》，商務印書館，1997 年，第 156 頁。
[9]　《政府論（下篇）》，第 89 頁。

切有權力的人都容易濫用權力，這是萬古不變的一條經驗。有權力的人們使用權力一直到遇有界限的地方才休止……從事物的性質來說，要防止濫用權力，就必須以權力約束權力。」[10]麥迪森說得更生動：用分權和制衡的方法「來控制政府的弊病，可能是對人性的一種恥辱。但是政府本身若不是對人性的最大恥辱，又是什麼呢？如果人都是天使，就不需要任何政府了。如果是天使統治人，就不需要對政府有任何外來的或內在的控制了。」[11]這種在政治層面上對人性中陰暗面的洞察和警惕，在中國思想文化傳統中是沒有的。我們只看到「人皆可為舜堯」的光明面，寄希望於「三百年必有王者興」，即使荀子提出了「性惡」論，那也只是支流，況且他的「性惡」論只導向人性的改造，人人通過改造皆可成為聖人。

　　權力的分立和制衡的思想，是中國人需要花大力氣才能領悟的。這份思想資源只能從自由主義那裏得到，而不能從社會民主主義那裏得到。連戈巴契夫（這位前蘇共領導人後來把自己的立場定位為社會民主主義）也說，權力分立這一思想的公認創始人是孟德斯鳩。[12]

---

[10]　《論法的精神（上冊）》，第 154 頁。
[11]　漢密爾頓、傑伊、麥迪森：《聯邦黨人文集》，商務印書館，1995 年，第 264 頁。
[12]　戈巴契夫：《真相與自白：戈巴契夫回憶錄》，社會科學文獻出版社，2002 年，第 216 頁。

關於平等

不少人認為，和社會民主主義相比，自由主義的最大缺陷是重視個人自由，以及由此派生出來的競爭，而忽視平等。這些人還主張，在當前社會公正問題日益尖銳的情況下，毛澤東時代留下的那筆社會主義遺產應當繼承而不是拋棄。

我承認，在大多數情況下，各式社會主義者，包括社會民主主義者，談平等比自由主義者多，我也承認，某些著名的自由主義者——比如哈耶克和諾齊克——對平等的看法引起了批評。但我想指出，第一，就討論憲政原理的思想資源而言，我們應當注意的是整個思想流派和傳統，而不是其中的某些派別和人物；第二，如果把羅爾斯和德沃金挑出來作為當代自由主義的代表，那麼就會產生另一種印象，因為很可能沒有人比他們更關注公正和平等問題，提出了比他們的理論更深刻、更有影響的主張；第三，更重要的是，不能認為對平等談得越多越好，越激進越好，就憲政原理而言，我們應該考慮的是一個思想流派的基本立場是否能為平等在憲政框架中保留足夠的空間，而且不付出犧牲其他基本價值的代價。

正如古特曼指出：「自由主義理論有比一般人承認的對於平等的更大的可能性。」[13]在自由主義鼻主洛克那裏，一方面有關於自我所有（self-ownership）的論述，從而推導出私有財產和不等量擁有財富的合理性；而另一方面，他又主張初始佔有的合法性在於佔有者必須為他人留有足夠的同樣好的東西，這就意味著對機

---

[13] Amy Gutmann, *Liberal equality*, Cambridge University Press, 1980, p3.

會平等的訴求。[14]自由主義發展到密爾（J. S. Mill）和邊沁（J. Benthon）階段，對社會福利和平等的訴求增強了，再發展到格林（T. H. Green）、霍布豪斯（L. T. Hobhouse）、杜威（J. Dewey）階段，這種傾向就更加強烈。這條發展路線確實證明了古特曼的評論：自由主義有容納平等訴求的巨大空間。在羅爾斯的正義理論中，他已主張任何不平等只有在有利於社會上最弱勢人群的情況下才被允許，認為人們憑藉先天性智力和才能得到優厚報酬都為不應得，這表明當代自由主義對平等的要求達到了什麼程度。

　　儘管無法否認自由主義有自己深刻而成熟的平等理論，但還是有人指責說，自由主義的平等只限於機會平等，這是遠遠不夠的。對此的回答是，第一，如上所述，自由主義的主張早已超出了機會平等；第二，自由主義的平等是不犧牲個人自由的平等，而社會主義式的平等，往往明顯地或隱含地要以個人的自由和權利，以及社會創造力、生產力為代價。

　　有人說，歐洲的近現代史表明，實現真正的平等——比如婦女獲得選舉權和參政權——是由於社會民主主義的興起和努力，這證明社會民主主義比自由主義優越，自由主義只提供了形式上的、法律上的平等，而社會民主主義爭取和實現的是實質性的、事實上的平等。這種說法不確切，我們當然不否定社會民主主義在爭取社會進步方面的努力和成就，但要把自由主義說成是進步潮流的對立面則是不合事實的。以爭取婦女的選舉權和參政權為例，我們很難找到比自由主義的代表人物密爾更傑出的先鋒戰士

---

[14] 萊斯利・阿莫爾：「約翰・洛克與美國憲政」，載於羅森鮑姆編：《憲政的哲學之維》，三聯書店，2001 年，第 29 頁。

了。更重要的是應該看到，平等權利的落實往往是一個社會逐漸進步的問題，而不是自由主義和社會民主主義區別的問題。美國長期不能廢除奴隸制，這成了社會主義者詬病自由主義的理由。但在相同的政治制度下，在沒有社會民主主義努力的情況下，美國逐步解除了享受政治權利的種族、膚色、性別、財產、教育程度方面的限制，這是落實憲法載明的公民權利的結果，而不是改變或推翻自由憲政的結果。這說明，在平等和福利方面的局限或進步，屬於時代的更替、歷史的變遷，而不是兩種主義的區別。還應該指出，在中國，平等主要是實踐問題，而不是理論問題。我們有「不患寡而患不均」的思想傳統，平等的訴求，今天在理論上只嫌其多，不嫌其少；但在實際上則是只嫌其少，不嫌其多。早有論者指出，在號稱社會主義的今日中國，國人的福利待遇、平等程度還遠不及被視為最保守的自由主義者所主張的。因此，我們努力的方向是說到做到，而不是理論上的激烈程度。

社會民主主義的前景

最近若干年以來，社會民主主義在中國形成了一股小小的勢頭，這是可喜的現象，這也來之不易。毛澤東的個性和思維方式給中國打下了深深的烙印，他曾多次宣稱，他喜歡右派，不喜歡社會民主黨之類的修正主義。

有人以為，社會民主主義在中國下一步的政治發展中有現實可能性，因此值得為之努力。自由主義太西化，遠離國情，中國的現實是馬列主義，如果理想的那一端是自由主義，那麼社會民

主主義處於二者之間，中國轉大彎不可能，轉小彎就是社會民主主義。在現實中，我們正在開始從中央指令型經濟轉向市場經濟，處於領導地位的黨正在轉化為執政黨，看來正在轉小彎，因此舉起社會民主主義的旗幟有利於政治改革。

這種態度可以理解，但認真思索，有很多問題需要澄清。

從理論上說，當代社會民主主義和十月革命前的社會民主主義已經大不一樣了，它必須在自由民主的憲政平臺上活動，它在政治上不能是半共產主義或半集權主義。如果中國轉小彎，得到的應該叫威權主義，將此稱為社會民主主義是不嚴肅的。

從現實看，在中國要滿足社會民主主義的激進平等要求是最沒有可能的。我們不論怎麼設想中國的貧富差距有多大，腐敗有多嚴重都不為過，我們最不能設想的就是中國會是一個平等的社會。以為中國在毛澤東時代過分地平等，在轉向不平等的自由經濟過程中變得半平等，而這就是社會民主主義，這是對過去和現在的曲解，也是在理論上對社會民主主義和自由經濟的曲解。

中國的某些理論家和社會活動家在鼓吹社會民主主義、大談其現實依據時，說得較有信心的只是市場經濟在中國的迅速發展。但是，與我談到該問題的一些歐洲社會民主黨人對這種態度很不以為然，他們指出，市場經濟並非社會民主主義者的核心主張，他們與其說是力主市場經濟，不如說是在現實條件下只能認可市場經濟。他們更看重在中國是否出現了這樣的前景：軍隊屬於國家而不屬於政黨，公民享有言論、結社等等自由，能否允許反對黨存在。我想，這樣的立場和提問方式才是真正社會民主主義的，提倡社會民主主義，首先要弄清什麼是社會民主主義。

　　當然，我並不預先反對這種可能性：在實現憲政民主之後，人們去大力爭取社會民主主義。

　　我也不反對這種現實考慮，提倡社會民主主義是為了促成憲政民主。

　　讓我們記住，自由主義是社會民主主義的基礎和前提，讓我們共同搭建自由主義的憲政平臺，在此之後人們鼓吹什麼主義都可以。其實，也只有在這個平臺上，我們才能真正有意義地談論和爭取自己喜好的各種主義。

下篇

當代西方政治哲學研究

社會主義和資本主義對立的根源
——柯亨《自我所有、自由與平等》一書評介

　　社會主義制度在蘇聯和東歐國家的崩潰，使得有人認為，資本主義和社會主義兩種制度誰戰勝誰的問題得到了一勞永逸的解決，因此，兩種思想體系孰優孰劣的比較和較量，也就有了定論。但是，持這種看法的人實在是低估了社會主義信念的強韌性。社會主義信念有源遠流長的動力，即人們對平等的渴望和追求，而滋生它的現實土壤仍然存在：人們嚮往的平等並沒有實現。

　　現實世界中的事實和世紀性的巨變使許多人調整或改變自己的信念，但它們對思想者和理論家並不起決定性的作用。古特曼（Amy Gutman）在一本名為《自由主義的平等》（*Liberal Equality*）的書中說，密爾（J. S. Mill）承認社會主義制度比當時的資本主義優越得多，但是又堅持認為，它不如良序的自由事業制度，即是說，如果資本主義搞好了，那它是比不上的。作者還說，馬克思主義者不斷指出現今資本主義社會中大量的分配不公正，以及將經濟力量轉化為政治影響，而自由主義者則援引現今社會主義國家的記錄，指出它們系統地損害了最基本的公民和政治自由。作者的看法是，對於兩種制度的理想狀況而言，現實社會中的直接證據既未提供證明，也未予以否證。[1]

---

[1] Amy Gutmann , *Liberal Equality*, Cambridge University Press, Cambridge, 1980, pp148-149.

　　英國政治理論家，「分析的馬克思主義」學派的代表人物柯亨
（G. A. Cohen）在題為《社會主義和公有不可分嗎》（*Is Socialism
Inseparable from Common Ownership*）的小冊子中說：「就『社會主
義』是一個鼓舞人心的理想名稱，值得人們為之獻身這一點而言，
社會主義要求基本境況的平等……本世紀人們想用某種更好的東
西來取代私有制，這種嘗試遭到了大規模的失敗，但這並不構成
放棄社會主義信念的原因。從歷史的視野看，社會主義是年輕的
運動，它太年輕了，因此現在還不是拋棄這種信念的時候。」[2]

　　對於堅持社會主義信念的理論家來說，對社會主義在實踐中
的失敗，還可以問：「它是暫時的，還是必然的？」如果能在理論
上證明社會主義比資本主義更有道理，更加符合正義與人性，那
麼，人們終究會回過頭來擁護社會主義。

　　這一問題的急迫性，不僅出於現實，同時出自思想理論層面。
因為諾齊克（Robert Nozick）的《無政府、國家與烏托邦》（*Anarchy,
State and Utopia*）一書似乎對自由經濟制度作了雄辯的捍衛，對社
會主義的，甚至一般自由主義的平等原則作出強悍的攻擊。柯亨
回顧說，在 1972 年之前，他還從未遇到過他沒有現成答案可以應
付的對於社會主義的批評，但當他讀到諾齊克的論證（以後完整
地表述在《無政府、國家與烏托邦》一書中）時，他受到了衝擊，
感到不安和焦慮，似乎從教條的社會主義迷夢中驚醒。[3]

　　柯亨感到需要有人挺身而出，躍馬橫刀，正面截擊諾齊克。
於是寫了一系列論文，這些寫於蘇東巨變前後的論文於 1995 年以
《自我所有、自由與平等》（*Self-Ownership, Freedom and Equality*）

---

[2]　G. A . Cohen , *Is Socialism Inseparable from Common Ownership*, Spokesman
　　Books, Nottingham, 1995, p1, p6.

[3]　G. A. Cohen, *Self-Ownership, Freedom and Equality*, Cambridge University Press,
　　Cambridge, 1995, p4.

為名結集發表，它反映了兩種思想體系鬥爭的尖銳性和深刻性，也是本世紀末歷史性事變在理論上的反映。柯亨緊緊抓住「自我所有」（self-ownership）這個概念做文章，表現了他在理論上的洞見和勇氣。第一，「自我所有」這個主張，是諾齊克捍衛私有制，以自由的名義攻擊平等的出發點，而它對所有的人都顯得十分自然、具有魅力、無可辯駁；第二，馬克思本人和馬克思主義者，都把對私有制的批判建立在認可「自我所有」的基礎上，原來，資本主義的死敵在攻擊資本主義時，卻依靠了它的前提，你看要命不要命？

追根溯源，是洛克（John Locke）的《政府論》（*Two Treatises of Civil Government*）下篇中最早使用「自我所有」這個概念：每個人擁有自己、自己的身體、勞動和力量，這是只屬於自己，而不屬於他人的權利；除非得到本人同意，其他人不能對他有權利；當一個人把屬於自己的勞動和力量施之於自然無主狀態的事物，就是把自己的東西與物件相結合，從而使之成為屬於自己的私有財產。基於此，諾齊克提出了他的名言：「任何東西，只要是出於正當的情況，用正當的方式得到，本身就是正當的。」照這個道理，不要說推翻私有，實行共產，就連以平等之名實行再分配，也是不正義的，因為這樣做侵犯了個人的正當權利。所以柯亨認為，在諾齊克那裏，自我所有成了當代反動政治哲學的基石。[4]

柯亨這樣解釋和評價馬克思的剩餘價值理論和剝削理論：當馬克思譴責資本主義時，他把勞動力買賣雙方的關係看成和封建領主與農奴的關係是一樣的，工人的勞動時間分成兩部分，一部分以工資的形式成為自己所得，另一部分為資本無償佔有。「馬克

---

[4] *Self-Ownership, Freedom and Equality*, p151.

思說，資本家從工人那裏偷走了勞動時間。但你能從某人那裏偷走東西，只有那個東西正當地屬於他才會發生。因此，馬克思對資本主義不正義的批判蘊含著，工人是自己勞動時間的正當擁有者：是他，而不是任何別的什麼人，有權決定對這勞動時間的處理。但除非工人有權決定如何處理他的勞動能力，他就不會有此權力……但馬克思主義者未能想過，只有認為同樣的道理普遍適用，工人才是自己力量的恰當擁有者。因此，馬克思主義者認為資本家剝削工人依賴於這一命題：人們正當地擁有他們自己的力量，此命題就是自我所有這一主張……」[5]

事關重大，必須對「自我所有」動腦筋、下功夫。當然，能徹底批駁、全然否定最好，這就把為資本主義辯護的理論連鍋端了。不過，柯亨畢竟有一份清醒，他知道連根剷除「自我所有」是辦不到的，於是，他的戰術迂迴曲折，他的主張也有發展變化。《自我所有、自由與平等》一書的內容基本是由柯亨以下三個論證所組成的。

論證一、承認自我所有，但得不出私有財產合法和不平等的結論

柯亨和所有社會主義者一樣，認為人類不平等的主要原因是財產或生產資料的私有制。私有制並不是人類誕生時就存在，生活、生產必需的外部資源必定是從不為私人所有變成為私人所有。現在的問題是，諾齊克所贊成的、完全自由主義式的私有財

---

[5]　*Self-Ownership, Freedom and Equality*, pp146-147.

產的形成過程是否合理？洛克從自我所有的概念出發，對私有財產的最初形成的合法性作了這樣的說明：一個人只要將自己的勞動摻入自然存在的事物中，並留下了足夠的、同樣好的東西給別人，並且不浪費自己取得的東西，他就擁有了那些東西。柯亨同意諾齊克對這個原則的改造，因為是否浪費，是否留下同樣好而且充足的東西給別人難於定義和說明。因此，佔有無歸屬的自然物品的合法性，就看這種佔有是否惡化了其他人的處境。

　　注意，柯亨並不是一般地闡述問題，而是和諾齊克論戰。關鍵的地方是，柯亨指責諾齊克把洛克的限制性條件「處境沒有變差」大大弱化了。諾齊克設想的情況是，如果某件物品不屬於任何人，為大家公用，這時有人將其據為己有，如果這一舉動並未使其他人的處境變得比它仍為公用時差，那麼此人的佔有就是合法的。柯亨追問說，為什麼只假設另外一種情況，為什麼只與假定它仍為公用相比，為什麼回避其他可能？諾齊克的詭辯就在這裏，如果與其他假設情況相比，由於此人的佔有而使別人受損立刻就會明顯地表現出來。

　　為簡化起見，設想一個兩人世界，A 與 B 在其中公用一切外部資源，A 的收穫為 m，B 的獲得為 n。當公有變為私有時，A 佔有全部土地，A 獲得了 m+q，B 獲得了 n+p，這裏 q＞p≥0，這裏多出來的 p+q 是由於 A 善於組織勞動，A 與 B 有了新的分工而產生的。如果不考慮 B 因為要聽從 A 的分配變得不如從前自由，那麼，照諾齊克的標準，A 的佔有是合法的，因為 B 並沒有比如果資料公有時少得。這個模式足以為私有財產和資本主義制度辯護：資本主義並未使無資本者過得比沒有資本主義的情況下更差，他們當然有所失，比如自由，但他們從資本主義的生產和分配

機制中得到的則更多。除非無產者生活得比假如沒有資本主義的情況下更糟，否則他們沒有理由抱怨，沒有理由廢除這個制度。[6]

柯亨的辯駁是，讓我們考慮假如 A 未佔有另外可能發生的情況，即不是繼續共有，而是 B 佔有。如果 B 的才幹與 A 相當，那麼他現在的所得就是 n+q，A 的所得則為 m+p，萬一 B 比 A 更能幹，那麼 B 的所得將是 n+p+s，A 所得是 m+q+r，這裏 r 和 s 均大於 0。拿這和 A 佔有的情況相比，B 顯然因為 A 的佔有而受到了損失。只有在 B 的組織才能不如 A 的情況下，A 與 B 的收穫才是 m 和 n。[7]

諾齊克和柯亨分別假設了兩種不同的情況，這實際上代表了兩種思路，甚至可以說是兩種階級立場。這就好比一個老闆雇了個夥計，老闆的邏輯是，雖然我拿得比你多，但如果我不雇你，你的日子會更糟。而柯亨替夥計設計的道理是：怎麼這麼比，為什麼不和假如我是老闆，你是夥計比？但柯亨忽略了一個問題：誰承擔風險？正常情況是，如果有虧損，老闆仍需付給夥計同樣的工資，損失將由他承擔。

柯亨的上述假定和分析，在最後一種情況下有一個明顯漏洞（我真不知道它怎麼會竟然發生），在 B 佔有的情況下，若 B 的才幹不如 A，情況不止柯亨設想的一種。總收穫量當然會小於 A 佔有時的 m+n+p+q，可能是 m+n，這和原先公有時一樣，A、B 所得分別為 m 和 n，但也可能更糟，總收穫量小於 m+n，這時 B 必須照約定仍給 A 的 m+p，而自己僅得 n–p。n–p 這個數值可能接近於 0，甚至等於 0，若小於 0，則意味著 B 付不出他應當給 A 的 m+n。經營者有賠老本的危險，這一點，柯亨是避而不談的。

[6]　*Self-Ownership, Freedom and Equality*, p85.
[7]　*Self-Ownership, Freedom and Equality*, pp81-82.

　　實際情況當然比以上簡化模式複雜得多，有兩種情況最有可能發生：第一，如果 A 的佔有不是靠暴力的強迫，那麼 B 的所得不應由 A 單方面指定，而是商議之後 B 同意接受；第二，可以設想人們輪流佔有，而各人所得有多有少，經過一番優勝劣敗的競爭，最後的關係穩定在最優化的組合上，即每人所得都比以前多。最後的結果當然不會平等，但考慮到風險、才幹和運氣，要證明它不合理和不正義會比柯亨設想的困難得多。

論證二、平等和自由相容

　　上一論證是駁議，說明以自我所有為前提，推導出財產的私人佔有（它將導致不平等）的合法性是不能成立的。第二個論證是要正面說明自我所有（在目前的語境下即自由）與平等並不矛盾，現在作出一種回應，即認為與諾齊克所說的相反，自我所有與條件平等相容，因為諾齊克所辯護的不平等依靠把自我所有和對於外部資源分配的不平等原則連接在一起。但是，如果自我所有和對於世界的合作所有聯繫在一起，它產生不平等的傾向就可以消除。[8]柯亨的論證方法是設計出一個兩人世界，在這個體制下，每個人都擁有自己，同時合夥性地共同擁有一切外部資源。

　　在這個兩人世界，Able 能生產出生活所需品，以及更多的物品，而 Infirm 則什麼也不能生產，但因為包括土地在內的一切資源都為兩人合夥共有，因此 Infirm 雖然在生產活動中不能起正面

8　*Self-Ownership, Freedom and Equality*, p99.

作用，卻擁有否決權。柯亨排列出一切可能情況，其中與目前的論證有關的是第四種：Able 能生產超過兩人所需的東西，但對於超出生活必需的那一部分如何分配，不能由他說了算，如果在這一點達不成協議，結果是不生產，兩人都餓死；以及第五種：Able 不但能生產多餘的東西，而且其生產數量也可調節，這時，兩人不但對如何分配，而且對生產多少都必須共同商量，取得一致。[9]

由於兩人都是自利但又是理性的，因此這個體制能夠維持下去。這裏的要點是，雖然東西全是 Able 生產的，但這一點與他能得多少無關。Infirm 只控制了生產活動的一個必要條件（他對如何使用土地可以投反對票），Able 控制了兩個條件，但他並沒有在兩人的討價還價的協商中佔便宜，這種合作所有阻止了能幹的一方由於多勞而多酬，往後可能發展出的差距和不平等也無從談起。[10] 柯亨現在可以說：看，我就是能設計出一種體制，人們雖然在其中自我所有，但只要生產資料是合作共有，就可以避免不平等。

對此，人們自然會有強烈的反應：這算什麼自我所有？堅持合作所有，就達不到自我所有的目的和效果，如果沒有別人的同意我什麼事情都做不成，這還能算我擁有我自己？Able 和 Infirm 難道不是不僅共同擁有世界，實際上也相互擁有了嗎？這說明對外部資源的平等擁有，會使自我所有無效，或者說使自我所有僅僅在形式上存在。它並沒有被消滅，但是沒有用處。就像你有一個拔塞器，但從不讓你有機會靠近酒瓶一樣。[11]

---

9 *Self-Ownership, Freedom and Equality*, pp94-95.
10 *Self-Ownership, Freedom and Equality*, p96.
11 *Self-Ownership, Freedom and Equality*, pp97-98.

　　這個反駁看來是致命的，但柯亨自有應對之道，他甚至還在
等待著這樣的駁詰。他說，我所設計的體制中，自我所有確是形
式上的，但我現在是和諾齊克辯論，為了辯論的目的，這一點卻
足夠了。你諾齊克不也是在《無政府、國家與烏托邦》一書中第
三章，設想了一個不幸的無產者 Z 嗎？他只能在要麼把自己的勞
動賣給資本家，要麼餓死之間作選擇。你說 Z 在資本主義制度下
是自由的、自我所有的，但那不照樣僅僅是形式，他的別無選擇
不是同樣說明他擁有的自由派不上用場，對他一點好處也沒有？[12]

　　柯亨說，諾齊克在辯論中面臨一種兩難推理困局：他要麼收
回自己的斷言：資本主義的自由是貨真價實的；要麼承認自由可
以與平等不衝突，因為在 Able 和 Infirm 的兩個世界中，Able 的自
我所有至少有諾齊克書中的 Z 那麼充分，但這個體制並沒有產生
不平等。[13]

　　柯亨在論證二的結尾處說，其實，他相信大家都希望 Able 和
Z 有更大的支配權，社會主義者嚮往的模式不能是這個論證中的那
種合作共有。他真正想說明的是，諾齊克的那種自我所有並沒有
多麼特別的吸引力，而社會主義者也應該追求另一種平等，它比
合作所有更有利於人們的自主（autonomy）。[14]

　　由於柯亨第二個論證的論戰色彩太濃，因此沒有必要作認真
辯析，但有必要指出以下兩點：第一，讀者中的大多數並不一定
站在諾齊克或柯亨一邊，你把諾齊克迫得說不出話，並不會使人
信服你的立場，別人很可能認為，你和諾齊克的自由都不是真自

---

[12]　*Self-Ownership, Freedom and Equality*, p100.

[13]　*Self-Ownership, Freedom and Equality*, p100.

[14]　*Self-Ownership, Freedom and Equality*, p102.

由；第二，不論從柯亨的個人政治哲學信念看，還是從人類一直抱有的希望看，正面解決自由能否與平等相容是相當重要的問題，就算柯亨真正將了諾齊克一軍，人們充其量認為他在辯論上占了便宜，但同時會產生另一印象：二者的融洽確實難於做到，這對柯亨的基本信念相當不利。

論證三、質疑自我所有原則：它真是那麼好嗎？

　　柯亨在論證和論戰過程中深切感受到，向自我所有這個主張本身發起攻擊，太有必要了。但他同時又清醒地看到，正面批駁它不會成功，於是退而求其次：減少它的魅力。「另一種反對的方法是表明，自我所有不同於它所混淆的其他條件，它用這些條件來說明瞭一些對它有利的東西。這並沒有駁斥自我所有這個主張，我認為它是不能駁斥的，但若我的論證有理，能減少這個原則的魅力，使許多人不再忠實於它。」[15]這就是柯亨在論證三中採取的策略。

　　柯亨說，諾齊克式的自由主義者認為，如果否定自我所有原則，就相當於全部或部分地許可奴隸制度，就會限制人們的自主，就會把人僅當成是工具而不是目的。柯亨分別證明事實並非如此，和前面一樣，柯亨仍然以諾齊克為假想敵進行論戰。

　　在柯亨看來，諾齊克式的自由主義者的自我所有原則，就是主張每個人都屬於自己，因此沒有義務為他人服務和生產。在《無

---

[15] *Self-Ownership, Freedom and Equality*, p203.

政府、國家與烏托邦》一書中，諾齊克認為，強制性、非契約性地（即不是個人自願地）為他人盡義務，就是剝奪了一部分人的自我所有給別人，實質上就是程度不等的奴隸制，比如在福利國家中對富人徵高額稅以幫助窮人，就是變相的、程度較低的奴隸制，因為國家剝奪了本來屬於個人自己的東西。

　　柯亨首先爭辯說，強制有程度的不同，不能把強制一概而論說成和奴隸制一樣。比如，一個人明明無罪，但被強力拘禁了 5 分鐘，這與長期監禁有巨大分別。長期監禁絕不合理，但有時為了社會秩序短期拘留一個無罪的人，卻是合理的。重新分配式的徵稅絕不像諾齊克說的那樣，是和奴隸制一樣的強制勞動。[16]他然後引證雷茨（Joseph Raz）的例證說，如果一個人 X 不是出於契約要給 Y 做事，由此並不能得出，別人就像奴隸主一樣地支配了 X 的勞動。比如，如果我的母親病了，我應當幫助她，但這並不是說她可以像奴隸主一樣不受限制地支配我的勞力。「總之，我們可能都有彼此間的強制性義務，這並不蘊含著任何人有支配任何人的奴隸主般的權利。確實，這種義務構成了再分配國家的規範性本質，在這樣的國家裏，在某些方面沒有自我所有，但也沒有奴隸和奴隸主那樣的關係。」[17]

　　接下來，柯亨批駁把自我所有等同於自主的主張。他說、在目前的語境中，自主指人的一系列選擇，但它是一個程度問題：[18]

　　所以應當這麼表達：在普遍、完全的自我所有之下比在其他情況下有更多的自主。但也有充分理由假設，至少，在一個人們

---

[16] *Self-Ownership, Freedom and Equality*, p231.

[17] *Self-Ownership, Freedom and Equality*, pp231-234.

[18] *Self-Ownership, Freedom and Equality*, pp236-237.

的才能不同的世界裏，自我所有是敵視自主的。因為在這樣一個
世界中，自我所有所授權的自我追求會產生無財產者，他們的生
活前景太受限制，不能享受對自己生活的實質性控制。因此，如
果每個人都要享受合理程度的自治，就有必要對自我所有加以限
制。即使在個人才能相等的世界，自我所有也不能使自主達到最
高程度……在很多情況下，一些人，甚至所有人的自主要小於那
些自我所有受到某種限制的人。如果我們之中沒有人有權利做某
些事，我們所有的人都能在自主方面受益。

　　柯亨論述的第三方面是反駁把自我所有等同於不把人當工
具，他所針對的是諾齊克的這個斷言，他所肯定的權利反映了康
德的基本原則：個人是目的而不是手段，沒有得到人們的同意，
不能犧牲他們，或用他們來達到其他目的。柯亨說，康德的原則
並不蘊含自我所有原則，這個原則也不蘊含康德的原則：[19]

　　國家通過稅收強制身體好的人生產多於他們需要的東西以維
持身體不好的人的生命，否則他們會死，這是反對了自我所有原
則，因為自我所有蘊含著，人沒有這樣的義務，不是基於契約讓
別人使用你的力量……但是，反對自我所有，我又是忠於康德的
原則。因為，雖然我認為身體好的人的勞作應當作工具使用，如
果必要可違反他們的意志，以便讓不幸的人得到供給，這不能得
出結論說我不關心身體好的人。除了別的，我可以認為，他們應
該提供所說的服務，僅僅因為我也相信，這樣做並沒有損害他們
的生活，因此，拋棄自我所有並沒有拋棄康德的原則，可以肯定
康德原則而拋棄自我所有。

---

[19] *Self-Ownership, Freedom and Equality*, 238-240。

反過來說，肯定自我所有而拋棄康德原則也是成立的，因為遵奉自我所有的權利並沒有蘊含著我對其他人的態度，但康德關於對待他人像目的的教導，一定包含著以特定態度對待人的要求。比如，對於服務員，我與他的關係只是接受他的服務，即把他當手段，但我也尊重他的自我所有權利。當他暈倒在地時我可以不去救助他，繼續把他當工具（若當目的則必須救助），這並沒有侵犯他的自我所有權。[20]

在這三個方面的論證中，柯亨的論點和論據都有可商榷之處。我們暫時不這麼做，只對他的基本思路提出質疑：就算你證明了自我所有並不是那麼好，那又怎樣呢？不是極好就一定是不好嗎？怎麼不研究一下，萬一沒有自我所有情況又會怎樣呢？固然，在柯亨看來，自我所有不怎麼高尚，它不強調利他、助人的一面，但保障每個人固有的東西不是更基本嗎？柯亨主張，為了弱者的利益可以部分地侵犯、剝奪強者的自我所有，照這個邏輯，只要沒有致命危險，我們是否可以強使正常人分一隻眼睛給雙目失明的人，強使人把部分器官捐獻出來？

20 世紀的政治實踐給人們的最大教益是，一樣東西的重要性，不一定在於有了它情況會多好，而在於，一旦沒有它，情況會多糟。與自我所有相同的問題也可以問：民主有多好？你可以盡情遐想極美極好的東西，指責自我所有離它甚遠，但你那美好的東西一點基礎都沒有。20 世紀給人的另一最大教訓是，當人們耽溺於最美好的嚮往時，最基本的東西反而被剝奪了。自我所有顯然不能造就人間天堂，但如果切實尊重它，倒可以避免人間地

---

[20] *Self-Ownership, Freedom and Equality*, p240.

獄。想一想本世紀幾次最大的人類災難屬於哪一類,就可知此言不虛了。

結語

當我於 1986 年第一次到牛津時,我選聽了柯亨主持的系列講座。我很快就得出一個結論,柯亨的馬克思主義是典型的學院派馬克思主義,其特徵是:為理論上自圓其說,不顧情理,不管實際。其實,馬克思本人就有這種特徵,當他以黑格爾式的邏輯無情地演繹他的體系時,他沒有考慮,為了平等而公有,當人們沒有自己的東西,當人們不能把勞作和報酬直接掛鈎時,他們還會有多少積極性;他也沒有考慮,為強制推行平等把絕對權力賦予一個集團和一個人,他們是否靠得住?是否會產生權力的異化?中國和蘇聯一段時間的實踐充分說明,以上兩個問題是致命性的。

柯亨比馬克思還進了一步(他在本書中指責馬克思實際上不願與資產階級價值決裂,在產品極大豐富的條件下考慮平等,而他寧願在物質不足的情況下就談平等。[21]就此而言,他不是正統馬克思主義者,而是毛澤東式的窮過渡型的社會主義的鼓吹者),他實際上是在責難馬克思:你反對資本(生產資料)私有,但又承認並堅決捍衛勞動的私有,豈不是雙重標準?更徹底的邏輯是,要麼全部公有,要麼徹底私有。柯亨選擇的是徹底反對私有,不

---

[21] *Self-Ownership, Freedom and Equality*, p11, p16.

留一點餘地。這就有一個在情理上能否講得通，在實際上能否行得通的問題。

馬克思已經提出了十分激進的革命口號：「剝奪剝奪者！」理由是他們非法佔有了工人的勞動。柯亨對此還不滿意：什麼？你說剝奪了工人的勞動，難道這不是承認工人有自己私人的所有物：勞動？他擔心，一旦承認人們擁有自己的東西，在此基礎上合法增殖和轉移，就會造成貧富差距，就會形成不平等。於是，他主張壓抑和剝奪有才能者。這比馬克思又進了一大步，馬克思是主張剝奪現實的壓迫者、剝奪者，因為他們造成了不平等的悲慘狀況。柯亨則主張剝奪潛在的、有可能造成不平等的人，將不平等消滅於萌芽狀態，不，比這更早，消滅於胚胎形成之際和形成之前。按照這個主張，當比爾・蓋茨退學從事電腦開發和經營時，就要限制他，甚至早在覺察到他有異常才能時，就要壓抑他。他的智慧和才幹是他的自我所有，在柯亨看來是可以不受保護的，他關心的是這智慧和才幹有可能使其擁有者成為巨富，到頭來不平等。但誰來決定誰該受限制，限制到什麼程度才會避免產生不平等呢？這能發生在一個能與奧威爾（George Orwell）的《一九八四》相媲美，但類型有點差異的世界。這是一幅遠比 Able、Infirm 的世界更不能接受的可怕圖案。

蘇聯等國家社會主義的失敗，引起了所有人的反思，《自我所有、自由與平等》一書的最後一章以沉痛的心情反省社會主義實踐的失敗。但作者完全不談失敗的經驗教訓，完全不提這種失敗早在哈耶克（Fedrich A. von Hayek）的《通向奴役之路》（*The Road to Serfdom*）中就有精當的預言和透徹的分析。對於蘇聯等國家的改弦更張、另尋新路，他十分不以為然，他從左的方面質疑市場

社會主義。他主張挖掘和發揮馬克思思想中的這種因素：徹底斬斷所得和貢獻的聯繫。「馬克思對按貢獻所得的責難揭示了市場社會主義所得的結構的反社會主義（因為是資本主義）的特徵。」[22]馬克思批評按貢獻所得的原則，因為它會產生不公正的不平等。[23]「馬克思不懷疑，按貢獻所得確實是資產階級原則，它把一個人的才能當成是自然的特權。按貢獻所得尊崇自我所有原則，再沒有什麼原則比這更資產階級的了。哥達綱領批判對於市場社會主義的教訓是，它一方面去除了由資本的不同所引起的收入不公平而同時保留了個人能力的不同所引起的收入不公正。」[24]

　　柯亨的觀點向我們表明，為了當徹底的平等主義者，我們需要遠離人性到什麼地步。

---

[22] *Self-Ownership, Freedom and Equality*, p258.
[23] *Self-Ownership, Freedom and Equality*, pp258-59.
[24] *Self-Ownership, Freedom and Equality*, p259.

當代西方政治哲學的新問題和新發展

從上世紀90年代以來，西方政治哲學的發展趨勢是越來越多元化，越來越關注社會實際問題，自由主義和社群主義的對立越來越不明顯，相互之間對話、吸收、互補的情況不斷增加。

社群主義並不與自由主義截然對立

在20世紀70年代，以羅爾斯的《正義論》為標誌，西方政治哲學中的自由主義重新恢復活力，迎來了又一個鼎盛時期。在80年代，自由主義受到全面、集中的批判，在批判中形成了社群主義的新理論。一段時間內，自由主義與社群主義之爭吸引了許多人的注意。

在有關情況粗淺和片面地介紹到中國之後，在某些人心目中形成了一種不甚準確的印象，似乎當代西方政治哲學的基本情況和主要特徵就是社群主義取代了自由主義，就像人們以前簡單地理解歷史發展，認為社會主義取代資本主義一樣。

事實並非如此。從大量的最新文獻看，自由主義在發展、變化，社群主義也在發展、變化。而最值得注意的情況是，不少人認為社群主義並不與自由主義截然對立，它們有共同之處，或者說你中有我、我中有你；在爭論中，雙方都對自己的立場作了調整，因此共同點越來越多。

　　不少人有這樣的看法：社群主義並不是對自由主義的否定和取代，而是自由主義內部不同傾向的爭論。比如，一位新社群主義者說：「社群主義者並不想取代自由主義，而是要保全它……社群主義者是這樣的自由主義者，他們想在人們中間重建對於這些問題的常識：國家的目的是什麼，其人民在歷史中有什麼共同的東西，他們應該爭取達到什麼目的。」[1]

　　儘管許多書籍和論文都包含了「自由主義和社群主義之爭」的字樣，而且人們似乎公認麥金泰爾（Alasdair MacIntyre）、桑德爾（Michael Sandel）、泰勒（Charles Taylor）和沃爾澤（Michael Walzer）是社群主義的重要代表，但明確持社群主義立場的丹尼爾‧貝爾在其著作《社群主義及其批評者》中卻引證上述 4 人的原話，說明他們並不認為自己屬於社群主義陣營。[2]沃爾澤說，他的立場比一般流行於美國的社群主義觀點要弱，更容易合併到自由主義的政治學中。他還說，自由主義是自我顛覆的學說，它確實需要社群主義週期性的矯正，但如果說自由主義不一致，或者它可以被某種前自由主義或反自由主義的社群取代，那麼這樣的矯正並不是特別有助益。社群主義對自由主義的矯正只能加強自由主義的價值，而不能起別的作用。[3]

　　而持自由主義立場的阿倫‧布坎南在回應社群主義的批評時說，當代幾種最重要的自由主義理論已經包含了一種結構，能夠

[1]　Bruce Frohnen, *The New Communitarians and the Crisis of Modern Liberalism*, University Press of Kansas, Lawrence, 1996, pp22-23.

[2]　Daniel Bell, *Communitarianism and its Critics*, Clarendon Press, Oxford, 1993, p17.

[3]　Michael Walzer, "The Communitarian Critique of Liberalism", *Political Theory*, Vol. 18, No.1, February, 1990, p7, p15.

與社群的價值相調適。他主張，對自由主義的最好捍衛就是把社群主義思想中最有價值的東西整合進來，這是可能的，因為自由主義理論具有這樣的潛力。[4]

現在來看看一些重要的哲學家是如何具體分析所謂「自由主義－社群主義」之爭的。

在一篇題為「社群式自由主義」的論文中，作者斯泊瑞根斯聲稱，他深深地服膺自由主義的真實性，同時也深刻地同情社群主義的主張和關懷，人們普遍認為社群主義理論是對自由主義的批判性替代，他認為原因部分在於「自由主義－社群主義之爭」一直表現出對自由主義的曲解，他要通過重新表述自由主義傳統來使它復原和恢復名譽。他認為自由主義是一種複雜的規範性學說，信仰自由和貿易自由對於人的尊嚴有內在的價值，同時也有助於平等、繁榮、社會的穩定與和諧。像洛克、密爾、亞當‧斯密等古典自由主義者，絕不贊成海盜式的、極端的個人主義，而是認為個人只是在完成義務的條件下，在衍生出相互依存和責任、道德秩序的有效限制和人類同情力量的情況下才享有自由。到了 20 世紀，古典自由主義的兩大因素：自由和平等孰為第一的緊張日益明顯，由此衍生出自由至上論和平等主義兩大陣容。他認為雙方都不太重視人類德行和社群目標的問題，兩翼各執一端，但只擁有部分真理。他主張，可以認為博愛是自由社會的最高目標，這樣，他所喜歡的那種自由主義也完全可以說成是社群主義。他希望社群主義者和其他人一樣支援以下目標：代議制政

4　Allen E. Buchanan, "Assessing the Communitarian Critique of Liberalism", *Ethics*, No.99, July 1989, p878, p882.

府、通過同意取得合法性、法治、公民權利和公民自由，社群主義者和其他學說的支持者一樣有權分享自由主義傳統，他們應該把自己視為這個傳統的改革者，而不是革命者或離異分子。[5]

　　不少人指出，在「自由主義－社群主義之爭」中，存在著混淆與錯位，查理斯‧泰勒在「交叉目的：自由主義和社群主義之爭」一文中對這個問題作了精彩分析（他作了說明，文章基本觀念得自一位博士生未發表的論文）。他說，在爭論中兩類完全不同的問題很容易混淆起來。一類是本體論問題，說的是你認為什麼是用以說明社會生活的要素，即你當作說明順序中最後的東西，在這方面，原子論和整體論爭論了好幾百年，原子論常常指方法論的個人主義；另一類是倡導什麼的問題，關係到一個人的道德立場和所採取的政策。在後一類問題上，人們有各種不同的主張，在一個極端，最重視個人的權利和自由，在另一端，則把社群生活和集體的善放在首位。採取某種本體論立場並不等於倡導某種生活價值，而這在爭論中最容易發生混淆。比如，堅持認為不存在原子式的社會，人們仍然需要在多大程度上的自由社會之間作選擇。社會本體論的原子論並不等於生活價值中的個人主義，這一點，西方學者中有人產生混淆，中國學者的誤解更嚴重。泰勒指出，原子論－整體論之爭的每一方都可以和個人主義或集體主義問題的立場相結合，不僅有原子式的個人主義者（Nozick）和整體論的集體主義者（Marx），而且有整體論的個人主義者（Humboldt），甚至有原子論的集體主義者（B. F. Skinner）。在當

---

[5]　Tomas A. Spragens, "Communitarian Liberalism", in Amitai Etzioni(ed), *New Communitarian Thinking*, University Press of Virginia, Charlottesville and London, 1995, pp37-51.

今英語國家，有一大類影響極廣的自由主義學說，比如羅爾斯、德沃金等的理論，泰勒將其稱為「程式自由主義」，批評者往往把它們當成本體論的原子論，理由是這些理論談到了個人生活計畫，但這是誤解和混淆，它們完全可以是整體論，更有甚者，只有從整體論的角度才能更好地把握最接近這些理論的社會實踐。[6]

　　自我定位為社群主義者的大衛・米勒在其論文「社群主義：左、中、右」中說，談論社群主義者和自由主義者的爭論是誤導人的，被稱為社群主義者的政治思想家的立場、觀點大不相同，與社群主義形成對比的不是自由主義，而是個人主義。那麼人們為什麼又愛說「自由主義－社群主義之爭」呢？米勒認為，因為主流自由主義（這是方便的而不是準確的說法）和個人主義有天然的密切聯繫，但這並不是邏輯關係，因為持個人主義觀點不是採納自由主義政治學說的必要條件，也不是充分條件，這裏可以想想霍布斯，他從個人主義前提得到的是權威主義的結論。當社群主義者批評自由主義時，它們所反對的大大超過了應該得到的結論，除非使人誤入歧途擴大自由主義的含義，不然他們批評的就不是自由主義。米勒大致劃分了 3 種社群主義：中間派或自由主義派，堅持個人價值、自主選擇和文化、道德的多元性；右派，把無所不包的社群看成社會團結的來源和權威的來源，社群不是志願結合，是權威機構，等級體系，不能脫離；左派，強調社群應平等形成，應積極地自決。米勒認為，在現實中，新加坡和亞

---

[6]　Charles Taylor, "Cross-Purposes: The Liberal-Communitarian Debate", in Nancy L. Rosenblum(ed), *Liberalism and the Moral Life*, Harvard University Press, Cambridge, Massachusetts, 1989, pp159-176.

洲一些地方像右派社群，北美像自由主義社群，很難想像左派社群在現實世界中會是什麼樣子。[7]

新自由主義

從自由主義陣營方面看，許多人也對公認的社群主義與自由主義的對立、二分提出置疑和挑戰。他們認為，80 年代社群主義對自由主義的挑戰顯得有力，某些論點顯得頗有原創性，是因為人們（包括許多自由主義者）很不應該地忽視了自由主義的一種傳統，這就是 19 世紀末、20 世紀初在歐美相當有影響的新自由主義，其重要代表有格林（Thomas Hill Green）、瑞奇（David George Ritchie）、包桑葵（Bernand Bosanquet）、霍布豪斯（Leonard Trelawny Hobhouse）、霍布森（John Atkinson Hobson）和杜威（John Dewey）。這些思想家既強調個人的自由和權利，也強調社群和共同善，這就使得自由主義和社群主義有相容、甚至相互支持之處。

1993 年在華盛頓召開的美國政治學協會第 89 屆年會上有一個關於新自由主義的專題小組討論，後來論文彙編成書，名為《新自由主義：調和自由與社群》，論者大力發掘和弘揚新自由主義的思想資源，以求被忽視的自由主義傳統恢復生命力，這既能讓當代自由主義者和社群主義者理解他們共同的精神遺產，又能促進彼此的溝通和理解。

---

[7] David Miller, "Communitarianism: left, right and centre", in Dan Avnon and Avner de-Shalit(eds), *Liberalism and its Practice*, Routledge, London and New York, 1999, pp170-180.

　　在該書導論中，編者指出斯泊瑞根斯、查理斯・泰勒、大衛・米勒和其他人早就認為「自由主義和社群主義之爭」有誤解、誇大和錯位的原因，但他們進一步指出，由於各方都忽視了新自由主義傳統，因此他們的評價也未見得十分中肯。比如，西蒙・坎尼在一篇題為「自由主義和社群主義：誤解之爭」中認為，現代自由主義從過去的錯誤（如果一定要說過去有錯誤的話）學到了許多東西，從而發展出這樣一種自由主義，它把社群主義中的優良成分和傳統的自由主義結合在一起，所以大部分爭論是錯位，因為雙方都沒有認識到他們的共同之處。[8]這個說法引起了批評，另外兩位作者認為，說社群主義提出的任何中肯的觀點當代自由主義不僅可以接受，而且事實上已經接受，這就低估了社群主義批評的力量，高估了自由主義不作重大改變而適應批評的能力，事實上，社群主義的批評對自由主義的自我理解產生了很大影響。[9]編者指出，如果沒有新自由主義的話，這個批評是很恰當的，因為自由主義確實在遭到批評後有很大的改變，但考慮到新自由主義，情況就並非如此，因為社群主義的很多洞見早已為新自由主義所包括。兩位編者還指出，新自由主義調和了個人性和社會性，它否認個人的原子式的圖景，但又把個人權利當作個人自我實現的最根本的因素；它把個人視為互相促進和自我發展的，把社會生活視為合作而非競爭的。[10]

8　Simon Caney, "Liberalism and Comminitarianism: a Misconceived Debate", *Political Studies*, Vol. XL, No. 1, March 1992, p289.

9　Stephen Mulhall and Adam Swift, "Liberalism and Communitarianism: Whose Misconception?", *Political Studies*, Vol. XLl, No. 4, December 1993, p650, p656.

10　Avital Simhony and D. Weinstein, *The New Liberalism: Reconciling Liberty and Community*, Cambridge University Press, Cambridge, 2001, pp1-18.

　　當今的新自由主義者特別重視發掘和弘揚格林的思想遺產。在該論文集內題為「格林論個人權利和共同善」的文章中，馬丁論證說，一般人容易認為個人權利和共同善是對立的，而格林從自由主義的立場出發對這兩個方面加以調和。格林發揮了一種與共同善相容的個人權利的概念，它為從較老的、19世紀英國大寫的自由主義過渡到20世紀民主「福利」的「新」自由主義奠定了基礎。他的理論強調兩個根本因素：一，要求社會承認，二，共同善的理念。這兩種因素是截然相反的，因此格林的整個理論存在一種內在的緊張，但這種緊張可以化解，這兩種因素可以整合起來。據馬丁的分析，格林利用了對於每個人和對於所有人的權利作體制性論證——即在要求互惠的權利體系中民主地對權利作論證——的概念，來為調和權利的兩種根本因素打下基礎。[11]

　　一般認為，「自由主義－社群主義之爭」最重要的方面是「權利政治」和「共同善政治」的對立。自由主義主張前者，它來自康德的觀念：權利先於善；社群主義反對這一點，將其政治理論奠基於「善的生活」這個概念，這來源於黑格爾和亞里斯多德。西蒙霍尼在「格林的複合性共同善：在自由主義和社群主義之間」中提出，共同善是格林的自由主義的中心概念，而這是一種複合性的共同善。這種複合性表明格林既訴諸於康德，又訴諸於亞里斯多德和黑格爾，也可以將這種複合性看成是逃避二元對立的第三條道路。格林的觀點表明社群主義不是與自由主義對立，而是與個人主義對立。如果我們同意格林的複合性共同善的概念，傳

---

[11] Rex Martin, "T. H. Green on individual rights and the common good", 載於同上書，第49-69頁。

統自由主義的這種憂慮就可以避免：善的共同性會排除和抑制多樣性與差異，因為這裏的「共同」不是集體性而是個體性的，格林並不認為只有一條唯一正確的通向美好生活的道路，作為自我實現的善是多路徑的。[12]

許多人，尤其是反對自由主義的人，認為私有財產是典型資本主義的，會導致不平等的原則。莫若在「私有財產、自由國民與國家」中全面闡述了格林、包桑葵、霍布豪斯等新自由主義思想家的私有財產觀，他們認為私有財產權並不是純粹個人的權利，這種權利是自由國民的必要條件，財產權對於道德的行動即自由的行動，對於出自力圖弘揚共同善的道德人格的發展具有莫大的意義。人具有社會性，私有財產權依賴個人在社群中所處的位置，自由國民應當擁有私有財產，因為這是個人在社群中自我發展的必要條件。他們還認為，國家行為能確保社群全體成員的實質性的私人財產權，以此實現自由國民的觀念。[13]

高斯論文的題目是「包桑葵對經濟個人主義的社群式辯護：政治理論複雜性的教訓」，他在其中說，包桑葵的社會形而上學是有機論的、社群主義的，但與此同時他強烈捍衛經濟個人主義，而這種結合既是徹底的，又是自洽的。他說，自由主義者及其批評者兩方面的人一直共同認為「集體的」、「社群的」、「有機的」社會形而上學是反自由主義的，但個人主義與自由主義，社群主義與社會主義即福利主義的關係要比人們說的更複雜。作這麼一

---

[12] Avital Simhony, "T. H. Green's complex common good: between liberalism and communitarianism", 同上書，第 69-70、89 頁。

[13] John Morrow, "Private property, liberal subjects, and the state", 同上書，第 92-93, 110-111 頁。

個流水出山的比喻也許是合適的：如無阻擋，它就順流而下，但若築了堤壩挖了溝，流水就會停止、反向而去。社會形而上學和政治理論的情況也是如此，如果出發點是集體的社會形而上學，很容易得到反自由主義的結論，但包桑葵採納了這樣的認識論：很難知道公意，公意會讓個人知道他們的意志將表達社會意志，那麼與個人主義相關的整個一套制度安排——市場、私有財產、政治的有限範圍，對福利國家的批評——就會從完全是社群主義的世界觀中出來。作者認為包桑葵向社群主義者提出了一個教訓或挑戰：如果認真對待整體主義研究方法，承認社會系統的複雜性，我們的知識有限，以及個人由其社會關係構成，那麼像市場這樣的「自動」調節就比國家計畫的有意調節更是真正整體主義的。包桑葵令人信服地證明了，不論批評自由主義的社群主義者想達到什麼目的，完全看不出他們何以擺脫他們最不喜歡的自由主義的這方面主張——基於市場秩序的私有財產。[14]

　　持相同或相似觀點的並不限於《新自由主義》一書的編者和作者。比如，馬塞多在其著作《自由之德：自由憲政中的公民性、美德和社群》中就從自由主義的理論傳統和憲政民主的實踐中闡述自由主義主動、公共的一面，回應社群主義者的下述批評：由於強調個人權利和消極自由，自由主義忽視對於公民性、德行和社群的正面的政治理念。作者在書中證明，自由主義可以提供一種有吸引力、有鮮明特色的關於社群和德行的理論，同時繼續保持以自由為核心，以正義為優先。自由主義包含了正面回應社群

---

[14] Gerald Gaus, "Bosanquet's communitarian defense of economic individualism: a lesson in the complexities of political theory", 同上書，第 157-158 頁。

主義批評的資源，因為它承認社會目標高於個人目標，權利結構和適當的法律體系高於個人的願望與目的。[15]

新社群主義

　　幾乎與重新發掘新自由主義思想資源同時，在上世紀 90 年代初，形成了新社群主義思潮。新社群主義者要使個人權利和社會責任、自主和共同善之間的平衡成為主要關注的問題。顯而易見，這是在 80 年代的「自由主義－社群主義之爭」中比較極端和對立的立場之間採取調和、中間路線。

　　比較集中、全面反映新社群主義思潮的著作是《社群主義精讀》，編者阿米泰・依左尼在本書的導論中說，新社群主義者所做的遠遠不只是傳播已有的理念，老社群主義者強調社會力量、社群、社會關係的意義，而新社群主義者從一開始就關心社會力量和個人之間、社群和自主性之間、個人權利和社會責任之間的平衡。老社群主義者關心隨著現代工業、城市力量的興起社會的分裂破碎，關心社群和權威的失落，沒有人探討相反的危險：社群可能是壓迫性、權威型的，可能侵犯到個人，這些 90 年代前的社群主義者不關心喬治・奧威爾在《1984》提出的反面烏托邦問題，左的和右的權威主義、宗教原教旨主義等問題也未進入他們的視野，而新社群主義者從一開始就認定需要同時應付兩方面的危

[15] Stephen Macedo, *Liberal Virtues: Citizenship, Virtue, and Community in Liberal Constitutionalism*, Clarendon Press, Oxford, 1991, p2, p254, p284.

險。他們認為在社會秩序和個人自由之間有一個平衡點，在此範圍內二者相互支持和加強，但若是一方單方面發揮得超過了平衡點，二者就會變成對抗性的，另一個平衡點在社會滑向無政府和過分的秩序之間。

新社群主義者認為美好社會應該在國家和市場之間——準確地說應該是在國家和市場之外建立，他們強調以前的對立，即一方支援市場，另一方支持國家干預，是不夠的，就像只關心個人自由和命令控制系統的對立一樣，這會使一些重大問題，即社會、社會聯繫的重要性和道德的聲音處於思考之外。新社群主義者強烈主張社會行為應該受社會聯繫的非正規網路和社群的道德之聲來維持和指引。他們指出，如果由社群來對某些行為（如吸毒、超速行車、酗酒、婚內侵犯）作褒貶獎懲，會更加有效、更加人道和降低成本。因此，他們力主用說服而不是強迫的方式促進人們的有益於社會的行為。當然，他們並不認為社群自然就是具有美德之地，許多傳統社群具有威權和壓迫性，有人指出，三 K 黨也是一個社群。人們最好同時是好幾個社群的成員，多成員身份可以保護自己免受一個社群的過度壓力。[16]

有 50 多人（社會各界人士，大多數是大學教授）發表了一分題為「權利和責任」的社群主義宣言，其中說：「我們認為，不從社群的角度看問題，個人權利不可能長久維持。」「社群的角度既承認個人尊嚴，又承認人類存在的社會性。」「社群的角度認為維護個人自由有賴於積極維護公民社會的憲章，在此社會，公民們

---

[16] Amitai Etzioni(ed), *The Essential Communitarian Reader*, Rowman and Littlefeild Publish, Inc., Lanham, 1998, ppix-xiv.

在尊重自己的同時也尊重他人；在此社會，在珍惜我們自己的權利和他人的權利的同時我們獲得有關我們個人和公民責任的活生生的經驗；在此社會中，我們發展管理我們自己的習慣，也發展我們自己進行管理的技巧，學會看到別人而不僅是我們自己。」

新社群主義宣言特別強調歷史和現實條件的重要性：「社群主義的基本主張是在個人和群體之間，在權利和責任之間，在國家憲法、市場和市民社會之間尋求平衡，這是持久的事業。不過，由於這種尋求是在歷史之中，在變化的社會條件中進行，評價什麼是恰當的道德立場也將隨時間、地點條件的變化而不同。如果我們是在今天的中國，我們會為更多的個人權利而作強有力的證明；而在當代美國，我們強調個人的和社會的責任。」

宣言並不把社群當成價值的最終來源和標準，相反，對非民主、非理性的社群價值高度警惕。宣言說：「有人想靠壓制不同意見（以宗教、愛國主義和其他事業的名義）和書報檢查把公民的或道德的價值強加於人，我們要對這些人說，你們的辦法是無效、有害、在道德上站不住腳的……社群主義者並不一味說社群好，也不認為任何一類價值僅僅因為發端於社群就是好的。確實，某些社群（比如新納粹）可能會培育應受譴責的價值。社群主義者認為——他們確實堅持這一點——社群的價值必須由外在的、普遍有效的標準，必須基於人類共同的經驗來判斷。」[17]

塞爾茨尼克在此書的開篇論文「社群式自由主義的基礎」中說：「當代社群主義運動有時被看成是反自由主義的……今天的社群主義者並不是反對自由主義的人，如果自由主義意味著強烈支

---

[17] 同上書，第 xxv-xxvii 頁。

持政治自由、社會公正、憲政權利、法治、充分的公民權、特別
關心窮人和受壓迫者的話。如果社群主義者批評特定的自由主義
學說，這並不說明他們否定或不欣賞自由主義的主要理念和制
度……我們是，或應該是『社群式』自由主義者，或者——如果
你更喜歡這麼叫的話——自由式社群主義者。我們應該像杜威一
樣，把自由精神和對正義的追求與在實際社群中的負責任的參與
活動結合起來。」[18]

　　貝拉在本書的論文中呼喚「民主社群」，「它同時承認市場和
國家的價值與不可避免性，但堅持市場和國家的功能是為我們服
務，而不是統治我們。」他提出民主社群主義認可的 4 種價值是：
一、個人的神聖性；二、團結一致；三、互補性結社；四、參與
既是權利，也是責任。[19]

　　佛若寧在《新社群主義者和現代自由主義的危機》中說，新
社群主義者與老社群主義者的區別是，它公開拋棄老社群主義所
依靠的對傳統和超驗標準的尊崇。與傳統的自由主義者的不同之
處是，他們「急於討論他們認為對於美好生活和美好社會很有必
要的那些特徵和形成特徵的機制。因此，社群主義者似乎拋棄了
對個人首要性的強調。但要說社群主義者想要建成非自由主義的
社會，那就錯了。」「社群主義者力圖從自由主義自身出發，通過
解決其核心文化問題來保全它。自由主義不能產生公共精神，因
為它的基本觀念是自利產生公共的善，它認為這一點很容易理
解，因為公共機構的存在只是為了服務於對單個公民的個人抱

---

[18] 同上書，第 3 頁。
[19] 同上書，第 18-19 頁。

負。社群主義者指責這種說法是『自私的』，他們力圖用對人的社會本質的理解來代替這種個人主義的想法。」[20]

阿米泰‧依左尼在他主編的《新社群主義式思維》一書中說，他認為個人和社群的關係比僅僅是個人與集體的對立更為複雜微妙，個人和社群相互聯繫在一起，彼此支持和加強，任何抬高一方貶低另一方的做法都會損害到一些根本利益，這些利益產生於使這兩種基本因素保持平衡。他主張，社群的價值觀既不能由外部群體，也不能由內部少數或精英強加，而必須由社群成員的對話產生。世代相傳的價值常常是出發點，但需要在環境變化和成員提出新問題時不斷調整。社群價值只有在不與公認的核心價值矛盾時才具有合法性，絕不能同意某些社群主義者的這種看法：只要社群在一些價值上有一致意見，它們就是道德上合適的最終標準。不論社群堅持什麼價值，人的本性必須加以考慮，這是基本的規範條件。社群不能管得太寬，因為個人──不論他們多麼受制於社會影響──有一些普遍的屬性是不能由過分熱心的社群或國家清除掉的。[21]

中立性和道德

從密爾（J. S. Mill）到羅爾斯，自由主義政治哲學的正統立場是主張國家對於公民的道德持中立態度，因此自由主義政治哲學

[20] *The New Communitarians and the Crisis of Modern Liberalism*, p10, p37, pp41-42.
[21] *New Communitarian Thinking*, pp16-18.

基本不涉及對個人道德的探討和爭論。古典自由主義的主要內容是關於國家權力的起源和界限，明確區分政治生活和個人生活，強烈主張國家不干涉個人生活。密爾的學說有明顯的「反至善論」（anti-perfectionism）傾向，認為政府不能運用自己的權威來使公民在道德上完善。羅爾斯的《正義論》嚴格區分權利（right）和善（good），要求國家在善的問題上中立。他的《政治自由主義》更是極力避免所謂的「完備性學說」，即有特定形而上學、道德、宗教內容的學說，主張政治生活的基本原則來源於不同人群的「交叉共識」。德沃金把中立性原則表述得最明確，他認為立法者「對於那些可以稱之為美好生活或什麼東西使生活有價值的問題，必須保持中立。因為一個社會的公民對於什麼使生活有價值具有不同的看法，如果政府對一種看法的喜好超過另一種——不論是因為政府官員認為其中一種本質上更優越，還是因為更多的人或強有力的人群主張其中一種——政府都是沒有將公民作為平等的來對待。」[22]

　　社群主義興起之後，對自由主義的中立性原則作了猛烈批判，作為回應，自由主義者開始重新思考中立性問題，重新探討自由與道德生活的關係。

　　一種思路是重新理解和闡釋自由主義傳統，認為它沒有主張或不應該主張中立性，它本身包含了道德傾向性和內容。比如馬塞多在《自由主義的德行》中認為，站在自由主義的立場上看，中立性是幻想，自由主義在堅持以自由為核心、堅持正義的優先

---

[22] R. Dworkin, *A Matter of Principle*, Harvard University Press, Cambridge, Massachusetts, 1985, p191.

性的同時，完全可以提供關於社群和美德的主張，特別是自主
（autonomy）這個概念，它在各種生活理想中具有普遍性。[23]帕垂
克持相似的觀點，認為羅爾斯等當代自由主義思想家沒有充分表
達自由主義精神的豐富性，應該看到，中立性並非國家可以達到
的目標，而自主本身就是善，它的作用很大。[24]貝任克主張，自由
主義理論家應該承認他們的學說對於什麼是美好生活並不是中立
的，這些學說實際上促進了個人自主和多元主義的理想，並與其
他理想發生難於調和的衝突，自由主義不能靠中立性來回避和克
服衝突，而應公開偏向某些道德觀念。[25]

　　影響最大的是以下 3 人的觀點，代表了對傳統的偏離，被視
為一種新動向。

　　約瑟夫·拉茨在堅持自由主義基本理念的同時反對中立性原
則，贊同至善論。他認為，政府的責任之一是促進道德，雖然一
般說來自由主義者警惕政府對個人自由的侵犯是對的，但同時應
該看到，政府也可能是自由的源泉，它可以創造條件使人得到更
多的自由。國家對其公民負有一系列義務，它如果未能幫助其公
民獲得幸福，就是阻礙了他們的發展，因此，要想以什麼都不做
來實施中立是空想。他說，自由主義者強烈地提倡中立性原則，
是因為他們把個人自主視為最基本的價值，對強制保持高度警
惕，但在仔細分析之後可以看到，自主並不是絕對的，而是一個
程度問題，雖然強制常常對人的幸福產生不利影響，但並沒有人

---

[23] Stephen Macedo, *Liberal Virtue*, Clarendon Press, Oxford, 1991, p234, p263.

[24] Neal Patrick, *Liberalism and its Discontents*, MacMillan Press LTD., 1997, p4.

[25] Bert van den Brink, *The Tragedy of Liberalism*, State University of New York Press, Albany, 2000, p5.

們通常想的那麼嚴重。應該看到，比起人們經常遭受的罪惡與不幸，強制的罪惡很容易被誇大，另外，為了實現確保個人發展自主生活的自然和社會條件，有時不能不使用強制。發生在理想的自由國家裏的強制和發生在其他情況下的強制有很大的區別，在前一種情況下，強制可以是真正為了被強制者的利益，甚至可能為他們所希望。他還說，人們反對至善論有一種深刻的認識上的原因，即認為至善論會將某種生活方式強加於人，拉茨認為情況並非如此，可以採取是否鼓勵、給予榮譽、增稅等等手段，可以通過社會體制作出法律或行政方面的安排來促進某種價值。[26]

　　德沃金的立場在 90 年代有明顯變化，他聲稱在倫理學的抽象層次上，即對於如何生活的基本立場問題，自由主義不能夠也不應該中立。人們可以大力宣傳、提出自己認為最好的生活方式，爭取別人採納同樣的價值標準；在適當的情況下，在短期內對青少年進行家長式的教育，以塑造其正確的道德觀。問題只是在於如何做，不能靠法律和強力，不能違反他人的意志與信念，不能依仗自己的道德觀與多數人一致。[27]他力圖為他的平等理論以及自由主義的基本立場奠定倫理基礎，為此，他作了兩種區分。一是意欲性利益（volitional interest，主觀上想要的好處）和批判性利益（critical interest，使人的生活更美好的東西）；二是兩種不同的價值模式：效果模式（model of impact，認為生活的價值在於對世界產生的作用和結果）和挑戰模式（model of challenge，價值在於

---

[26] Joseph Raz, *The Morality of Freedom*, Clarendon Press, Oxford, 1986, p415, pp18-19, p124, pp156-161.

[27] R. Dworkin, "Equality and the Good Life", in *Sovereign Virtue*, Harvard University Press, Cambridge, Massachusetts, 2000 , pp238-239, pp 282-283.

對生活與環境的挑戰作出了技巧性的回應）。他說，追求批判性利
益將自然地把人們引導到自由主義的政治和實踐，批判性利益意
味著生活中的挑戰模式，接受這個模式就必然會堅持一種自由主
義式的平等標準：資源平等。[28]

　　高爾斯頓稱自己的觀點是自由主義的，因為它與自由主義的
以下基本立場一致：區分公共領域和私人領域，堅持個人自由。
但他明確地反對中立性原則：「把自由國家理解為『中立』的是不
恰當的，它和任何其他政治社群一樣，信奉一種人類善的觀點，
贊同某些生活方式，抨擊某些生活方式。」「不能把自由國家理解
為不受限制地表示『差異』的競技場，恰恰是在保持多樣性的同
時，自由主義式的統一性制約著多樣性。」他說：「至少有三種理由
說明中立性主張不能成立。第一，它代表了對於洛克的主張的深刻誤
解，而這主張體現並且要求對於諸如最大程度地減少暴力這類人世間
的至關重要的善的實質和重要性的共識。第二，它不符合自由主義政
治的現實，這種政治如果不訴諸於對善的理解就難於前進。最後，這
個主張不能自圓其說：每個支持它的人都不言而喻地依賴不僅是形式
上的和不僅是工具性的善的概念來發揮其主張。」[29]

　　高爾斯頓證明了自由主義的鼻祖如洛克和亞當・斯密是很講
究德行的，還簡單地說明了自由主義關於個人道德的一些要素：
1、生命；2、基本能力的正常發展；3、實現利益和目的；4、自
由；5、理性；6、社會；7、主觀上的滿意。至於公共的道德，除
了每個政治社群都要求的勇氣、守法、忠誠等等之外，他特別分

---

[28] 同上，第 243-245、251-254、277-278 頁。

[29] William A. Galston, *Liberal Purposes*, Cambridge University Press, Cambridge, 1991, pp3-4, p8.

析了自由社會所要求的，在經濟和政治方面的道德。他還提出這樣一個問題：如果這些德行是工具性的話，那麼有沒有非工具性的，作為目的、內在的德行？他的回答是有，這些自由主義的德行是：1、理性或自我反思；2、根據責任戒律行動的能力；3、充分伸張個人性。[30]

多元論

從上世紀 80、90 年代起，多元論（pluralism）愈來愈成為政治哲學中的熱門話題，並滲透到各個分支學科、各種主題中。比如，針對羅爾斯的分配正義理論和再分配平等觀，邁克爾·沃爾澤在其著作《正義的諸領域》中提出了一種多元論的複合平等觀，認為需要平等分配的社會性好處或利益既不是單一的，也沒有一種是主要的，而是有多種；分配正義原則既不止一個，也沒有一個是基本的，而是應該在不同的領域有不同的平等原則和標準。又如，加拿大著名政治哲學家查理斯·泰勒和維爾·基姆里卡在該國種族、語言、文化紛歧對立，分離主義運動高漲的情況下，寫出了一系列多元論、多元文化論和少數民族權利的著作，基姆里卡甚至力圖探討西方的多元化理論和前蘇聯東歐種族、宗教、文化的多樣性與衝突的現實之間的關係。[31]

一般認為，當代多元論最深刻的表述，是由英籍猶太裔思想家伯林在其著作《自由四論》中，尤其是其中的「自由的兩種概念」一文中作出的。伯林是著名的自由主義者，他作出了「消極

---

[30] 同上，第 173-177、215-216、228-230 頁。

[31] Will Kymlicka and Magda Opalski, *Can Liberal Pluralism be Exported*, Oxford University Press, Oxford, 2001.

自由」和「積極自由」的重要區分，但據一些人的理解和解釋，對他來說，多元論比自由主義更重要、更基本，自由主義可以從多元論中推導出來。伯林認為人類的價值觀和文化是多元的，這指的是，它們各自都有存在的理由，但它們彼此是衝突的，而且我們不可能把它們統合為一個綜合的體系，也不可能對它們比較高下，加以排序，列出最優者加以推廣，它們是沒有公共尺度可以衡量的。

伯林的思想對當代政治哲學產生了巨大影響，正如一位作者所說，道德多元論是伯林著作的核心觀念之一，伯林提倡消極自由，是因為他相信多元論是正確的，而不是因為他只是堅持個人自由；伯林認為承認個人自由的政治秩序最符合我們道德狀況的多元性現實，之所以會如此，是因為自由秩序對差異是寬容的。以下重要哲學家受到伯林的影響，並對多元論的內涵作了更深入的探討和發揮：查理斯·泰勒（Charles Taylor）、威廉姆斯（Bernard Williams）、拉茨（Joseph Raz）、格雷（John Gray）、漢普夏爾（Stuart Hampshire）、盧克斯（Steven Lukes）、拉莫爾（Charles Larmore）。[32]

在當代關於多元論的討論和爭辯中，下列問題成了一條主要線索：伯林是否認為多元論支持自由主義，或者，不管伯林如何看，多元論是否支持自由主義？認為多元論與自由主義有一致性是頗為自然的，因為多元強調差異，尊重和保持差異需要寬容——這是自由主義的主要因素。另外，各種價值不分高下，意味著不能強制，而應該尊重個人的選擇，這就直接導向了自由。

---

[32] Claude Galipeau, *Isaiah Berlin's Liberalism*, Clarendon Press, Oxford, 1994, p2, p58, p68, p111, p168.

　　但對伯林有全面、深入研究的格雷不這麼看。他認為，雖然初看起來有 3 項主要理由使人相信價值多元論會支持自由主義，特別是與消極自由和寬容相關的方面，但仔細考察之後可以看到，二者不但可能有矛盾，而且事實上衝突不可避免。如果反自由主義的力量和秩序以普遍主義為理論基礎，以西方的普遍價值為前提，那麼多元論對其有消解作用。如果它的理論基礎是特殊主義，它就不會倡導唯一的價值和生活方式，它把特定的價值體系強加於人民，不會說這是唯一合理或最好的，它會說，尊奉某些價值，貶抑某些價值對於現存的、有意義的生活是必須的。說到底，如果多元論成立，我們只能得到這樣的推斷：當自由主義的價值和其他價值衝突時，人們沒有公認的標準證明自由主義的價值更優。[33]

　　多元論與自由主義的關係還可以通過中立性問題來考察。人們易於認為，既然不可能在各種文化、價值、生活方式中區分高下優劣，那麼國家的態度和政策就只能是在它們之間保持中立，而這正是自由主義所主張的。但這種初看起來順理成章的觀點卻被一些人否定，比如紐威說：「我認為多元論和中立性的聯姻最好也不過是權宜之計，這種結合很可能沒有好結果。多元性是否支持中立性，這是很可懷疑的，在某些情況下，信奉多元論會要求非中立的政策。我還要進一步主張，傳統的自由主義政策，諸如擁護寬容，反對書報檢查，在任何情況下都不是因為擁護中立性而得到聲張。有意使中立性建基於多元論之上的論證可以與一元論的價值形而上學調和」。[34]

---

[33] John Gray, *Berlin*, Fontana Press, London, 1995, pp151-155.

[34] Glen Newey, "Metaphysics Postponed: Liberalism, Pluralism, and Neutrality", *Political Studies*, No. XLV, 1997, p296.

　　克若德爾對多元論與自由主義的關係作了長期研究，他曾說，伯林在「自由的兩種概念」中的主張廣為流行，即認為若接受多元論為真，就有理由擁抱自由主義，他認為這是錯的。價值多元論並不支持自由主義，也不支援任何政治學說的規範性主張，它並未告訴我們在許許多多的價值中我們應該選擇哪一種。多元論不僅不支持自由主義，而且還損害了它，它總是可以這樣發問：為什麼不選擇非自由主義呢？[35]克若德爾的批評意見引起了伯林本人的反批評，在與威廉姆斯合寫的答辯文章中，他們指責克若德爾觀點混亂，只在極其抽象的層次上進行論證，這種形式的風格無助於討論問題，應該在具體的社會、歷史層面上，而不是在邏輯可能性方面談問題，才能使自由主義的弱點和多元論的自我意識問題浮現出來。[36]克若德爾觀點後來有所改變，他認為從多元論到自由主義的論證有可能成功，比如他的兩步論證：一，多元性使我們有理由認為多樣性有價值；二，多樣性與自由主義有最好的適應。[37]

　　高爾斯頓在 2002 年出版的新書《自由多元論》對多元論與自由主義的關係、多元論在現實生活中的作用等問題作出了全面的闡述。他認為，自由主義的力量多半得自於伯林所闡發的價值多元論，他的「自由的兩種概念」有助於發動價值多元論運動，這場運動在當代已經達到羽翼豐滿的程度。他提出，對多元論的理

---

[35] George Crowder, "Pluralism and Liberalism?", *Political Studies*, No. XLll, 1994, p293, pp303-304.

[36] Isaiah Berlin and Bernard Williams, "Pluralism and Liberalism: a Reply", *Political Studies*, No. XLl, 1994, pp306-309.

[37] George Crowder, "From Value Pluralism to Liberalism", *Critical Review of International Social and Political Philosophy*, No.1, Vol. 3, 1998, p3, p9.

解應把握以下要點：一、價值多元論不是相對主義，好與壞、善與惡的區別是客觀的；二、沒有衡量客觀善的共同長度，他們性質不同，因此不可能對他們區分高下，按優先性加以排列；三、某些善是基本的，它們是任何有意義的人類生活的組成部分；四、除了極少數基本善，關於個人對美好生活，對公共文化和公共目的的理解，存在廣闊的、合法的多樣性空間；五、多元論與各種形式的一元論對立，一元論要麼按一種共同尺度把各種善還原為一種，要麼把它們納入無所不包的等級體系。高爾斯頓舉出三條理由說明多元論比一元論可取：一、一元論會導致道德的強求一致與扭曲；二、人類經驗證明，沒有一種價值能夠完全壓倒另一種價值；三、他在白宮工作（1993—1995 年任克林頓總統的國內政策副助理）的經驗說明，不存在單一的標準對面臨的選擇作衡量和取捨。他在本書中還批判了格雷的觀點，認為多元論和自由主義之間有一致關係。[38]

---

[38] William A. Galston, *Liberal Pluralism*, Cambridge University Press, Cambridge, 2002, pp4-7, pp48-62.

關於自由和平等的當代思考

　　自由和平等之間存在著內在的張力，但人們開始時並未清楚地意識到這一點。比如，對於法國大革命時提出的口號「自由、平等、博愛」，人們並未追問它們之間是否存在順序上的孰先孰後，或者追問它們是包容派生關係，還是獨立並列關係？如果我們只停留在思考的出發點上，那麼似乎沒有什麼問題，我這裏指的是，接受羅爾斯（John Rawls）的以下「第一原則」是不成問題的：對於最廣泛的基本自由，每個人都應當有與其他人的類似自由相容的平等權利。我們可以和羅爾斯一樣，將此稱為「平等的自由」。但只要認真思索自由和平等的關係，問題或遲或早會出現。

　　自由原則允許人們合理地佔有生產資料，從事生產、貿易活動，由於才能、勤奮程度和機遇不同，貧富分化必然產生。過分的貧富差距使一部分人從降生時起就處於起點不平等的競爭條件下，不能充分發揮自己的才智，享受自己應當享受的自由。鑒於這種情況，平等主義者（尤其是社會主義者）認為，僅有政治上的平等，即人人在法律面前平等，是不夠的，這只是一種形式的平等，要達到實質上的平等，必須有經濟上的平等。實現經濟上的平等有兩種方式，溫和的方式是在私有制、市場經濟條件下由國家實行再分配，削富濟貧；激進的方式是實行公有制，由國家管理分配。

　　問題在於，如果富有者的財富是合法所得，國家有什麼理由和權利將其中的一部分拿走，用於再分配，這是不是侵犯了一些人的自由？我們能以平等的名義犧牲自由嗎？

　　在西方社會，雖然「自由」這個理念是近代以來的政治理論的基石，但在平等要求的衝擊下，單一的自由原則似乎很難立身，它不斷地向平等作出妥協、讓步。政治哲學家的分歧和爭論由此產生，有人認為不能靠犧牲自由、侵犯人的權利達到平等；有人認為只有實現了平等，才有真正的自由；有人力圖證明自由和平等可以兼顧，並不矛盾。由於自由和平等的關係這個問題極其重要，當代西方政治哲學的若干重要學說都與它有關。本文的主要內容是考察、分析其中的幾種重要觀點，並探討能否在確保個人自由的前提下論證平等的合理性。

　　上述問題和正處於社會轉型期的中國有關係。中國傳統思想重視平等而忽視自由（「不患寡而患不均」），在 50 至 70 年代，平等被誇張地提倡（實際上是否有真正的平等是另一回事），自由是被譴責的負面價值。隨著市場經濟取得合法地位，個人自由和私有財產的合法性問題也被公開提出。而 90 年代腐敗的加劇和社會不公正問題的嚴重出現，更使自由與平等的關係問題變得緊迫和尖銳。本文將簡單討論這方面問題，並指出中國的現實問題和西方理論面對的問題完全不同。

一、羅爾斯：兼顧平等的自由，但平等未得到證明

　　羅爾斯的《正義論》力圖發展出一種與平等相容的自由主義，平等的主張表現在以下兩方面。第一，他的差異原則（difference principle）說，社會和經濟的不平等，只有在有利於社會上處境最差的人的情況下才可以允許；[1]第二，他把天賦好的人的體腦力優勢當成社會共有財富，認為沒有人能說他的較高天賦是他應得的，由此產生的利益也不為他應得。[2]

我們先來看差異原則。羅爾斯論證它依賴三個前提條件：人們在原初狀態下，由無知之幕隔離（即既不知道他人，也不知道自己的主客觀條件），根據最大最小值規則（maximin rule），一定會選擇具有平等傾向的差異原則。[3]關鍵在於，人們為什麼會遵循最大最小值規則。這條規則說，當一些對競爭條件一無所知的人在一起制定正義原則時，人們會首先考慮如果自己處於最不利的情況如何使規則對自己最有利。當然，如果不平等必然出現的話，處在最不利地位的人希望這種不平等以對自己最有利的方式出現。但我們要問，人們作選擇的心理傾向為什麼是保守、悲觀的，而不是冒險、樂觀的呢？羅爾斯可以說，人們通過契約結成社會，追求的是最低風險的生活。但我們更有理由說，人們願意放棄孤立而自由自在的生活，這本身就是冒險，因此，人們要麼不結成社會，要麼願意在不確定的風險中得到更多的東西。也許，最無爭議的看法是，有人喜歡不論輸贏都下大賭注，有人則寧願旱澇保收，但不論怎樣，說人們一定會遵循最大最小規則是不成立的。

現在來看羅爾斯的第二點主張，我認為，有很多理由反駁他的看法。第一，在實際生活中，我們很難，甚至根本不可能區分哪些成就是出於天賦才能，哪些成就是出於後天努力。比如，好

---

[1]　John Rawls, *A Theory of Justice*, The Belknap Press of Harvard University Press, 1971, pp14-15.

[2]　*A Theory of Justice*, pp100-102.

[3]　*A Theory of Justice*, pp152-154.

工人在單位時間生產更多的產品，好農夫每年收穫更多的糧食，誰敢說這一定是因為他們從父母那裏繼承了能幹的稟賦，而不是更勤奮，勞動時更專注？誠然，如果音樂家的女兒成了音樂家，體育教練的兒子成了優秀運動員，人們會認為他們的成功有家庭優勢的原因。但這僅僅是遺傳基因起作用，還是正因為出身在這種家庭，他們練習得更刻苦，作出的努力更多？誰也不能輕易得出結論。第二，我們理所當然地根據人們提供的服務或勞動產品付給他們相應的報酬，不會區分哪部分出於他們自己的努力而應得報酬，哪部分僅憑先天稟賦而不應得報酬。一個農夫獲得豐收，我們能否說，這不過是因為他天生身強力壯，他那瘦弱的鄰居比他流的汗水多，收穫卻不如他，這不公平，因此應該把他的收成分一部分給鄰居？第三，如果我們堅持人們的天生資質及其所產生的好處為他們不應得，那麼那些天才的科學家、工程師、藝術家、運動員、各行各業的能工巧匠都不能由於他們的突出貢獻而得到較多報酬，我們的生活不是會極其平庸乏味，社會進步不是會極其緩慢嗎？

當然，平等主義者還是會追問，如果單方面保護能人和強人的自由與權利，對他們的所獲決無抑制，他們會不會最終成為資源的壟斷者，從而妨礙弱者的自由和權利呢？

二、哈耶克和諾齊克：自由至上，但有時不合情理

哈耶克（Friedrich A. Von Hayek）認為，自由和平等毫無關係，自由必然導致不平等，經濟不平等雖然是一種社會弊病，但決不能用強制措施來克服。[4]

---

[4]　F. A. Hayek, *The Constitution of Liberty*, The University of Chicago Press, 1978,

諾齊克（Robert Nozick）說，如果一種貧富懸殊的結果產生於合法的分配過程，當事各方對他們各自的持有是擁有權利的，那麼它就是合法的。當然不能說不平等不可以改變，但只能以不侵犯人的權利為條件來改變。[5]

總之，對於哈耶克和諾齊克來說，能被唯一認可的價值是自由。平等值得讚賞，但不能成為一種社會制度的原則，不能由國家力量實現。哈耶克說，我們有理由運用政治組織救濟貧弱者，但不能認為他們有權分享富裕者的財富。[6]諾齊克說，富人志願地以其資源幫助窮人符合正義原則，但由國家實行再分配則是侵犯權利的嚴重事情。他甚至認為，對勞動所得徵稅等於強制勞動，因為被徵稅者的部分勞動被無償地拿走了，儘管是拿去用於公益事業或支援貧困者。[7]

我認為，哈耶克和諾齊克對於自由和權利的主張雖然顯得雄辯有力，但並非無懈可擊，它太極端，有時於情理不合。

既然他們和大家一樣，承認平等是一種可欲的價值，也認為同情心是美好的，但他們只同意境遇好的人以志願捐助或參加慈善事業的方式改善貧困者的處境，堅決反對國家實施任何形式的再分配，這實際上是把平等置於可有可無的地位，因為沒有制度化的保證，志願捐贈和慈善事業的作用太小了。確實，在他們眼裏，平等和自由與權利相比是毫無分量的。以恩賜的態度和方式推動平等是可以的，而一旦有可能觸犯到個人的自由和權利，就萬萬不行了。人的自由和財產權是如此絕對，如此神聖不可侵犯嗎？

---

　　p85, p88.

[5]　Robert Nozick, *Anarchy, State and Utopia*, Basic books Inc., 1974, p232.

[6]　*The Constitution of Liberty*, p101.

[7]　*Anarchy, State and Utopia*, p348, pp168-169.

我以為不是，讓我們考慮下面兩個極端的例子。

某地發生饑荒，每天都有人餓死，地主家堆放了一大堆馬鈴薯，但他寧願讓它們爛掉也不願救濟饑民。有人去偷地主家的馬鈴薯，地主制止未果，氣憤之下對馬鈴薯投毒。在這種情況下，有罪的是地主，還是偷馬鈴薯的饑民？我們能否說，地主有權隨意處理自己的所有物？

某人偶然得知一夥歹徒正駕車攜帶炸藥駛往機場，圖謀製造爆炸事件，他攔阻一輛小車，要求追蹤前往，以求制止，但車主斷然拒絕，這時他是在捍衛自己的所有權，因而是正義的嗎？

再看一個實例。臺灣當局在 50 年代強行推行「三七五減租」政策，規定地主出租土地所得不能超過收成總量的 37.5%，結果，在這種政府的硬性約束下，農業產量大增，最後是農民、地主、政府各方皆大歡喜，此舉成了土地改革和經濟發展的良好事例。我們難道只能說，這是一個侵犯權利的不良事件？

我想由此得到以下結論：個人的自由和權利固然極端重要，但也未見得無條件地不可觸犯，在某些特殊情況下，輕微地侵犯非根本的權利是可允許的、正當的。比如，一、在涉及到生命的危急時刻；二、侵權有急迫的理由，且經過深思熟慮，將為多數人帶來巨大利益，將給當事人相當補償。同時，可以說把不同的自由和權利加以分級是有益的。在我看來，生命、身體和思想、言論等基本自由應高於經濟權利，如果為了生命而犧牲一些不那麼重要的財產權，是值得和正當的。如果這一點成立，那麼我們就找到了通向平等的路徑。

三、柯亨：平等至上，多勞不多得

　　福利主義的平等主義者和左派自由主義者的思路是，承認人的自由和權利，承認佔有資源的合法性，當這一切在實際上造成嚴重的不平等時，用國家實行再分配的辦法作適當調節。而像柯亨（G. A. Cohen）這樣的極端平等主義者和社會主義者則持有更激進的主張，他反對私人對於物質資源的初始佔有，也反對人們之間由於能力差別而出現的貧富和地位分化。用一個比喻說就是，前一種人對於河水的奔流聽其自然，只是在氾濫時才疏導或築壩，以免釀成災難；而柯亨的方法相當於在源頭就要對水量和流向作嚴格的控制。

　　柯亨認為，對平等理想構成最大威脅的是諾齊克的理論，他要捍衛平等，首先就要批駁諾齊克對於物質資源的原初佔有的論證和捍衛。也就是說，他們在私有制產生的合理性與合法性問題上持尖銳對立。當然，對於私有制的辯護和批判早就開始了，這一個回合論爭的特點在於，爭論圍繞著自我所有（self-ownership）這個概念進行。

　　最初的私人佔有一定產生於某個人將公有物品或資源據為己有，洛克（John Locke）認為，如果佔有者留下了足夠多的東西供其他人使用，而且不浪費自己的佔有物，那麼這種佔有就是合法的。諾齊克將這個標準改造為，如果一個人的佔有未導致其他人境況的惡化，那麼他的佔有就是合法的。比如，設想有一個兩人世界，甲把公有土地占為己有，乙就只能給甲當雇工，如果甲非常能幹並善於安排，使得土地的總產量大大高於以前，他可以使乙的所得高於以前，如果不談乙在生產過程中受支配這一點，僅從分配結果考慮，那麼甲的佔有是合法的。

　　柯亨反駁說，在上例中，儘管乙的所得高於以前，但甲卻拿了增收的大頭，諾齊克的標準有問題，他為什麼拿私人佔有後乙的境況和以前公有的情況比，他為什麼不和情況顛倒的假設比：如果是乙而不是甲佔有，那麼乙就會拿增收的大頭，和這種情況比，乙因為甲的佔有而受損這一點就一目了然。[8]

　　我認為，諾齊克的判准或許有可批評之處，但柯亨的反駁並不成功，因為他沒有考慮能力和甘冒風險在分配中的份額。我們設想，如果乙在智力和體力上都很無能，他佔有土地後減產了，但必須按合同讓甲的所得高於土地公用之前，那麼他的所得就會大大少於從前，因此，如果私人佔有必然出現的話，他的有利選擇是讓甲佔有。

　　柯亨的極端平等主義立場表現為他認為馬克思揭露和批判資本主義制度的不平等是不徹底的。他說，馬克思過分強調，甚至誇大生產資料佔有引起的不平等，而不重視由於個人能力不同所引起的收入的不平等。在他看來，只要承認自我所有——即一個人的身體、勞動、能力屬於他自己，他創造和生產的東西因而也屬於自己，就只能承認由於能力差異造成的不平等，按貢獻所得尊崇自我所有，是典型的資產階級原則。他的解決辦法是不承認自己創造和生產的東西屬於自己，能力強的人應該多得。他寄希望於國家干預，他理想的制度是通過稅收系統對收入進行再分配，使人人完全平等。[9]

---

[8]　G. A. Cohen, *Self-ownership, Freedom and Equality*, Cambridge, Cambridge University Press, 1985, pp73-80.

[9]　*Self-ownership, Freedom and Equality*, 116-135, 257-264.

其實，柯亨的理想不過是古往今來的無數烏托邦之一，而且被人類的實踐所否定，中國 50 至 70 年代的極端實驗也證明，其結果只能是巨大的災難。強制性平等政策將導致，一，實施強制的機構、集團、個人將實行獨裁和專制，經濟的平等開始是表面的，接著是虛偽的，而政治上的不平等是全面的、空前的；二，對人的積極性、創造性的壓制將造成生產的萎縮和普遍的貧困。

四、德沃金：自由主義式的平等

德沃金（Ronald Dworkin）提出一種自由主義牌號的平等觀，他的核心概念不是自由，而是平等，他的基本理念是：政府必須不僅關心和尊重人民，而且必須平等地關心和尊重人民。他認為，自由不僅不會與平等衝突，而且來自平等這個更根本的概念。[10]

德沃金在以下兩個概念之間作了區分，一是政府把所有的人當作平等的來對待（treat as equals），二是政府平等地對待所有的人（treat equally）。前者說的是有權得到平等的關心和尊重，後者說的是在資源、機會等等的分配中得到相等的東西。德沃金主張的平等是前一種，他認為這一種更為基本，是建構性的，而第二種是派生性的。有時，平等地對待人們只不過是把他們當作平等的來對待的一種方式，但有時則不然。這種區別在以下例子中可以看得很清楚：兩個地方都遭到水災，如果救災物資有限，把兩個災區的人當作平等的來對待就應當對重災區給予較多的救濟，而不是平均分配。[11]

---

[10] Ronald Dworkin, *Taking Rights Seriously*, Harvard University Press, Cambridge, Massachusetts, 1977, p272, p274.

[11] Ronald Dworkin, "Liberalism", in Michael J, Sandel(ed), *Liberalism and Its Critics*,

　　德沃金倡導的分配平等不是福利平等（即把平等分配理解為人們的愛好和興趣得到同等滿足），而是資源平等。他說，理想的分配應當滿足「嫉妒」檢驗，他以下面的假設情況來說明自己的想法。設想一艘船在海上失事，人們落難在一個荒島上，為了平等地分配物資並使每個人最終滿意，他們的辦法是對每一物品都搞拍賣。這樣就能通過嫉妒檢驗，因為雖然不同的人對自己的所得滿意程度不同，但不會嫉妒別人的所得（他完全可以在拍賣過程中競爭自己想要的東西）。當然，拍賣只提供了平等的初始分配，拍賣之後人們生產、交換、消費的情況不同，以後擁有的資源和福利也不同。這當然是一種理想的分配模式，在現實世界，由於人們的生產能力不同，嫉妒檢驗不可能得到充分滿足，德沃金允許設計出再分配機制以增大滿足嫉妒檢驗的程度。[12]

　　德沃金的主張和諾齊克的觀點有相同之處，比如他說：「我認為，平等地分割資源預設了某種形式的經濟市場……經濟市場的想法，作為給千差萬別的物品和服務制定價格的工具，必須處於任何有吸引力的資源平等理論發展的中心。」他也承認初始分配之後貧富分化的合理性：「我們沒有理由反對這樣的結果：不敢冒險的人所得比敢冒險的人要少。」不同之處在於，關於市場在公正問題上的作用，諾齊克只有消極的評價：凡是市場上進行的交換，就不能說不公正；而對德沃金來說，市場的作用更積極：它是把社會資源平等地分發給每個成員的最佳手段。與羅爾斯的聯繫是，可以把他的差異原則視為對資源平等理論的一種解釋，而

New York University Press, New York, 1984, pp62-63.

[12] Ronald Dworkin, "What Is Equality? Part 3: The Place of Liberty", *Iowa Law Review*, Vol.73, No.1, 1987, p18.

區別在於，德沃金認為差異原則對自然殘障者的地位，對經濟處境稍好於最不利者的考慮和照顧不夠。[13]

我認為，德沃金的自由主義的平等理論表現了迄今為止力圖調和自由與平等的最傑出的努力，但距離這個目標還有很大的差距。我對這個理論的批評有以下幾點，第一，我同意 Macleod 在《自由主義、正義與市場：批判自由主義的平等》一書中對德沃金的理論的批評：德沃金過分地依賴一種理想化的市場概念，這在理論和現實之間產生了不必要的距離。[14]市場固然保證了交換的平等，但它不能防止由於能力、機會不同而產生的不平等。另外，假想的通過拍賣達到資源配置的平等並沒有多少現實意義。拍賣的假設和羅爾斯的原初狀態假設、無知之幕假設不同，它是說明性的，羅爾斯的假設是規範性的。第二，德沃金得出平等比自由更基本、更優先的結論，所依賴的前提是：政府必須對每個人表現出平等的關注，只有非當事人根據功利主義原則才會接受這一前提。我們必須考慮，一個堅持自我所有原則的人如果在再分配的稅收政策下失去了他的合法所得，他怎麼想，能證明他的不同意是錯的嗎？

我認為，德沃金的自由平等觀最反映西方自由、福利社會的現實。這種社會同時承認自由和平等兩大原則，當二者發生衝突時，是靠討價還價和妥協，靠憲政民主框架下的投票來解決爭端。這既在現實中有效，又使根本性的理論問題留待解決。但他的理論並沒有成功地證明自由和平等的內在一致性。

---

[13] Ronald Dworkin, "What Is Equality? Part 2: Equality of Resources", *Philosophy and Public Affairs*, Vol. 10, No.4, 1981, pp284, pp294, pp334-343.

[14] Colin M.Macleod, *Liberalism, Justice, and Markets: A Critique of Liberal Equality*, Clarendon Press, Oxford, 1998, pp1-18, 218-224.

五、平等有更多的理由嗎？

　　人們常常說，平等和自由是兩種不可調和的價值，我們上面的考察似乎證明了這一點。有人（例如諾齊克和哈耶克）主張自由至上而否認平等的合法性，有人（例如 G. A.柯亨）主張為了平等可以犧牲自由。這兩種極端立場都難於讓人接受。如果自由和個人權利是唯一的價值，他人的痛苦和公共福利可以不管不顧，那麼中國古代楊朱的「拔一毛以利天下不為」就不會是一句反面的格言了。而如果我們接受極端平等主義者的觀點，否定自我所有，認為必須消除匱乏者和富有者之間的差距，那麼雙目失明者就有理由索取正常人的一個眼球。大多數人在實際上都不會接受極端的立場，往往取中庸之道。理論家們不能滿足於這種權宜之計，他們力圖證明自由和平等的內在一致性，但如我們已經看到的，他們的證明有許多缺陷。

　　在我看來，關於自由和權利的論證是有說服力的，認為人們天然具有自由和權利是自明之理，對我（我相信同樣對於許多人）是易於接受的。但是我同時相信大多數人對同類的痛苦和需求抱同情態度，人道主義情感和對平等的追求是不可遏止的衝動。我認為，為了平等而在自由和權利方面付出非根本性的代價是有必要和值得的。我還認為，可以為平等提出更多的理由。我在下面試圖列舉一些我認為重要的理由，它們很可能已經由其他人提出過了。

　　第一，雖然在政治上和法律上人人平等，但處境好的人為了獲得與其他人同等的安全——人身安全、財產安全、住宅安全等等，應該付出更高的代價，就像有錢人往往花更多的錢購買人身保險、健康保險、旅行保險、財產保險一樣。一無所有的人可以

對富人說：「社會向我們提供了同樣的安全保障，但除了人身安全對我和你是同樣必要的以外，社會提供的其他安全對你是必需的，對我卻是不一定是必要的。你的安全需求比我大得多，難道不應該為此多付錢嗎？」事實上，幾乎每個社會對富人徵收的稅都比窮人多，而在諾齊克看來，這是不公正的，他把這看成是對富人的偷竊。當然，最公道的是比例稅制還是累進稅制，可以進一步研究。

第二，還有另外一種安全，富人害怕窮人因為嫉妒、憤怒、忍無可忍起而造反，造成兩敗俱傷，因而自願捐助，部分改善窮人的境況，使不滿情緒控制在安全範圍內，一句話，就是花錢買安定。這種事不一定發生在窮人對富人威脅、敲詐之後（以造反勒索錢財當然是不正義的），但富人作預先防範顯然是理性的。如果花錢買安定的方式是志願捐助，那麼富人中一定有人想搭便車，因此，如果這種安排是必要的，它只能通過統一的、強制性的徵稅方式進行。

第三，政治自由不可避免地會通往經濟平等，即使我們只承認個人的自由和權利，也會導致再分配式的平等政策。在自由民主政治制度之下，決策結果最終由一人一票的投票機制決定，大多數民眾的平等要求會在很大程度上實現。經濟平等即使不能在政治哲學家那裏得到理論理性的證明，也能通過投票程式獲得合法性。

哈耶克、諾齊克等人不贊成平等的理由之一，是實現平等需要國家干預經濟，實行再分配，他們認為這將使得政府的權力不斷擴大，對個人自由和權利的侵犯越來越厲害，最後可能導致自由和民主的完全喪失。我認為，區分憲政民主體制和市場經濟條件下的國家干預和再分配與全能體制和國有制條件下的國家包

辦、控制，是十分重要的。歷史經驗證明，前一種情況沒有產生可怕的結果，因為國家的權力受到監督和制衡，個人自由和財產權受到憲法、法律和整個政治體制的保障。人們的得失只發生在經濟領域，而且是非根本性的調整，基本人權未受觸動。在這種體制下，平等的程度和再分配的幅度需要仔細權衡，但並非絕對不可以考慮。而在全能體制下，經濟平等只是掩蓋政治不平等的口號，它並不是權力壟斷的原因，也不是人們喪失自由和權利的原因。

六、西方理論與今日中國的相關性

當代西方關於自由和平等的理論對中國知識界有相當大的影響，對於一些人來說，西方最新、最著名的理論就是最好的理論，對中國的現實最具有指導意義。他們往往忽視這些理論產生和適用的社會條件和制度條件，把西方的問題當成中國的問題，為了使西方理論成為分析中國問題的適當工具，他們不惜歪曲解釋中國的國情，說中國已經是資本主義社會。

最重要的，也是中國知識界中分歧最大、爭論最激烈的問題是：當前中國社會出現的嚴重的不公正，根本原因是什麼？一種意見認為是市場經濟，市場經濟使得中國出現了以前沒有的資本主義式的不平等和不公正；另一種意見剛好相反，認為在政治、經濟上高度統一搞了幾十年被證明行不通之後，市場經濟是消除弊病的積極力量，不公正和不平等源於權力的壟斷和對市場的不正當干預。因此，前一種觀點的解決方案是抑制市場經濟的發展，後一種解決方案是大力發展市場經濟，排除權力的非法干預，使市場規範化。

　　在中國，市場經濟理念取得合法地位，不過是最近十多年的事。權力壟斷和不受制約的情況不但沒有改變，反而在經濟活動中開闢了新的廣闊天地。在許多情況下，公共權利變成了掌權者謀取私利的物品，許多項目的生產、經營、銷售的權利，貸款、營業執照等等的取得，都要靠關係和行賄。國有企業轉制（變成股份制，集體或私人所有制）往往變成國有資產流失的缺口，主管部門官員和經營者乘機以低廉的代價變成所有者。不少人迅速致富、輕易致富，他們的捷徑是投靠權力或收買權力。今日之中國還沒有變成資本的天下，仍然是權力的天下。在目前這種情況下，真正的──即規範的市場經濟是消解權力壟斷的積極力量。當然，如果政治體制改革始終不能提上議事日程，如果市場經濟一直得不到規範，中國社會將成為官僚資本和權力經濟的怪胎。部分中國學者譴責市場，認為市場必須為今日中國的不平等不公正負責，不過是教條地追隨西方新左派的理論，他們沒有分辨此市場不同於彼市場。他們未能區分由於權力主宰而畸變的市場和基本上規範的市場（儘管應該承認，現實中不存在理想化的市場）。

　　歷史證明，憲政民主體制是人類迄今為止所能找到的既保障自由，又提供相當程度平等的最不壞的體制。這種體制下的自由和平等都很不充分，因此它並不理想，但比它好的體制至今還沒有，而號稱更美好的，空前自由和平等的制度卻是大災難。因此，如果不出現奇跡（幾乎可以肯定不會出現），更美好和理想的制度只能在現有的憲政民主制度的基礎上改進和發展而得到。中國的經濟體制改革，如果能有政治體制改革與之配套，將是達致憲政民主的重要步驟。對一些中國人來說，憲政民主體制和市場經濟一樣，是應當肯定和值得爭取的，但對另一些中國人來說，卻是

要批判和避免的。這些人追隨西方的平等主義者和新左派，抱怨自由民主體制未能提供令人滿意的自由和平等，但他們沒有看到，正是這個體制為批判提供了最堅實可靠的平臺。沒有這樣的平臺，任何批評或改良方案只能要麼被扼殺，要麼不過是空中樓閣。

　　中國社會現實的突出特徵是粗鄙性。不能把西方精緻複雜的理論原封不動地搬到中國粗糙的大地。比如，中國目前的社會公正和平等問題，主要是赤裸裸地掠奪、以權謀私和貪污腐化引起，原因如此簡單明瞭，診斷和救治方案（從理論和邏輯上說）也應該簡單明瞭。掠奪和偷竊必須制止，權力不能濫用，這是每個公民都應持有的立場，與自由主義還是平等主義的理論分歧無關。如果把中國社會當成西方社會，把中國的現實問題納入當代西方政治學的問題意識框架之中，一定要在西方理論中糾纏，比如像西方學者那樣一談公正就要談國家能力、國家干預或福利的多少，就會使自己和別人都糊塗。

　　中國和西方國情大不相同。在西方，自由和平等很可能有衝突，那裏的理論家絞盡腦汁調和二者的關係，或者論證、捍衛自己偏愛的價值，這是自然的。中國情況不同，自由和平等都很稀缺，哪一種價值都值得全力以赴地爭取。如果你對其中一種價值的偏愛超過另一種，你可以全心全意爭取你喜歡的東西而不必打壓另一種。自由之友完全不必是平等之敵，反之亦然。自由和平等能並駕齊驅取得進步最為理想，其中一種有所推進也值得歡迎。

重新理解「自由主義－社群主義」之爭

　　當代西方政治哲學中「自由主義－社群主義」之爭為我們理
解、研究自由主義的地位和作用提供了一個很好的機會和視角。
對這場爭論的各種觀點和傾向作準確、全面的描述，對其性質作
正確的判斷，不論對研究西方學術理論，還是將其借鑒、運用於
觀察中國現實，都是必要的。

　　大致從上世紀 90 年代下半葉開始，中國學術界重視並大量介
紹「自由主義－社群主義」之爭。但令人遺憾的是，有關情況介
紹到中國之後，在不少人心目中形成了一種不甚準確的印象，似
乎當代西方政治哲學的基本情況和主要特徵就是社群主義取代了
自由主義，就像人們以前簡單地理解歷史發展，認為社會主義取
代了資本主義一樣。

　　這與最初的引介者的工作有關。有人在瞭解情況很少，毫無
深入研究的情況下就迫不及待地大談自由主義遇到的「挑戰」、所
處的「困境」和「危機」，比如，汪暉斷言「當代自由主義沒有能
力在一個同質化和異質化相互交織的世界裏提供普遍主義的權利
理論」，「當代自由主義剛剛還沉浸在『歷史終結論』的興奮之中，
卻迅速地感覺到了較之以往更為深刻和嚴重的危機。」[1]

----

[1]　汪暉：「導論」，《文化與公共性》，三聯書店，1998 年，第 2 頁；「承認的政治、
　　萬民法與自由主義的困境」，《二十一世紀》，香港中文大學中國文化研究所，

我認為，考察社群主義者一開始對自由主義某些觀點的批評，以及爭論的發展，並不能得出汪暉想使人相信的結論。我在此文中欲要證明的是，研究事態的新近發展，認真聽取參加討論的各方學者對這場討論性質的評價，更能看出汪暉的論斷缺乏根據。馬克思曾說，人體解剖是猴體解剖的一把鑰匙，對當前最新材料的研讀和引證，可以幫助我們作出較為正確的判斷。

內部爭論還是外部對立

有人表達了這樣的看法：社群主義並不是對自由主義的否定和取代，而是自由主義內部不同傾向的爭論。比如，一位新社群主義者說：「社群主義者並不想取代自由主義，而是要保全它⋯⋯社群主義者是這樣的自由主義者，他們想在人們中間重建對於這些問題的常識：國家的目的是什麼，其人民在歷史中有什麼共同的東西，他們應該爭取達到什麼目的。」[2]

儘管許多書籍和論文都包含了「自由主義和社群主義之爭」的字樣，而且人們似乎公認麥金泰爾（Alasdair MacIntyre）、桑德爾（Michael Sandel）、查理斯・泰勒（Charles Taylor）和沃爾澤（Michael Walzer）是社群主義的重要代表，但明確持社群主義立場的丹尼爾・貝爾在其著作《社群主義及其批評者》中卻引證上

1997 年 8 月號，第 4 頁。
[2] Bruce Frohnen, *The New Communitarians and the Crisis of Modern Liberalism*, University Press of Kansas, Lawrence, 1996, pp22-23.

述 4 人的原話，說明他們並不認為自己屬於社群主義陣營。[3]沃爾澤說，他的立場比一般流行於美國的社群主義觀點要弱，更容易合併到自由主義的政治學中。他還說，自由主義是自我顛覆的學說，它確實需要社群主義週期性的矯正，但如果說自由主義不一致，或者它可以被某種前自由主義或反自由主義的社群取代，那麼這樣的矯正並不是特別有助益。社群主義對自由主義的矯正只能加強自由主義的價值，而不能起別的作用。[4]

而持自由主義立場的阿倫·布坎南在回應社群主義的批評時說，當代幾種最重要的自由主義理論已經包含了一種結構，能夠與社群的價值相調適。他主張，對自由主義的最好捍衛就是把社群主義思想中最有價值的東西整合進來，這是可能的，因為自由主義理論具有這樣的潛力。[5]

現在來看看一些重要的哲學家是如何具體分析所謂「自由主義－社群主義」之爭的。

在一篇題為「社群式自由主義」的論文中，作者斯泊瑞根斯聲稱，他深深地服膺自由主義的真實性，同時也深刻地同情社群主義的主張和關懷，人們普遍認為社群主義理論是對自由主義的批判性替代，他認為原因部分在於「自由主義－社群主義之爭」一直表現出對自由主義的曲解，他要通過重新表述自由主義傳統來使它復原和恢復名譽。他認為自由主義是一種複雜的規範性學

[3] Daniel Bell, *Communitarianism and its Critics*, Clarendon Press, Oxford, 1993, p17.
[4] Michael Walzer, "The Communitarian Critique of Liberalism", *Political Theory*, Vol. 18, No.1, February, 1990, p7, p15.
[5] Allen E. Buchanan, "Assessing the Communitarian Critique of Liberalism", *Ethics*, No.99, July 1989, p878, p882.

說，信仰自由和貿易自由對於人的尊嚴有內在的價值，同時也有
助於平等、繁榮、社會的穩定與和諧。像洛克、密爾、亞當・斯
密等古典自由主義者，絕不贊成海盜式的、極端的個人主義，而
是認為個人只是在完成義務的條件下，在衍生出相互依存和責
任、道德秩序的有效限制和人類同情力量的情況下才享有自由。
到了 20 世紀，古典自由主義的兩大因素：自由和平等孰為第一的
緊張日益明顯，由此衍生出自由至上論和平等主義兩大陣容。他
認為雙方都不太重視人類德行和社群目標的問題，兩翼各執一
端，但只擁有部分真理。他主張，可以認為博愛是自由社會的最
高目標，這樣，他所喜歡的那種自由主義也完全可以說成是社群
主義。他希望社群主義者和其他人一樣支援以下目標：代議制政
府、通過同意取得合法性、法治、公民權利和公民自由，社群主
義者和其他學說的支持者一樣有權分享自由主義傳統，他們應該
把自己視為這個傳統的改革者，而不是革命者或離異分子。[6]

　　自我定位為社群主義者的大衛・米勒在其論文「社群主義：
左、中、右」中說，談論社群主義者和自由主義者的爭論是誤導
人的，被稱為社群主義者的政治思想家的立場、觀點大不相同，
與社群主義形成對比的不是自由主義，而是個人主義。那麼人們
為什麼又愛說「自由主義－社群主義之爭」呢？米勒認為，因為
主流自由主義（這是方便的而不是準確的說法）和個人主義有天
然的密切聯繫，但這並不是邏輯關係，因為持個人主義觀點不是
採納自由主義政治學說的必要條件，也不是充分條件，這裏可以

---

[6] Tomas A. Spragens, "Communitarian Liberalism", in Amitai Etzioni(ed), *New Communitarian Thinking*, University Press of Virginia, Charlottesville and London, 1995, pp37-51.

想想霍布斯，他從個人主義前提得到的是權威主義的結論。當社群主義者批評自由主義時，它們所反對的大大超過了應該得到的結論，除非使人誤入歧途擴大自由主義的含義，不然他們批評的就不是自由主義。米勒大致劃分了 3 種社群主義：中間派或自由主義派，堅持個人價值、自主選擇和文化、道德的多元性；右派，把無所不包的社群看成社會團結的來源和權威的來源，社群不是志願結合，是權威機構、等級體系，不能脫離；左派，強調社群應平等形成，應積極地自決。米勒認為，在現實中，新加坡和亞洲一些地方像右派社群，北美像自由主義社群，很難想像左派社群在現實世界中會是什麼樣子。[7]

新自由主義和新社群主義

在上世紀 90 年代初，一大批對所謂「自由主義──社群主義」的對立、二分深表不滿的哲學家站出來亮明自己的觀點，他們中有的人自稱為自由主義者或新自由主義者，有的人自稱為社群主義者或新社群主義者，還有人，比如高爾斯頓（William A. Galston），被一些人稱為自由主義者，被另一些人稱為社群主義者。其實，如何自稱或被人稱呼，對他們已經很不重要。

1993 年在華盛頓召開的美國政治學協會第 89 屆年會上有一個關於新自由主義的專題小組討論，後來論文彙編成書，名為《新

---

[7]　David Miller, "Communitarianism: left, right and center", in Dan Avnon and Avner de-Shalit(eds), *Liberalism and its Practice*, Routledge, London and New York, 1999, pp170-180.

自由主義：調和自由與社群》，論者大力發掘和宏揚新自由主義的
思想資源，以求被忽視的自由主義傳統恢復生命力，這既能讓當
代自由主義者和社群主義者理解他們共同的精神遺產，又能促進
彼此的溝通和理解。

在該書導論「新自由主義和自由主義－社群主義之爭」中，
編者指出，對「自由主義／社群主義」二分的不滿有兩個階段和
層次。最初是霍爾姆斯（Holmes）、穆恩（Moon）、斯泊瑞根斯等
人不滿意那種簡單化的圖景，但僅此而已。編者更重視的是第二
個階段和層次，人們看到了自由主義傳統的豐富性。如果對自由
主義思想寶庫作充分的挖掘，不但可以看到所謂「自由主義／社
群主義」衝突是出於誤解，而且連這種說法都不對：自由主義因
為接受了社群主義的批評而對自己的立場作了調整，從而更有適
應性。之所以不對，是因為自由主義本來就有那些東西，不是調
整和吸收而來。[8]

持相同或相似觀點的並不限於《新自由主義》一書的編者和
作者。比如，馬塞多在其著作《自由之德：自由憲政中的公民性、
美德和社群》中就從自由主義的理論傳統和憲政民主的實踐中闡
述自由主義主動、公共的一面，回應社群主義者的下述批評：由
於強調個人權利和消極自由，自由主義忽視對於公民性、德行和
社群的正面的政治理念。作者在書中證明，自由主義可以提供一
種有吸引力、有鮮明特色的關於社群和德行的理論，同時繼續保
持以自由為核心，以正義為優先。自由主義包含了正面回應社群

---

[8]　Avnon and Avner de-Shalit(eds), *Liberalism and its Practice*, Routledge, 2001, pp1-10.

主義批評的資源，因為它承認社會目標高於個人目標，權利結構
和適當的法律體系高於個人的願望與目的。[9]

　　在比較集中、全面反映新社群主義思潮的著作《社群主義精
讀》中，編者阿米泰・依左尼在導論中說，新社群主義者所做的
遠遠不只是傳播已有的理念，老社群主義者強調社會力量、社群、
社會關係的意義，而新社群主義者從一開始就關心社會力量和個
人之間、社群和自主性之間、個人權利和社會責任之間的平衡。
老社群主義者關心隨著現代工業、城市力量的興起社會的分裂破
碎，關心社群和權威的失落，沒有人探討相反的危險：社群可能
是壓迫性、權威型的，可能侵犯到個人，這些 90 年代前的社群主
義者不關心喬治・奧威爾在《1984》提出的反面烏托邦問題，左
的和右的權威主義、宗教原教旨主義等問題也未進入他們的視
野，而新社群主義者從一開始就認定需要同時應付兩方面的危
險。他們認為在社會秩序和個人自由之間有一個平衡點，在此範
圍內二者相互支持和加強，但若是一方單方面發揮得超過了平衡
點，二者就會變成對抗性的，另一個平衡點在社會滑向無政府和
過分的秩序之間。

　　新社群主義者認為美好社會應該在國家和市場之間──準確
地說應該是在國家和市場之外建立，他們強調，以前的對立──
即一方支援市場，另一方支持國家干預──是不夠的，就像只關
心個人自由和命令控制系統的對立一樣，這會使一些重大問題，
即社會、社會聯繫的重要性和道德的聲音處於思考之外。新社群

---

[9]　Stephen Macedo, *Liberal Virtues: Citizenship, Virtue, and Community in Liberal Constitutionalism*, Clarendon Press, Oxford, 1991, p2, p254, p284.

主義者強烈主張社會行為應該受社會聯繫的非正規網路和社群的道德之聲來維持和指引。他們指出，如果由社群來對某些行為（如吸毒、超速行車、酗酒、婚內侵犯）作褒貶獎懲，會更加有效、更加人道和降低成本。因此，他們力主用說服而不是強迫的方式促進人們的有益於社會的行為。當然，他們並不認為社群自然就是具有美德之地，許多傳統社群具有威權和壓迫性，有人指出，三 K 黨也是一個社群。人們最好同時是好幾個社群的成員，多成員身份可以保護自己免受一個社群的過度壓力。[10]

塞爾茨尼克在此書的開篇論文「社群式自由主義的基礎」中說：「當代社群主義運動有時被看成是反自由主義的……今天的社群主義者並不是反對自由主義的人，如果自由主義意味著強烈支持政治自由、社會公正、憲政權利、法治、充分的公民權、特別關心窮人和受壓迫者的話。如果社群主義者批評特定的自由主義學說，這並不說明他們否定或不欣賞自由主義的主要理念和制度……我們是，或應該是『社群式』自由主義者，或者——如果你更喜歡這麼叫的話——自由式社群主義者。我們應該像杜威一樣，把自由精神和對正義的追求與在實際社群中的負責任的參與活動結合起來。」[11]

阿米泰‧依左尼在他主編的《新社群主義式思維》一書中說，我認為個人和社群的關係比僅僅是個人與集體的對立更為複雜微妙，個人和社群相互聯繫在一起，彼此支持和加強，任何抬高一方貶低另一方的做法都會損害到一些根本利益，這些利益產生於

---

[10] Amitai Etzioni(ed), *The Essential Communitarian Reader*, Rowman and Littlefeild Publish, Inc., Lanham, 1998, ppx—xiv.

[11] 同上書，第 3 頁。

使這兩種基本因素保持平衡。他主張，社群的價值觀既不能由外部群體，也不能由內部少數或精英強加，而必須由社群成員的對話產生。世代相傳的價值常常是出發點，但需要在環境變化和成員提出新問題時不斷調整。社群價值只有在不與公認的核心價值矛盾時才具有合法性，絕不能同意某些社群主義者的這種看法：只要社群在一些價值上有一致意見，它們就是道德上合適的最終標準。不論社群堅持什麼價值，人的本性必須加以考慮，這是基本的規範條件。社群不能管得太寬，因為個人——不論他們多麼受制於社會影響——有一些普遍的屬性是不能由過分熱心的社群或國家清除掉的。[12]

個人權利

在所謂的「自由主義－社群主義」之爭中，個人權利是最重要的問題之一，其他很多問題都是由此而生。本文不擬全面討論這些問題，還是分析和澄清由於誤導性介紹而引起的混亂。

汪暉曾說：「如果一個人真正地堅持個人的權利，並承認這種權利的社會性，他就應該拋棄那種原子論的個人概念，從而必然具有社會主義傾向。羅爾斯的著作是當代自由主義的經典作品，我們不妨去看一看，雖然我本人並不是羅爾斯主義者。」[13]

這裏的問題典型地涉及到「自由主義－社群主義」之爭，這關係到個人權利、原子論的個人概念和社會主義這三個範疇之間

---

[12] *New Communitarian Thinking*, pp16-18.
[13] 汪暉：「中國社會思想的世紀末分化」，《天涯》，1999 年第 1 期，第 30 頁。

的關係。汪暉以羅爾斯為例想說明的是,真正的個人權利與原子論的個人概念矛盾,與社會主義一致;原子論的個人概念與社會主義矛盾。借澄清這裏產生的重重混亂,我們也可以詳細說明自由主義或社群主義的有關主張。

首先分析與羅爾斯有關的問題。羅爾斯的最大貢獻之一無疑是使契約論重新充滿活力,他說:「《正義論》的目的是將傳統的契約學說普遍化,並使之擢升到一種更抽象的層次。」[14]而汪暉最喜歡引證的查理斯‧泰勒在題為「原子論」的論文中說:「『原子論』這個詞用來不嚴格地表徵 17 世紀興起的社會契約論學說,以及那些後繼的學說,它們可能沒有使用社會契約的概念,但繼續把社會看作是在某種意義上由個人為滿足首先是個人的目的而構成……這個詞也用於當代的學說,它們返還到社會契約論,或力圖在某種含義上捍衛個人及其權利對於社會的優先性,或提出關於社會的純工具性觀點。」[15]看來,照查理斯‧泰勒的闡釋,羅爾斯的個人概念是標準原子論式的。

至於說羅爾斯必然傾向社會主義,真不知能在他的哪本書中尋到端倪。

如果只是望文生義或不動腦筋,確實容易說原子論的個人概念必然與社會主義不相容。但從學理上考慮則完全不是這樣,因為我們首先要分清作為方法論或本體論的原子論個人主義和作為價值論的原子論個人主義。剛巧,又是汪暉最喜歡引證的查理斯‧泰勒對這個問題作了精彩分析。

---

[14] 羅爾斯:《政治自由主義》,萬俊人譯,譯林出版社,2000 年,第 2 頁。
[15] Charles Taylor, "Atomism", in Dan Avnon and Avner de-Shalit(eds), *Communitarianism and Individualism*, Oxford University Press, 1992, p29.

　　查理斯‧泰勒在「交叉目的：自由主義和社群主義之爭」一文中（他作了說明，文章基本觀念得自一位博士生未發表的論文）說，在爭論中兩類完全不同的問題很容易混淆起來。一類是本體論問題，說的是你認為什麼是用以說明社會生活的要素，即你當作說明順序中最後的東西，在這方面，原子論和整體論爭論了好幾百年，原子論常常指方法論的個人主義；另一類是倡導什麼的問題，關係到一個人的道德立場和所採取的政策。在後一類問題上，人們有各種不同的主張，在一個極端，最重視個人的權利和自由，在另一端，則把社群生活和集體的善放在首位。採取某種本體論立場並不等於倡導某種生活價值，而這在爭論中最容易發生混淆。比如，堅持認為不存在原子式的社會，人們仍然需要在多大程度上的自由社會之間作選擇。社會本體論的原子論並不等於生活價值中的個人主義，這一點，西方學者中有人產生混淆，中國學者的誤解更嚴重。泰勒指出，原子論－整體論之爭的每一方都可以和個人主義或集體主義問題的立場相結合，不僅有原子式的個人主義者（Nozick）和整體論的集體主義者（Marx），而且有整體論的個人主義者（Humboldt），甚至有原子論的集體主義者（B. F. Skinner）。在當今英語國家，有一大類影響極廣的自由主義學說，比如羅爾斯、德沃金等的理論，人們將其稱為「程式自由主義」，泰勒說，有一種思想混亂，有人批評程式自由主義包含了原子式的本體論，理由是這些理論談到了個人生活計畫，但它們完全可以是整體論，更有甚者，只有從整體論的角度才能更好地把握最接近這些理論的社會實踐。[16]

---

[16] Charles Taylor, "Cross-Purposes: The Liberal-Communitarian Debate", in Nancy L.

　　高斯在其題為「包桑葵對經濟個人主義的社群式辯護：政治理論複雜性的教訓」的論文中也以包桑葵的思想為例說明這兩對概念組合的複雜性。他說，包桑葵的社會形而上學是有機論的、社群主義的，但與此同時他強烈捍衛經濟個人主義，而這種結合既是徹底的，又是自洽的。他說，自由主義者及其批評者兩方面的人一直共同認為「集體的」、「社群的」、「有機的」社會形而上學是反自由主義的，但個人主義與自由主義，社群主義與社會主義即福利主義的關係要比人們說的更複雜。作這麼一個流水出山的比喻也許是合適的：如無阻擋，它就順流而下，但若築了堤壩挖了溝，流水就會停止、反向而去。社會形而上學和政治理論的情況也是如此，如果出發點是集體的社會形而上學，很容易得到反自由主義的結論，但包桑葵採納了這樣的認識論：很難知道公意，公意會讓個人知道他們的意志將表達社會意志，那麼與個人主義相關的整個一套制度安排——市場、私有財產、政治的有限範圍，對福利國家的批評——就會從完全是社群主義的世界觀中出來。作者認為包桑葵向社群主義者提出了一個教訓或挑戰：如果認真對待整體主義研究方法，承認社會系統的複雜性，我們的知識有限，以及個人由其社會關係構成，那麼像市場這樣的「自動」調節就比國家計畫的有意調節更是真正整體主義的。包桑葵令人信服地證明了，不論批評自由主義的社群主義者想達到什麼目的，完全看不出他們何以擺脫他們最不喜歡的自由主義的這方面主張——基於市場秩序的私有財產。[17]

Rosenblum(ed), *Liberalism and the Moral Life*, Harvard University Press, Cambridge, Massachusetts, 1989, pp159-176.

[17] Gerald Gaus, "Bosanquet's　communitarian defense of economic individualism: a

差異政治與中國國情

汪暉依靠全盤引證查理斯‧泰勒的「承認的政治」或「差異政治」的說法來證明自由主義遇到的「挑戰」、「危機」和所處的「困境」。他說：「自由主義把無視差異的普遍主義原則看作是非歧視性的，而差異政治則認為『無視差異』的自由主義本身僅僅是某種特殊的文化的反映，因而它不過是一種冒充普遍主義的特殊主義。」[18]

首先我們要問，差異政治的理念是否已經成為公認的歷史潮流，使得自由主義的個人權利和普遍的自由民主原則已成明日黃花？實際上顯然不是。以美國一些大學對黑人採取降低入學考試成績為例來看，這顯然是一項引起爭議的政策。對黑人的優待意味著對其他人的歧視，它的正義性遭到廣泛質疑，尤其是對華人血統和其他亞裔學生，因為在為黑人降分時還加高了他們的入學門檻。甚至不少黑人也反對這項政策，因為照顧會使人產生依賴、不思進取，從長遠看並不是好事。更重要的是，它反而使不少黑人學生產生自卑感，因為別人，甚至他們自己都容易覺得自己天生差一截，是靠照顧政策才能入學。

汪暉對普遍主義原則的批判很容易使人聯想起在中國上世紀50 至 70 年代對「資產階級」的民主和「法律面前人人平等」的批判。據正統說教，那種自由「不過是窮人有挨餓的自由，百萬富翁有花天酒地的自由」。事實證明，尤其是中國、蘇聯的慘痛經驗

---

lesson in the complexities of political theory", *The New Liberalism: Reconciling Liberty and Community*, pp157-158.

[18] 《文化与公共性》，第 18 頁。

證明，以所謂「真正的」、「實質性的」民主和平等取代程式性的、形式的民主和平等，得到的是災難、浩劫。現在，西方社會中某些實驗性的差異政治的政策是以個人權利和程式性正義有相當保障為前提的。

　　汪暉的論證始終依靠引證查理斯‧泰勒的「承認的政治」一文，他沒有引證收載此文的編者在導論中表述的重要觀點：不持中立的自由民主允許公共機構促進特定的文化價值，但條件有三：一、公民基本權利得到保護；二、不能操縱接受那種文化；三、作出文化選擇的機構應民主地負責任。[19]汪暉談差異政治也聯繫了中國、蘇聯的實際，我想知道，針對中、蘇歷史經驗這個背景，我們主要是應該為個人權利和普遍的自由民主原則呼喊，還是貶損它們，力圖給正在爭取它們的人們一種印象：這些東西已經失去價值，正在被另一些不同的東西取代。

　　其實，在西方，真正的社群主義者是清醒的、嚴肅的。上世紀90年代剛開始，在美國有50多人（社會各界人士，大多數是大學教授）發表了一分題為「權利和責任」的社群主義宣言，其中有些話可以視為對中國某些社群主義鼓吹者的告誡。宣言並不把社群當成價值的最終來源和標準，相反，對非民主、非理性的社群價值高度警惕。它說：

> 有人想靠壓制不同意見（以宗教、愛國主義和其他事業的名義）和書報檢查把公民的或道德的價值強加於人，我們要對這些人說，你們的辦法是無效、有害、在道德上站不住腳的……社群主義者並不一味說社群好，也不認為任何一類價值僅僅因為發

---

[19] Amy Gutmann(ed), *Multiculturalism--- Examining the politics of recognition*, Princeton University Press, Princeton, New Jersey, 1994, pp10-11.

端於社群就是好的。確實，某些社群（比如新納粹）可能會培育應受譴責的價值。社群主義者認為——他們確實堅持這一點——社群的價值必須由外在的、普遍有效的標準，必須基於人類共同的經驗來判斷。

這分新社群主義宣言特別強調歷史和現實條件的重要性：

社群主義的基本主張是在個人和群體之間，在權利和責任之間，在國家憲法、市場和市民社會之間尋求平衡，這是持久的事業。不過，由於這種尋求是在歷史之中，在變化的社會條件中進行，評價什麼是恰當的道德立場也將隨時間、地點條件的變化而不同。如果我們是在今天的中國，我們會為更多的個人權利而作強有力的證明；而在當代美國，我們強調個人的和社會的責任。[20]

---

[20] *The Essential Communitarian Reader*, pxvi, pxvii.

評法律實證主義

　　法律實證主義是西方一種源遠流長、影響深廣的法理學學說，它的核心主張可以有多種表述，比如「法即是統治階級制定的規範」、「法律是國家（或立法者、立法機關）頒佈的命令，其頒佈的任何命令也都是法律」、「法是意志行為的產物」，等等。

　　法律實證主義可在為專制主義辯護的哲學家霍布斯那裏見到端倪，他在《利維坦》中說，法律是國家用語言文字表達的意志，是專門發給有義務服從的臣民的命令；「所有的成文法與不成文法，其權威與效力都是從國家的意志中得來的」。[1]

　　提倡功利主義的邊沁可以算作法律實證主義的先驅，但這種主張真正形成系統和規模是在分析實證主義學派奠基人奧斯丁（John Austin）那裏。奧斯丁在他影響深遠的法理學講演中一開始就說：「法理學的對象，是實際存在的由人制定的法，亦即我們徑直而且嚴格地使用『法』一詞所指稱的規則，或者，是政治優勢者對政治劣勢者制定的法。」「『法』這一術語，就其最為普遍的理解方式而言，而且，就其嚴格含義的語詞使用而言，可以認為是一個理性存在為約束另一個理性存在而制定的規則。當然，前者對於後者，是擁有統治權力的。」[2]奧斯丁在這裏提到理性，是

---

[1]　霍布斯：《利維坦》，商務印書館，1985 年，第 206、209 頁。
[2]　奧斯丁：《法理學的範圍》，中國法制出版社，2002 年，第 1 3 頁。

因為他認為，理性存在物有意志，而意志是是作為法的規則起作用的因素。

　　凱爾森（H. Kelsen）的「純粹法學」理論使法律實證主義得到了充分展現，他宣稱：「作為一個社會秩序的國家和法律必然是同一的」，「實在法是由立法者，即由人類權威的一種意志行為所創造的法律。」[3]

　　法律實證主義受到了自由主義法哲學家的批判，他們認為，這種法理學說使法律成為統治者意志的派生物，否認正義，否認個人具有法律確認之外的權利，是與法治精神背道而馳的。理解法律實證主義的主張和批判它的理由，對於我們深入研究近現代西方法理學是必不可少的一課。

　　法律實證主義不屬於中國本土的法律思想理論。但是，中國的司法實踐和人們的法律意識卻經常與法律實證主義不謀而合。因此，剖析和批判法律實證主義有助於我們理解真正的法的精神，有助於我們建立法治國的努力。

哈耶克對凱爾森的批判

　　自由主義法理學家、政治哲學家哈耶克（F. A. V. Hayek）對20 世紀法律實證主義最重要的代表凱爾森的理論作了猛烈批判。他指出，由於凱爾森堅持不懈但卻極具誤導地使用有關術語，所以使得法律實證主義的以下主張好像變得頗有道理：創建法院的

---

[3]　凱爾森：《法與國家的一般理論》，中國大百科全書出版社，1996 年，第 IV、9 頁。

立法者不僅會向法院指示確立法律的方式，而且還會創制這種法律的內容，更為重要的是，立法者還可以完全隨心所欲地創制法律的內容。

哈耶克指出，凱爾森的論證是建立在一系列語詞意義轉移上的。他為了說明法律和規則的關係，把「規則」變成「規範」，然後讓規範包括命令和應然陳述；他使用「秩序」這一術語，不是指稱事實性事態，而是指稱規定了特定安排的規範；他在討論規範時將「存在」等同於「有效性」，因此，說一條法律規範存在，就是說它是有效的，而有效性又被他定義為是可以從最高權力者的意志行為中推導出來的東西；他用「創制」、「確立」、「設定」來涵蓋所有「由人之行為構成的」東西，這樣，自生自發演化而成的東西也被當成了被規定出來的規範。這種語詞轉換的手法並沒有證明法律實證主義者最初的斷言，即所有的法律都是被制定出來的。[4]

哈耶克反駁法律實證主義者的下列觀點：立法者決定什麼是法律。他說，這個說法可能只意味著立法者指示實施法律的機構必須如何行事以發現什麼是法律，這不一定意味著法律的內容是由立法者決定的，甚至也不意味著立法者需要知道法律的內容是什麼。立法者可以指示法院繼續適用某項普通法，儘管他對該項普通法的內容知之甚少；立法者可以指示法院實施習慣法規則、本地法，這這些情況下應予實施的法律的內容肯定不是這個立法者創制出來的，斷言在這些情況下法律表示了立法者意志，顯然是對語詞的濫用。[5]

---

[4]　哈耶克：《法律、立法與自由》（第二、三卷），中國大百科全書出版社，2000年，第 74-75、79-80 頁。

[5]　同上書，第 70-71 頁。

　　哈耶克指出，立法者或整個法律體系並沒有告訴法官採用哪些具體的法律，法官所受的約束，不僅有現成的、被認為有效的特定規則，而且還有一個規則系統的內在要求。「社會生活中確實存在著這樣一種規則系統：儘管它的存在不僅獨立於立法者的意志，甚至還獨立於立法者的知識，但是它卻得到了人們的普遍遵守，而且立法者也常常讓法官去發現或適用這些規則。」這個規則系統的存在使得立法者不能隨意制定、廢除和更換法律：「在立法者想要重述法律的許多場合中，他不能夠想制定什麼規則就制定什麼規則，而必須受到對他來說是給定的那部分規則所提出的要求的約束。換言之，**正是人們在一個特定的社會裏所實際遵循的整個規則複合系統，決定著實施哪一項特定的規則是合理的或決定著哪項規則是應當得到實施的。**」[6]

　　哈耶克批判法律實證主義，是為了捍衛法治社會的基石——個人自由和私人財產權，它們需要法律來保障，如果立法者的權力不受約束，他們也就成了隨立法者意志而存在或消失的東西。

　　從根本上說，哈耶克是要捍衛正義這個理念。凱爾森的法律實證主義或所謂純粹法學是否定和鄙棄這個理念的。凱爾森反對很多傳統法學把法律和正義等同起來，他說：「法和正義是兩個不同的概念。」「正義是一個反理性的理想……從理性認識的觀點來看，只有利益，因而只有利益的衝突。」[7]哈耶克闡明他針鋒相對的觀點：「法律實證主義者認為：第一，法律僅僅是立法者意志的產物；第二，法律的存在本身預設了立法者意志的明確闡釋先於

6　同上書，第 77、78 頁。
7　凱爾森：《法與國家的一般理論》，第 5、13 頁。

法律的出現……實際上，法律比立法甚或比一種組織起來的國家都更古老，因為我們知道，立法者的全部權力和國家的全部權力都衍生於先於它們而存在的正義觀念；此外，除非以一個得到普遍公認但又往往是未經闡明的正義規則的框架為基礎，否則任何闡明的法律系統都不可能得到適用……法律實證主義觀念佔據支配地位所具有的重大危害，乃是它必定會摧毀人們對一種能夠被發現但卻不只是出自於立法者之意志的正義的信奉。」[8]

哈耶克還揭露說，凱爾森純粹法理論主張，人們根本無法對法治處於支配地位和不處於支配地位的法律體系作區分，所以每個國家都是法治國，納粹的法律也是法律。從 20 世紀 20 年代末開始，法律實證主義的觀念完全征服了德國，這種思想狀況為實現一種無限專制政府提供了種種可能性，打開了通向法西斯主義的大門。

德沃金對哈特的批判

當代美國著名的法理學家、政治哲學家德沃金（Ronald Dworkin）也對法律實證主義進行了批判。在他看來，法律實證主義就是這樣的理論，它主張「法律的真理性就在於這些規則是由特定的社會機構制定的」，「只有明確的政治決定或明確的社會實踐創造了權利時，個人才享有法律上的權利。」

---

[8] 哈耶克：「自生自發秩序與第三範疇」，載於《哈耶克論文集》，首都經貿大學出版社，2001 年，第 369-370、371 頁。

　　德沃金的批判主要針對哈特（H. L. A. Hart）。哈特是當代重要的法理學家，他的《法律的概念》一書被譽為 20 世紀法理學的經典著作，德沃金對哈特的工作有很高的評價，認為「在法哲學的幾乎任何地方，建設性的思想必須從考慮他的觀點開始」，但他仍然對哈特的實證主義觀點進行了深入細緻的剖析和批判。這種批判十分小心謹慎，因為哈特對他之前的法律實證主義作了修正，避免了一些不能自圓其說之處。

　　在《法律的概念》中，哈特針對「什麼是法」這一問題回答說：「對一個法律的存在來說，有兩個最低限度的條件是必要的和充分的。一方面，根據這個制度的最終效力標準是有效的那些行為規則必須普遍地被遵守；另一方面，該制度規定法律效力標準的承認規則及其改變規則和審判規則，必須被其官方有效地接受為公務行為的普遍公共標準。」[9]根據哈特的這個充分必要條件，法律是一系列規則，它們是明確的——即可被辯識的、有效力的，亦即由官方標準確立的，顯然，它們與掌權者或權力機構的意志不可分離。

　　德沃金的辯論方法是指出，在法律規則之外還有原則、政策和其他各種準則（他在通常情況下將其簡稱為原則），在涉及到疑難案件的尖銳爭論中，起作用的是原則而不是規則，因此實證主義的單一規則模式不能完整回答「法律是什麼」的問題。

　　德沃金舉了兩個案例來進行論證。第一個是著名的「里格斯訴帕爾默案」：帕爾默在其祖父的遺囑中被指定為財產繼承人，而他為了馬上得到遺產將祖父殺害。如果拘泥於文字解釋，根據有

---

[9]　哈特：《法律的概念》，中國大百科全書出版社，1996 年，第 116 頁。

關現存的成文法律，應該把財產判給兇手，但法院的判決指出，法律及合同的執行要受這樣一條基本原則支配，即任何人不得利用自己的錯誤行為而獲利。因此，兇手未能得到遺產。

第二個案例是「亨寧森訴布洛姆菲爾德汽車製造廠案」：亨寧森的購車合同明確規定，廠家對汽車毛病所負的責任只限於把有問題的部分修好，而且此合同取代其他一切保證、義務或責任，而亨寧森要求車廠償付汽車事故造成的醫療和其他費用。雖然找不出任何成文法規則來防止車廠只按購車合同辦，但法院還是判亨寧森勝訴，其理由是基於以下原則：契約自由在目前這個問題上並非一成不變，汽車在當代社會生活中是普通的必需品，對人們充滿危險，車廠對汽車構造、宣傳和銷售負有特殊責任，法院必須深入檢查購買合同，以保證消費者和公共利益得到公平對待。

德沃金繼續說，按照哈特的說法，法律規則之所以有效，是因為它們由權威機構頒佈，它們其中的一些由立法部門以制定成文法的方式創制，另一些由法官創制。但這個檢驗標準卻對上述兩個案例所依據的原則不適用，它們並不源於立法機關或法院的決定而是源於長時間形成的一種職業和公共正當意識。所以，哈特關於判別是否為法的標準是不成立的。

德沃金引入原則，強調原則在司法實踐中，特別在判決疑難案件中的作用，就證明了存在不是法律而指導法律的運用，決定適用法律取捨的更根本的原理，而它們決不是按法律實證主義的說法，根據立法者的意志刻意制定出來的。

德沃金批判法律實證主義是為了捍衛自己的權利理論，他認為人具有政治權利，這是歷史和道德的產物，個人在公民社會中享有這種權利依賴這一社會的政治制度的公正和實踐。司法判決

就是實施這種現成的政治權利，這種權利並不是因為成文法的載明才存在，也不是因為法官的判決（相當於造法）才產生。他反對法律實證主義是要捍衛這樣一個觀點：「個人有權反對國家，這些權利先於由明確的立法所創設的權利。」[10]

一種法律實證主義的變種

在相當長的時間內，蘇聯的法律體系對東歐諸國、中國、北朝鮮、古巴等具有根本性影響，而這種法律體系的基本理念，即對「何謂法律」或「法律的本質是什麼」的回答，與法律實證主義的理念頗為一致。雖然，除了哈耶克之外，很少有人指出這一點。

在大清洗時代任蘇聯檢查長，在審判布哈林等案件中起過關鍵作用的維辛斯基對法下過以下定義：「法是以立法形式規定的表現統治階級意志的行為規則和為國家政權認可的風俗習慣和公共性規則的總和，國家為了保護、鞏固和發展對於統治階級有利的和愜意的社會關係和秩序，以強制力量保證它的施行。」[11]1949年以後，中國大陸法學界受維辛斯基以上定義長期、深刻的影響。即使有文革的慘痛教訓和後來的思想解放、撥亂反正，也沒有太大的改變。比如，在 80 年代初，人們還主張：「法是反映統治階級意志的行為規則。」[12]「法律從它產生時起，就是統治階級按照自己的意志制定出來，為統治階級利益服務的。這就是法律的

---

[10] 德沃金：《認真對待權利》，中國大百科全書出版社，1998 年，第 5 頁。
[11] 維辛斯基：《國家與法的理論問題》，法律出版社，1955 年，第 100 頁。
[12] 李放、張哲編著：《法學原理》，遼寧人民出版社，1981，第 18 頁。

階級本質。」[13]在 90 年代初，人們還是認為：「法是國家制定或認可並由國家強制力保證實施的一種社會規範，是國家意志的表現形式之一……法體現的是統治階級的意志。」[14]甚至到了 90 年代末，人們仍然主張，憲法的本質是「集中體現掌握國家政權的階級或集團的根本意志和利益。」[15]

　　看到以下變化和對比是有意思的：俄羅斯法學界在 90 年代中期的法律觀念和以前迥然不同。他們認為，以前在蘇聯，法律事實上「首先並且主要反映了國家黨政機關的意志和利益」，並批評說：「法律優先的思想和需要尋找符合正義感並且建立在個人利益與社會利益和相互協調基礎之上的觀點對蘇聯法律體系成了陌生的東西。」[16]

　　可能中國的法學家從來沒有把自己附和、宣揚的流行主張和西方的法律實證主義聯繫在一起，但「統治者的意志」確實是二者的核心和共同點。在一本權威的法理學著作中有這樣的話：「法律實證主義者認為，只有實在法才是法律，而所謂實在法，在他們看來，就是國家確立的法律規範。用匈牙利法學家朱利斯·莫爾的話說：『法律實證主義認為，法律是在社會發展的歷史過程中由統治者制定的。這種觀點認為，法律僅僅是統治者所命令的東西，從而基於這種條件，統治者所命令的任何東西也就是法律。』」[17]

---

[13]　陳春龍、肖賢富編著：《法學通論》，吉林人民出版社，1981 年，第 15 頁。

[14]　孔慶明主編：《馬克思主義法理學》，青島海洋大學出版社，1992 年，第 311 頁。

[15]　張慶福主編：《憲法學基本理論》，社科文獻出版社，1999 年，第 32 頁。

[16]　拉扎列夫主編：《法與國家的一般理論》，法律出版社，1999 年，第 247 頁。

[17]　博登海默：《法理學：法律哲學與法律方法》，中國政法大學出版社，1999 年，116-117 頁。

在蘇聯、中國等國流行的法律概念表面上和法律實證主義不同，是因為它強調自己的意識形態基礎是階級和階級鬥爭學說。其實，這只是強化了法律實證主義的「統治者的意志」的內涵，它比法律實證主義更站不住腳，更不符合法治精神。如果法律是一個國家中統治階級（在我們這裏更習慣叫做領導階級）的意志，那麼非統治或非領導階級中的公民怎麼做得到與屬於領導階級的公民在法律上平等？我們的傳統法學教科書的回答是，領導階級可以代表其他人民。其實，你可以代表我，我卻不能代表你，這本身就是不平等。另外，說一個階級可以代表另一個階級，甚至更好地體現、表達另一個階級的意志和利益，這本身就不符合階級的定義，也是從未在現實中得到證明的神話。

在緊接著一場暴力革命之後，人們確實容易感覺到新生政權法律的是掌權者意志的體現，以及統治和被統治、專政和被專政的分野，但一兩代人之後，當被打倒階級的所有成員在肉體上消失之後，當所有的人都是自食其力的勞動者之後，統治與被統治的階級基礎何在？在上世紀 60、70 年代，有少數人提出並研究這個問題，無例外地被打成異端。任何人都無法根據正統的馬克思主義理論作出回答，但實際作法是，要麼搞血統論，讓被專政者的子女補充隊伍——在 60、70 年代，許多案例表明，在罪與非罪和量刑的判決中，家庭出身是重要因素；要麼根據思想狀況或言論把人劃入被專政隊伍。

從歷史的經驗看，階級統治、階級專政的理論極容易滑向無法無天、個人獨裁。事實上階級是不可能執政的，只能通過政黨執政；政黨通過其領導集團執政，而領導集團往往推舉自己最有經驗、能力和威望的人執掌最高權力。情況往往是，由於這個人

被說成是最集中地代表了該統治階級的利益，他的所有舉措都不得質疑，所有言行都不得批評，他本人就是法！文化大革命中，毛澤東的話叫做「最高指示」，其地位高於法律和憲法。他不想當國家主席，也不想讓別人當，於是我們這個國家就不設國家主席的位置。在文革中，根據行政和執法機關的條令（很有名的《公安六條》），凡是以言論、文字批評毛澤東、林彪（實際上包括江青）的人，都是「現行反革命」，都要遭到逮捕和判刑。

顯而易見，不論從歷史經驗方面看，還是從法理學的理性思考方面看，「法即統治階級的意志」之說必須拋棄。特別是在今天，當「統治階級」已經失去對立面從而本身失去意義的時候。

法與普遍原則

由於缺少權利意識和法治意識，中國人長期以來易於認為，法就是國家頒佈的律令，國家頒佈的律令就是法。中國人不易把正義和法相聯繫，用正義來判定法或非法，良法或惡法。在中國，雖然沒有法律實證主義的思想和學說作為學派正式存在和流行，但在司法實踐和人們的意識中，法律實證主義的觀點卻相當流行和根深蒂固，雖然當事人一般並不知道他們的立場和法律實證主義一致。

大量的回憶錄都記載過，某個被抓捕的人第一次受審時，問訊和回答是這樣進行的：

問：你說說，你犯了什麼事？

答：我不知道。

問：哈，你不知道，你不犯事我們怎麼會抓你？你不犯事怎
　　麼會進到這裏來？你是說，我們冤枉了你，國家把你抓
　　錯了？

答：（驚愕，無言）……

　　這是明顯的因果倒置，一方有責任用事實和法律證明此人犯
了法，從而說明抓他有理，現在卻用自己抓人的行為證明他犯了
罪。這個邏輯很荒謬，但在中國人思想中卻十分常見，人們怕員
警光顧，怕去法院，大家都覺得：「你沒有事，員警（或法院）怎
麼會找到你？」

　　在法律實證主義那裏，這種本末倒置的事卻是對的。凱爾森
說：「按照通常的推定，人類某類行為之所以引起制裁，就因為它
是不法行為，這種推定是不正確的。它是一個不法行為，就是因
為它引起了一種制裁。從一個以實在法為唯一依據的理論來看，
除了行為是制裁的條件這一條以外，不法行為就別無其他標準。
沒有什麼本質上的不法行為。」[18]

　　2001 年，筆者借古希臘悲劇《安提戈涅》提出天理良心和現
存國法之間關係的問題：城邦的律令或統治者的意志是否是人民
行為的最高法律依據？當法律和世所公認的準則衝突時，當人們
服從天理而不服從國王的命令時，正義在哪一邊？我認為有高於
現實法令的普遍原則。立刻有人對我的觀點作出強烈反應，批評
者把所有的憲法保障的、世所公認的個人權利——包括信仰自
由、言論自由、出版自由——都諷喻為「安提戈涅的天條」，主張
這些權利必須受制於宗教感情和有關的社會法律，作者借邊沁之
口說，「真實的權利來自真實的法律，含糊籠統的權利宣言只會鼓

---

[18] 凱爾森：《法與國家的一般理論》，第 56 頁。

勵人們為所欲為，目無法紀。」[19]筆者在回應時指出，對方引證邊
沁的法律實證主義觀點為依據是不說明問題的，這種觀點是陳
腐、過時的，並引證德沃金在《認真對待權利》中的話作為回應：
「某些哲學家否定這種看法：公民除了法律給予他們的權利之外
還享有其他權利。邊沁認為，道德權利的概念是『一派胡言亂語』。
但是那種觀點從來就不是我們正統的政治理論的組成部分。」

　　其實，亞里斯多德早就借引證《安提戈涅》主張：「不正義的
法律就不是法」。

　　從某個現實的角度看，法律實證主義顯得頗有道理：你只有
在現存的法律中找得到公民具有某種權利的依據，才能要求國家
保護你的這種權利；如果執法機關認定你觸犯了某項法律要對你
進行懲罰，你引證其他道理證明你沒有違法是無濟於事的，我們
很難要求執法機關不按照現行法律而按照其他準則行事。在這種
意義上，法律實證主義者可以振振有辭地問：「法律難道不就是事
實上的法律，即國家頒佈或認可的法律，還能是別的什麼嗎？」

　　這是典型的對黑格爾的名言「存在的就是合理的」所作的膚
淺理解。

　　當我們談論「法治」、「法律高於一切」、「遵紀守法」時，我
們往往不只是作事實陳述，而也在作價值陳述，它包含了對法律
尊嚴的承認，對應當守法的認可。「法律就是法律」不過是同語反
復，它回答不了「法律是什麼」的問題。法律實證主義者拒斥「法
律應當是什麼」的問題，這其實是有意義的問題。

　　如果法律實證主義是正確的，那麼就沒有良法和惡法的區
分，那麼希特勒時代規定公民必須告密的法律，剝奪猶太人財產

[19] 陸建德：「安提戈涅的天條」，《中華讀書報》，2001 年 5 月 16 日。

和權利的法律就真正是法律，當初作壞事的惡棍就不是罪犯，而是守法的模範，二戰後對這些人的懲治就不是伸張正義，而是迫害和犯法。

　　和法律實證主義的對立，焦點在於：有沒有超越現存、具體法律的普遍原則，它們制約了立法活動，為我們判斷某項條文或規則是否是法律，是好的、不好的，或需要修改補充的法律？存在這樣的普遍原則，這是不可否認的事實。只有認識到人們承認、敬畏這些原則，擔當不起反對這些原則的罵名和責任，才能解釋這種情況：在許多國家，雖然人民實際上並不享有思想、言論、結社等等自由，但在憲法上卻載明了人民的這些權利，也就是說，這些自由或權利是不言而喻的自明之理，否定他們是不可能的。

　　關於這些普遍原則的來源，歷來有許多爭論，比如它們來自上帝的意旨，來自傳統，或是來自自然法，人們爭論不休，沒有定論。法律實證主義者以對來源作不出有說服力的解釋為由而否認這些普遍原則，這不對，解釋不清和有沒有，是兩回事。你多半說不出你錢包裏每張紙幣的來歷，但你肯定會放心大膽地使用它們。

　　我國正處於急劇的社會轉型時期，我們的法律，包括憲法，需要隨時代而進步，需要變革和發展。法律實證主義的法理學是一種靜止、機械、僵化的理論，是「存在即合理」哲學。我們應該根據最高的、普遍的原則，根據我國的實際發展水平，完善我們的法律體制。這種原則從那裏來？一是我們有長期的、正面和反面的經驗教訓，二是可以向世界上在法治方面先進的國家學習，學習它們的立法、執法、合憲性審查等方面的經驗，學習各家各派有價值的法學理論，就像中共 16 大報告中號召的那樣，學習和借鑒世界先進的政治文化。

當代西方政治哲學中關於平等的討論

　　平等是人類最為重視的價值之一，也是人類源遠流長的社會政治理想。然而，平等不但是人們長期爭取而難於實現的目標，而且也是聚訟紛紜的理念。哲學家爭論平等和另一重要價值自由是一致的還是矛盾的，為了平等能否犧牲自由以及能犧牲多少自由；爭論平等是哪方面的平等；爭論達到平等的方法和步驟；爭論當一種平等伴隨著另一種不平等時如何權衡與取捨，等等。

　　一般認為，自由主義重視自由而輕視平等，但從 20 世紀中後期起，隨著幾位重要的自由主義政治哲學家提出自由主義式的平等理論，這種看法變成了對以下問題的探詢：能否在自由主義框架內構建一種真正的平等理論？爭論的中心話題之一也變成：那些自由主義式的平等理論是不是可以接受的平等理論。

　　自由主義式平等理論的提出，對它的批評或者捍衛與發展，是當代西方政治哲學中關於平等問題討論最重要的內容。

一、平等與自由的關係

　　平等與自由的關係是政治哲學中的一大難題，更是人類社會實踐中的一大難題。

從內涵上說，平等與自由有天然相關的一面，我們說每個人都有思想、言論、信仰、結社、擁有財產的自由，不言而喻是說人人都平等地享受這些自由。如果有人有這些自由，有人沒有這些自由，或者有些人的自由多於另一些人，那麼就會與自由本身的含義相矛盾。

如果說人人在起點上是（或應該是）平等的，那麼往後的發展幾乎一定會打破平等；如果說人們在政治和法律上平等，那麼在經濟上、在分配方面則很難平等。一個不爭的事實是，人在體力、智力、技能、勤奮程度等各個方面是不同的，就算有起點平等，如果自由發展，很快就會形成差距，除非限制自由，實行強制平等。所以，人們一般認為，自由與平等猶如魚與熊掌，二者不可兼得。

羅爾斯的《正義論》是體現以上看法的一個範例。他的兩個正義原則中的第一個說：「每個人對於平等的基本自由的最廣泛的總體——它與類似的對於所有人的自由體系相容——應有平等的權利」，這裏的自由是每個人平等享受的自由，這個原則體現了自由的優先性。他的第二個原則即著名的差異原則，用意是強調平等。上述兩個正義原則的順序是字典式排列，說明二者往往是衝突的。如果說羅爾斯的意圖是在自由主義的框架內爭取平等，那麼他不得不盡力調和自由與平等的矛盾，只能在確保自由的前提條件下為平等作論證。

盧克斯在「平等與自由：它們必定衝突嗎？」中說，可以從社會學的角度理解平等和自由是衝突的，有時衝突不可調和。他說，托克維爾在《民主在美國》一書中令人難忘地表述了二者的衝突，把平等視為對自由的威脅；杜威等人曾主張自由和平等根

本不是對立的理想，它們實際上是一致的；哈耶克指責這是玩概念戲法。盧克斯本人在這篇文章中也作了類似的論證。[1]

　　自由至上論（libertarianism）是一種強調和捍衛自由的價值，對平等持否定和排斥態度的學說。「自由至上論」一詞流行於美國，其支持者認為，「自由主義」一詞在美國已經失去了在歐洲的「自由」的內涵，而被錯誤地用於社會民主。自由至上論的第一個基本前提是：我們每個人都擁有自己，任何人對我們身體的侵犯都是不行的，因此，任何人對人實施強制都是不合法的；它的第二個前提是，一個人合法擁有的私人財產不得受到侵犯。這種學說最常見的主張是：用強制性的立法手段實施再分配削弱了所有公民的個人自由。[2]這種學說的批判者哈沃思說，自由至上論有兩層含義，它開始時指對自由賦予了極大的重要性，後來指一種右翼的市場哲學，它是一種市場浪漫主義，它關於自由的看法是，市場是唯一沒有強制的系統。他認為這不對，比如在購買房屋的競爭中，有錢人的高報價會把別人逐出房屋市場，他們受制於有錢人的意志，因而是不自由的。[3]

　　柯亨把平等視為最高和最根本的價值，但他不願意讓人認為他為了平等而犧牲自由，於是要說明自我所有（在目前的語境下即自由）與平等並不矛盾。他的論證方法是設計出一個兩人世界，在這個體制下，每個人都擁有自己（即擁有自由，實現了自我所

[1]　Steven Lukes, "Equality and Freedom: Do They Conflict Necessarily?", in David Held(ed), *Political Theory Today*, Polity Press, Cambridge, 1991, pp48-53.

[2]　Hardy Bouillon(ed), *Libertarians and Liberalism*, Avebury, 1996, pp49, p16, p199.

[3]　Alan Haworth, *Anti-Libertarianism: Market, Philosophy and Myth*, Routledge, London and New York, 1994, p3, p22.

有），同時合夥性地共同擁有一切外部資源。在這個兩人世界，能幹的 Able 能生產出生活所需品，以及更多的物品，而不能幹的 Infirm 則什麼也不能生產。但因為包括土地在內的一切資源都為兩人合夥共有，因此 Infirm 雖然在生產活動中不能起正面作用，卻擁有否決權。現在考慮兩種情況，一、Able 能生產超過兩人所需的東西，但對於超出生活必需的那一部分如何分配，不能由他說了算，如果在這一點達不成協議，結果是不生產，兩人都會餓死；二、Able 不但能生產多餘的東西，而且其生產數量也可調節，這時，兩人不但對如何分配，而且對生產多少都必須共同商量，取得一致。由於兩人都是自利但又是理性的，因此這個體制能夠維持下去。這裏的要點是，雖然東西全是 Able 生產的，但這一點與他能得多少無關。Infirm 只控制了生產活動的一個必要條件（他對如何使用土地可以投反對票），Able 控制了兩個條件，但他並沒有在兩人的討價還價的協商中佔便宜，這種合作所有阻止了能幹的一方由於多勞而多酬，往後可能發展出的差距和不平等也無從談起。柯亨的結論是：我就是能設計出一種體制，人們雖然在其中自我所有，但只要生產資料是合作共有，就可以避免不平等。[4] 不過有論者指出，在柯亨的思想實驗中，平等倒是實現了，但自由卻是名不副實的。

　　德沃金對於自由和平等關係的表述是複雜的，一方面，他強調自由和平等的一致性：「作為基本的政治美德，自由與平等不會衝突，因為除非假定了自由的在位，甚至不能界定平等，在現實

---

[4]　G. A. Cohen, *Self-ownership, Freedom and Equality,* Cambridge, Cambridge University Press, 1985, pp96-100.

世界中，用損害自由價值的政策不可能在平等方面得到改進。」「雖
然我們經常區分這兩種德行，但二者不過是同一人類理想的相互
輝映的兩個方面。」但他在倡導平等的路上走得如此之遠，以至
於主張：「自由是平等的一個方面，而不是像人們通常認為的那
樣，是與平等有潛在衝突的、獨立的政治理念……我們為了其他
目標，甚至可以限制重要的自由。」他認為，不能教條式地宣佈
自由具有先天的重要性，它是基本的、絕不能為平等而犧牲的價
值。應該看到，自由之所以有價值，僅僅是因為它可以給人們帶
來好的結果，脫離了它對享受自由者的生活發揮的作用，自由並
沒有內在的價值。自由的重要性，只能從政府應該對每個人表示
出平等關切這個更基本的命題中推導出來。如果自由和平等競
爭，自由必敗無疑。「我最近認為，平等對於我們中的大多數有一
種近乎絕對的力量，不能認為自由是與平等並列的，從而制約平
等的獨立政治理念。」[5]

二、「什麼的平等？」

在當代，關於平等問題的討論和爭論進行得十分熱烈，其核
心問題是「什麼的平等？」（equality of what?）阿馬蒂亞・森在他
的《不平等的再考察》一書中對此解釋說，如果把爭論看成是有
些人贊成平等、有些人反對平等，就會忽略一些重要的東西。各

---

[5] Ronald Dworkin, "What Is Equality? Part 3: The Place of Liberty", *Iowa Law Review*, Vol.73, No.1, 1987, p53, p12, p1, p2, p7, p11.

種人──收入平等主義者、福利平等主義者、古典功利主義者、
純粹的自由至上論者都是平等主義者。從某個方面出發的平等，
從另一個方面看可能就是不平等。比如，諾齊克主張權利平等，
就會產生結果的不平等。森還進一步解釋說，「什麼的平等」會成
為核心問題，從根本上說是因為：一、人類的多樣性，勤快的人
和懶人報酬一樣，對前者就不公平；二、判斷平等的相關空間的
多元性，比如有收入、健康、功用、自由、基本物品、能力不同
方面的平等。[6]

　　對「什麼的平等？」這一問題的一種重要回答是：平等就是
人們所獲得的資源平等。羅爾斯和德沃金主張的平等觀是資源的
平等（equality of resources）。羅爾斯的《正義論》中的兩個正義原
則具有很強的平等主義含義，他認為人們應當平等地佔有最根本
的資源，他將其稱為「起碼的好處」（primary goods，中譯本為「首
要善」），包括自由、自尊、個人權利、機會、職位、收入等等。
另一種平等叫幸福的平等（equality of welfare 或 equality of
well-being），這裏說的幸福，指人們成功地滿足了自己的喜好、目
標、抱負，實現這種平等，就是把資源分配和轉移到這種地步，
使得人們在這方面沒有差異。德沃金批評了這種平等標準，主張
資源平等，即每個人都得到相等份額的東西。

　　阿馬蒂亞・森說，他深受羅爾斯的影響，但認為羅爾斯的關
注點忽視了一些重要的東西。擁有同樣多起碼好處的兩個人可能
有不同的能力去追求他們各自認為是有價值的東西，因為由於主
觀和客觀情況不同，人們把起碼好處轉換為幸福的能力是不同

---

[6]　Amartya Sen, *Inequality Reexamined*, Clarendon Press, Oxford, 1999, piv, p129.

的。設想一個孕婦和一個同齡男子在收入和其他基本好處方面完全相同，但孕婦應該對營養、住房等條件有特定的額外要求，而這個男子則並不是非如此不可，所以從相同條件出發，他們最終的幸福程度是不一樣的。我們關心的是最後結果，而不只是為達到結果的條件和手段，比如，重要的是人的營養狀況，而不是人們有多少食物可吃；重要的是人們學到了多少知識和技能，而不是家長或政府把多少錢用於孩子的教育，特別是如果不顧效果大手大腳花錢的話。像羅爾斯那樣用起碼的好處來判斷平等相當於使自由的手段高於對自由範圍的估價，這在很多情況下可能是退步，在處理與性別、處所、階級等有關的不平等問題時，在實際方面的差別會很大。所以，森主張用能力（capability）來代替資源、機會、收入等等作為衡量平等的標準。[7]

　　阿尼松認為，不論是用幸福，還是用資源，以及用其他概念來作為衡量平等的準則，都有缺點，他在很大程度上同意森的看法，他說，確實，人們把起碼的社會性好處轉化為他們最珍視的東西的能力和效率是大不一樣的，我們關心大家應當得到相同份額的資源，不為別的，是我們要考慮他們用這些資源份額去做什麼，這些資源能使人是什麼。他提出自認為是最恰當的概念，即「對於幸福的平等機會」。假設人群之中的每個人都與別人同樣地面對一系列選擇，每種選擇的結果是對不同喜好的滿足，作出一種選擇並得到一種結果之後，當事人又面臨一系列選擇……如此等等，這就形成了一棵決定之樹，它給出了一個人可能的、完整的生活史。如果每個人都面對相同的決定之樹——即每個人最佳、次佳……直至第 n 佳的選擇都是相同的，而且，如果後來出

---

[7]　同上書，第 8-38 頁。

現機會不平等是因為人們的志願選擇或行為疏忽因而要由個人負責任，那麼在這些人之中就實現了對於幸福的平等機會。[8]

柯亨在很大程度上贊同阿尼松的「對於幸福的機會平等」觀，但認為它對人們並非有意造成的不利或不平等注意不夠，所謂並非有意的即是並非當事人選擇因而應當負責任的。此外，他認為「好處」（advantage）這個詞比「幸福」（welfare）更寬泛和恰當，所以他把自己贊成的觀點叫做「對於好處的平等機會」或者「平等得到好處的機會」（equal access to advantage）。

三、德沃金的自由主義式平等和資源平等理論

德沃金提出一種自由主義式的平等（liberal equality）觀，他的核心概念不是自由，而是平等，他的基本理念是：政府必須不僅關心和尊重人民，而且必須平等地關心和尊重人民。他認為，自由不僅不會與平等衝突，而且來自平等這個更根本的概念。[9]

德沃金在以下兩個概念之間作了區分，一是政府把所有的人當作平等的來對待（treat as equals），二是政府平等地對待所有的人（treat equally）。前者說的是有權得到平等的關心和尊重，後者說的是在資源、機會等等的分配中得到相等的東西。德沃金主張的平等是前一種，他認為這一種更為基本，是建構性的，而第二

---

[8] Richard J. Arneson, "Equality and Equal Opportunity for Welfare", *Philosophical Studies*, Vol. 56, 1989, pp77-91.

[9] Ronald Dworkin, *Taking Rights Seriously*, Harvard University Press, Cambridge, Massachusetts, 1977, p272, p274.

種是派生性的。有時，平等地對待人們是把他們當作平等的來對待的唯一方式，但有時則不然。這種區別在以下例子中可以看得很清楚：兩個地方都遭到水災，如果救災物資有限，把兩個災區的人當作平等的來對待就應當對重災區給予較多的救濟，而不是平均分配。[10]

德沃金倡導的分配平等不是幸福的平等，而是資源平等。他在證明幸福的平等在大多數情況下不適用時，首先承認這種主張初看起來在直覺上是有道理的。所謂平等，應該是人們感到幸福或自己滿意程度是一樣的，而不是銀行帳號上有相等的數字。設想一個家庭分配財產，如果眾多子女中有一個是天生殘疾，給予他超出平均份額的照顧顯然是合理的，因為他需要額外的醫療和照料，甚至可以說，由於他喪失了許多進取和享樂的機會，使他有可能得到某些補償，以取得幸福感的接近平等，也是應該的。

但德沃金馬上指出這種直覺經不起進一步分析。首先面臨的是所謂「奢侈愛好」難題。一個人喝啤酒得到滿足，另一個人要喝貴得多的香檳酒才能滿足，難道後者有理由得到更多的資源，以達到同等的幸福感覺？這種例子還可以舉得更極端：設想一個撿垃圾的人常常拾到比較貴重的東西因而不斷有意外的驚喜，而一個億萬富翁做股票生意老是揹運往往痛不欲生，難道我們該對前者的所有進行再分配，對後者加以補償？再設想有好多奴隸對自己的生存狀況是心滿意足的，他們本來對人身自由無所認識和

---

[10] Ronald Dworkin, "Liberalism", in Michael J, Sandel(ed), *Liberalism and Its Critics*, New York University Press, New York, 1984, pp62- 63.

要求，而吃、穿、住等等都不操心，難道我們可以認為，由於奴隸主和奴隸有相同的滿足感和幸福感，因此奴隸制是平等的制度？[11]

德沃金倡導的資源平等指在私人所有的一切資源方面平等，達到資源平等的標準是必須通過他所謂的「嫉妒檢驗」，他以下面的假設情況來說明自己的想法。設想一艘船在海上失事，人們落難在一個荒島上，為了平等地分配物資並使每個人最終滿意，他們的辦法是對每一物品都搞拍賣。這樣就能通過嫉妒檢驗，因為雖然不同的人對自己的所得滿意程度不同，但不會嫉妒別人的所得（他完全可以在拍賣過程中競爭自己想要的東西）。對於天生殘障者應該給予照顧，可以把他們的殘障視為擁有負值的資源，在平等分配時把這一點納入計算，使他們的所得多於一般人。

拍賣只提供了平等的初始分配，拍賣之後人們生產、交換、消費的情況不同，以後擁有的資源和感到幸福的程度也不同，嫉妒檢驗也會很快失效，因為擁有資源少的人會希望自己所有的是別人擁有的那份更多的東西。

德沃金的思路是，不應止步於由初始拍賣得到的起點平等，而要考慮後續的平等。以後的分化有多種不同的情況，他分別加以研究。

首先是如何對待後天發生的殘障，德沃金的方法是設想一個虛擬的保險市場，作為拍賣時的一個補充手段，為每個人作強制性保險，今後運氣不好而殘障的人可以得到補償（當然如何確定數額還是問題）。其次，他認為在生產和貿易活動中，敢於冒險、敢於承受失敗苦難的人如果成功而擁有較多的資源是應得的，選

[11] Ronald Dworkin, "What Is Equality? Part 1: Equality of Welfare", *Philosophy and Public Affairs*, Vol. 10. No.3, 1981, pp191-243.

擇安全方式也就是甘願放棄更大的獲益機會，他們沒有理由嫉妒冒險者。當然，冒險失敗的人也要自己承擔後果，不能對成功者搞再分配。第三，如果人們的勞動技能和效率相同，但有人勤奮勞作，有人寧願悠閒（甚至把自己的土地修建成網球場），那麼後者就沒有理由對前者的豐碩果實嫉妒，因為從長時段和整體上說，辛勞、汗水加較多的財富和悠閒、享樂加較少的財富可以看作是平等的。在平等資源的基礎上，超常的勤奮應當得到獎勵，這是合理的原則。

德沃金把起點平等論和資源平等論作了區別。大致說來，起點平等論即是洛克和諾其克所主張的觀點：公正要求初始資源平等，然後實行自由放任政策。德沃金不贊同這種立場，他詰問道：如果公正一開始要求資源平等，那麼 10 年、20 年之後為什麼就不再要求平等了呢？他主張拋棄起點平等論，倡導這種原則：允許資源分配反映人們的抱負，即選擇辛勞、節儉、投資的生活方式可以比選擇消閒、消費、享受的人有更多的資源；但不允許報負相同而能力、技巧不同的人在收入方面造成差別。

最難處理的是在形成初始資源平等之後由於天生能力的差異往後造成的不平等，德沃金認為這是應該通過再分配加以消除的。他首先考慮通過某種所得稅定期進行資源的再分配，但立即發現這行不通，因為難於分辨財富中哪些出於抱負，哪些出於技能。於是，他把技能當成和殘疾一樣的問題來處理。他再次設想一種虛擬的保險市場，這個技能保險市場把缺乏高超技能因而不能掙大錢當成是遭受一種殘疾而給予補貼。當證明這種保險決策模式是可行的之後，他把這個保險制度轉變為一種稅收方案，以解決資源平等條件下技能差別的問題。

德沃金的主張和諾齊克的觀點有相同之處，比如他說：「我認為，平等地分割資源預設了某種形式的經濟市場……經濟市場的想法，作為給千差萬別的物品和服務制定價格的工具，必須處於任何有吸引力的資源平等理論發展的中心。」他也承認初始分配之後貧富分化的合理性：「我們沒有理由反對這樣的結果：不敢冒險的人所得比敢冒險的人要少。」與羅爾斯的聯繫是，可以把他的差異原則視為對資源平等理論的一種解釋，而區別在於，德沃金認為差異原則對自然殘障者的地位，對經濟處境稍好於最不利者的考慮和照顧不夠。[12]

德沃金的理論固然新穎，也受到各種批評，比如麥克利奧德在《自由主義、正義與市場：批判自由主義的平等》一書中挑戰德沃金力圖在理想市場和平等之間建立聯繫，說他過分地依賴一種理想化的市場概念，這在理論和現實之間產生了不必要的距離。[13]

四、柯亨的平等至上論和能力平等觀

柯亨持一種相當激進的平等觀，他嫌馬克思實際上不願與資產階級價值徹底決裂，局限於在產品極大豐富的條件下考慮平等，而他認為必須在物質不足的情況下就追求平等。就此而言，他不是正統的馬克思主義者，而是毛澤東式的窮過渡型的社會主

[12] Ronald Dworkin, "What Is Equality? Part 2: Equality of Resources", *Philosophy and Public Affairs*, Vol. 10, No.4, 1981, pp285-343.
[13] Colin M. Macleod, *Liberalism, Justice, and Markets: A Critique of Liberal Equality*, Clarendon Press, Oxford, 1998, pp1-18, pp218-224.

義的鼓吹者。他實際上是在責難馬克思：你反對資本（生產資料）私有，但又承認並堅決捍衛勞動的私有，豈不是雙重標準？更徹底的邏輯是，要麼全部公有，要麼徹底私有。柯亨選擇的是徹底反對私有，不留一點餘地。

馬克思已經提出了十分激進的革命口號：「剝奪剝奪者!」理由是他們非法佔有了工人的勞動。柯亨對此還不滿意：什麼，你說剝奪了工人的勞動，難道這不是承認工人有自己私人的所有物即勞動？他擔心，一旦承認人們擁有自己的東西，在此基礎上合法增繁和轉移，就會造成貧富差距，就會形成不平等。他認為馬克思主義者片面地、誇大地把剝削的根源歸結為物質資料權利的初始不平等，而忽視了由於能力差異而形成的不平等，而他則進一步主張壓抑和剝奪有才能者。他主張挖掘和發揮馬克思思想中的這種因素：徹底斬斷所得和貢獻的聯繫。馬克思批評按貢獻所得的原則，因為它會產生不公正的不平等。「馬克思不懷疑，按貢獻所得確實是資產階級原則，它把一個人的才能當成是自然的特權。按貢獻所得尊崇自我所有原則，再沒有什麼原則比這更資產階級的了。哥達綱領批判對於市場社會主義的教訓是，它一方面去除了由資本的不同所引起的收入不公平而同時保留了個人能力的不同所引起的收入不公正。」[14]

他的這個主張這比馬克思進了一大步，馬克思是主張剝奪現實的壓迫者、剝奪者，因為他們造成了不平等的悲慘狀況。柯亨則主張剝奪潛在的、有可能造成不平等的人，將不平等消滅於萌芽狀態，不，比這更早，消滅於胚胎形成之際和形成之前。按照

---

[14] G. A. Cohen, *Self-ownership, Freedom and Equality,* p259.

這個主張，當比爾‧蓋茨退學從事電腦開發和經營時，就要限制他，甚至早在覺察到他有異常才能時，就要壓抑他。他的智慧和才幹是他的自我所有，在柯亨看來是可以不受保護的，他關心的是這種智慧和才幹有可能使其擁有者成為巨富，到頭來不平等。但誰決定誰該受限制，限制到什麼程度才會避免產生不平等呢？他沒有回答這個問題。

柯亨設計了一個頗為奇特的例子來論證自己的觀點並反駁其他平等觀，尤其是德沃金的資源平等觀。設想一個人有雙重不幸，首先，他兩腿癱瘓，按平等主義原則，應該補償他一架昂貴的輪椅。給他輪椅僅僅因為他是殘疾人，而沒有考慮他的幸福量減少了多少，這就駁斥了「幸福的平等」觀。又假如這個人天性樂觀，知足長樂，人們沒有理由說他有許多機會幸福而不給他補償，這就駁斥了「對於幸福的機會平等」觀。再假設這個人有一種怪病：他的雙臂可以像其他人那樣活動，但動了之後會劇痛，需要昂貴的藥物，按平等主義原則，應當無償地給他提供這種藥物，這就駁斥了德沃金的資源平等觀，因為德沃金只是認為殘疾人不能行動可算作資源缺乏而應得補償，而這個人是可以活動手臂的。按照柯亨的標準，這個人的兩種疾患都是他本人不應負責的不利條件，因此他應該得到補償。[15]

柯亨說，平等主義的目標是要消除分配是壞運氣的作用，因為人們無法對自己的壞運氣負責。天生殘疾是壞運氣，而如果有人不是出於自己的選擇身體的某個部位容易感到痛苦，或者不是

---

[15] G. A. Cohen, "On the Currency of Egalitarian Justice", *Ethics*, Vol. 99, July, 1989, pp916-920.

自己選擇或有意培養而具有某種奢侈愛好，為了正常地生活，他們都需要額外的資源，他們應該像運氣不好的人一樣有權利得到補償。

德沃金在回應柯亨時區分了兩種情況。一種產生於特殊的生理問題，比如身體的某個部位容易感到疼痛，需要昂貴藥物才能生活正常；又如假設有人飲用日常的自來水會很不舒服，需要花不少錢買瓶裝水。他認為這些情況都是資源平等論處理的殘障問題，柯亨用來當作駁斥資源平等的例證是出於誤解，它們是典型的資源缺乏的事例，從原則上說當然應該給予補償。另一類是非選擇和培養的奢侈愛好，比如有人不是自己情願而有攝影的癖好，他需要昂貴的器材，滿足不了他會十分痛苦，這不是他的過失，對他的額外補助是平等所要求的，但資源平等卻否定這種要求。德沃金說，照這樣理解，柯亨實際上又回到了他所拋棄的幸福平等的立場上。他還進一步指出，人們在日常生活中是要對自己的人格承擔後果責任的，因為我們都是道德的主體。我們對自己的欲望、愛好、習慣、傾向加以判斷和調整，如果說某人天生有揮金如土的習性，應該像他有一種壞運氣一樣需要照顧，是荒唐可笑的。

德沃金同時回應了阿馬蒂亞‧森，森在駁斥資源平等論時舉了這樣的例子：如果一個人的代謝水平與常人大不相同，就算他佔有同等的資源（食物），他還是會感到饑餓，這並不平等。德沃金說，從理論上說，資源平等會把代謝水平的差異列為個人資源之一，從實踐上說，就這種事例進行再分配要考慮多種因素，十分困難。他在評價森的「能力平等」觀時說，按照自然的方式理解他的主張，就會看到它與「幸福的平等」觀沒有區別：而如果

按另一種方式理解他的觀點，就會發現那不過是以另一種辭彙表示的資源平等觀。[16]

五、關於複合平等的討論

瓦爾澤（Machael Walzer）提出了一種複合平等（complex equality）觀，並引發了熱烈的討論。

他區分了簡單平等與複合平等。「簡單平等是一種簡單的分配狀況，它是這樣的：如果我有 14 頂帽子而你也有 14 頂帽子，那麼我們是平等的。如果帽子是占支配性的物品，那就要好得多，因為這麼一來我們的平等就延伸到社會生活的全部領域。但是，根據我就要闡明的觀點，我們只不過是有同等數量的帽子，帽子不太可能永遠是支配性的。平等是人們之間的複雜關係，這種關係的媒介是我們製造、共用，在我們之間分配的東西；它並不等同於佔有。因此它要求反映社會物品多樣性的分配標準的多樣性。」可以認為，幾乎沒有人能夠在權力、經濟、學術等各個領域都取得成功，「也沒有人能在每一個分配領域都成功，因為有一些領域是與成功的想法不相干的。在複合平等的條件下，不大可能有孩子繼承其成功。總的說來，最有成就的政治家、企業家、士兵和情場高手將是不同的人，而只要他們得到的好處並不自動帶來其他好處，我們就沒有理由害怕他們的成就。」「對支配和控

---

[16] R. Dworkin, "Equality and Capability", in *Sovereign Virtue*, Harvard University Press, Cambridge, Massachusetts, 2000, pp296-297; 300-303.

制的批判指向一種不固定的分配原則。不應該把社會物品 X 分配給佔有某種其他物品 Y 的人，僅僅因為他們佔有 Y 而與 X 的意義無關。」[17]

英國著名政治哲學家大衛・米勒贊成瓦爾澤的觀點，他這樣稱讚和解釋複合平等理論：「瓦爾澤的複合平等概念的優點是，它不把分配正義還原為某種以平等主義形式出現的簡單原則，他公開承認正義原則的多元性，並力求使這種多元論成為平等的基礎。平等社會必須是這樣的社會，它承認許多不同的好處——金錢、權力、地位、教育，等等——它確保這些好處的每一種都要根據自身恰當的標準來分配。平等之敵是支配，它在這種情況下會出現：擁有一種好處的人能夠利用其地位獲得其他好處，而他們並不滿足這些好處的相關標準。在分配的每一個特定領域，某些人會成功地比其他人得到更多的好處，但只要他們不能靠不正當的交易將這一特定範圍的優勢轉化為全面優勢，他們的總體關係仍將是平等關係。」[18]

大衛・米勒同時也指出，瓦爾澤的觀點有隱晦含混之處，他要使其變得明確、一致。他最重要的補充和發揮是提出了「地位平等」（equality of status）的概念，他說，要理解瓦爾澤的複合平等，最好的辦法就是將其解讀為地位平等。大致可以說，當社會的每個成員認為自己從根本上說是與所有其他成員平等的，也被其他人認為從根本上說與自己平等，那麼地位平等就實現了。在一個存在著許多分隔的分配領域的社會，人們在有些領域種是有

[17] Michael Walzer, *Spheres of Justice*, p18, p20.
[18] David Miller, "Complex Equality", in David Miller and Michael Walzer(eds), *Pluralism, Justice, and Equality*, Oxford University Press, 1995, p203.

高低之分的，有人掙錢成功，有人被承認為是藝術家或科學家，有人在政治生涯中出類拔萃，對於他們各自的長處沒有公共度量標準，難於分出高下，也不可能有一個總體的評價，個人地位只依賴於他們作為特定社會的成員的共同位置。如果社會的公共機關定義他們是平等的，那麼他們的地位就是平等的。[19]

阿尼松在「反對『複合』平等」一文中說，複合平等是一種非常淡薄的釀造物，任何大體上可以跟平等主義等同的東西的任何元素都可以勾兌於其中，以至於感覺不出什麼。瓦爾澤似乎沒有注意到，在他的「複合平等」中，剩下的平等是多麼少。他批評說，複合平等允許在每一個領域中分配的最高和最低差距是巨大的。他說，雖然瓦爾澤在《正義的諸領域》中對這種批評作了回應，但問題依然存在。他還說，推行複合平等在某些情況下會阻礙本來可以取得的平等，當代美國社會採取的優待政策就是一個例證（優待政策即 affirmative action，指大學、政府機構和私人公司錄取申請者時，對黑人適用較低的標準以示適當照顧。阿尼松的意思是，按複合平等的要求，每一個領域的分配標準只能由這個領域的意義來決定，那麼就沒有照顧的餘地，因為照顧考慮的是對黑人歷史上遭受不公正的補償。）[20]

大衛・米勒對複合平等說作了同情性的解釋和重構，並把複合平等解釋為地位平等，阿尼松批評說，按他對地位平等下的定義，封建的基督教社會也是地位平等的，但常識則認為不平等。他的地位平等的標準完全滿足他為簡單平等所下的定義，他一定

---

[19] 同上書，第 199、206-207 頁。
[20] 同上書，第 226、233-235 頁。

要說是地位平等有什麼好處呢？他說：「我的結論是，在簡單平等和複合平等之間作出的區分是沒有澄清作用的，因為你採納的平等概念要麼在某種有意義的維度上包含平等，要麼不包含平等。如果包含，那麼就是提出了某種簡單的或字面上的平等，而你也會承認。如果不包含，那麼就是提出了某種非平等的理想，我看不出有什麼必要把這種新的、非平等的理想叫做『複合平等』。」[21]

　　瓦爾澤在回應批評意見時說，主張根據意義進行分配並不是絕對的，允許一些合理的例外情況。把複合平等觀應用於美國的優待政策，可以說這項政策是對這種原則的例外。支持這項政策的人也是這麼看的——將其視為對過去的不公正，違反平等機會原則的一種必要的補救。他還把年輕人的社群，比如美國大學本科生社團作為複合平等的具體事例。在這些年輕人當中，昔日財富對教育的支配沒有了，他們能夠獲得的好處是多種多樣的，有學業、才智、藝術、體育，等等。獲取、享受、利用這些好處的時間都較短，以上好處都不能轉讓，同一些人不可能在所有的領域都是贏家。即使我們不談教授和管理人員，大學也不是嚴格意義上的平等社會，但它們比學生入校之前所來自的和畢業後將要返回的社會平等，其原因恰恰在於他們生活的複雜性與多面性。[22]

---

[21] 同上書，第 241-250 頁。
[22] 同上書，第 283、285 頁。

政治哲學與形而上學
——略論政治思想中的德國傳統

　　政治哲學界普遍認為，近現代的各種學說可以劃分為兩種傳統，其一是英國經驗主義傳統，其二是法國理性主義傳統。比如哈耶克在《自由秩序原理》第 4 章中專門闡述說，前一傳統主要由蘇格蘭哲學家大衛・休謨、亞當・斯密以及艾德蒙・伯克代表，這一傳統重經驗而不重體系，強調制度來源於傳統和實踐，而不是設計或構造；後一傳統以笛卡爾、盧梭為代表，認為人類社會制度是人的理性發明出來的。他認為自 19 世紀中葉起法國理性主義傳統壓倒英國經驗主義傳統在理論和實踐兩方面造成了莫大的危害。

　　我現在冒昧提出，在英國經驗主義傳統和德國理性主義傳統之間也可以作出同樣的劃分。作這樣的補充有以下理由，第一，德國理性主義傳統和法國理性主義傳統的特徵和在實際上所起的作用是一樣的；第二，德國思想與法國思想相比具有某種豐富性和深刻性，在理性主義道路上走得更遠，引入德國傳統進行比較可以對兩種傳統的差異有更好的理解；第三，德國傳統對中國思想界的影響更大，中國人對德國傳統的迷戀更深。如果說認識理性主義傳統是有必要的，那麼對德國傳統的解剖就很有必要。

　　中國哲學界中有一種相當普遍的看法，認為西方思想傳統中德國哲學最深刻，因為德國哲學的形而上學氣質最重。這種看法和評價也推及政治哲學，許多人認為英美政治哲學理論中可取之處頗多，但根本缺陷是膚淺。這些理論雖然闡述了人類社會和政治制度安排方面的正確原則，但缺乏形而上維度的言說，缺乏道德和價值判斷，缺乏安身立命的教誨，總之一句話，不能滿足中國人對終極關懷和審美、道德情操的濃厚興趣。

　　也許可以把德國古典哲學的專門研究者鄧曉芒對顧肅《自由主義基本理念》一書的評價作為上述傾向的代表，他說，他對此書總的感覺是很清晰，具有分析哲學的嚴格和明白，但缺乏形而上的探討，因此不能深入內在矛盾性，不能更深地揭示各種分歧的內部關係。

　　中國哲學家對德國哲學及其形而上思辨的推崇，對英國經驗論的輕視往往表現為情緒，缺乏文本可資研究、爭鳴。而在西方學術界，一些重要的哲學家已經就具體問題展開了短兵相接的論戰。桑德爾對羅爾斯的正義理論的批評被視為社群主義對自由主義的批評，哈貝馬斯對羅爾斯的「政治自由主義」概念的批評被當成是歐洲大陸理性主義傳統對英美經驗主義傳統的批評。這兩種批評都指責羅爾斯的理論預設了一種人的「自我」概念，它是赤裸裸的，不承載社會、歷史、文化內容，不具有形而上學的、道德的屬性，他們認為這是不正確的。哈貝馬斯更是明確斷言，探討政治哲學的基本原理回避不了形而上學。

　　我們現在要探討的問題是政治哲學和形而上學的關係，具體地說就是，具有形而上學內容和特徵的政治哲學學說是否一定優於形而上學內容和特徵較少的政治哲學學說。為此，我們將具體

考察、比較以康德、費希特、黑格爾為代表的德國古典哲學和英國經驗論哲學在政治理論方面的優劣高下，看看它們的先驗性、思辨性和形而上學性是否使它們具有某些十分高明、不可替代的東西。在這之後，我們要在抽象層次上進行理論性討論，看看形而上學論證是否為政治哲學所不可缺少，或者會賦予政治哲學一些優良的素質。

請注意，在進行對比研究和探討時，我們判斷高下、利弊、得失與優劣的標準是這樣的：我們看各種學說對於人類獲得政治文明成果和取得社會進步所作的貢獻，或者與之一致、相近的程度。我們不會獨立於文明、進步另立標準，比如某種抽象、玄虛的「深刻性」，因為一旦承認這樣的標準，形而上學政治哲學的深刻性就是同義反復、不證自明的。同樣重要的是，政治哲學的根本目的是要為制度安排提供原理和標準，不是作概念遊戲，所以判斷其價值的依據只能是實際作用，是對促進實際進步的理論貢獻，而不是某種特殊的、神秘的心理滿足。

在宏觀地比較德國古典哲學和英國經驗論哲學在政治學說方面的成就時，首先應該說明，英國經驗論政治哲學是 17 至 18 世紀的學說，而德國唯理論政治哲學是 18 至 19 世紀的學說，我們有理由期望後者比前者內容更進步、形態更發達，因為時代在進步，後人的理論思維應該在前人的基礎上發展，如果情況不是這樣，甚至相反，那麼其高下立即可以判定。

英國經驗論政治哲學的代表首推約翰‧洛克，他在出版於 1690 年的《政府論（下篇）》中，比較全面地提出和比較周密地論證了近代西方社會政治制度的基本原則。

　　政治哲學最重要的任務，莫過於闡明國家或政府權力的來源，洛克基於自然法和契約論原理提出，政府的權力來源於人民為了自己的利益而同意讓渡部分權利，他以「主權在民」的思想駁斥了「君權神授」的觀念。

　　康德雖然也說：「人民根據一項法規，把自己組成一個國家，這項法規叫做原始契約」，但同時又說：「一方面是一個普遍的統治者，作為國家的首腦，另一方面是組成這個國家的個人，作為臣民的群眾。在這種關係中，前一種人員是統治的權力，他的職務是治理；後一種成員構成該國的被統治者，他們的任務是服從。」[1]

　　費希特在談到根據契約個人結合為整體時，他在個人與國家關係上語焉不詳、不得要領，作最好的解釋，也不過是接近洛克的觀點。[2]

　　黑格爾的國家觀則充滿神秘主義和整體主義氣息，他說，「國家是倫理理念的現實」，單個人的自我意識在國家中獲得自己實體性的自由，成為國家成員是單個人的最高義務。「現代國家的本質在於，普遍物是同特殊性的完全自由和私人福利相結合的，所以家庭和市民社會的利益必須集中於國家」。[3]

　　由於權力來源於人民為了自己的利益而同意讓渡，所以洛克認為，當統治者違反契約時人民有反抗的權利，他說：「當立法者們圖謀奪取破壞人民的財產或貶低他們的地位使其處於專斷權力下的奴役狀態時，立法者們就使自己與人民處於戰爭狀態，人民

---

[1]　康德：《法的形而上學原理》，商務印書館，2001 年，第 143 頁。
[2]　見費希特：《自然法權基礎》，商務印書館，2004 年，第 206-207 頁，以及中文版序言，第 X1-X11 頁。
[3]　黑格爾：《法哲學原理》，商務印書館，1982 年，第 253、261 頁。

因此就無需再予服從，而只有尋求上帝給予人們抵抗強暴的共同庇護。」洛克認為，在這種情況下，不是反抗的人民，而是專權者、掠奪者在造反和叛亂。[4]

康德認為：「在任何情況下，人民如果抗拒國家最高立法權力，都不是合法的……對人民來說，不存在暴動的權利」，「人民有義務去忍受最高權力的任意濫用，即使覺得這種濫用是不能忍受的。」[5]

黑格爾主張王權，「即作為意志最後決斷的主觀性的權力，它把被區分出來的各種權力集中於統一的個人，因而它就是整體即君主立憲制的頂峰和起點。」在他看來，王權是單向的，即只行使權力而不承擔義務、不負責任，君主作裁決，「只有這些諮議機關及其成員才應該對此負責，而君主特有的尊嚴，即最後作決斷的主觀性，則對政府的行動不負任何責任。」[6]

洛克提出了立法權、行政權和對外權必須分立的原則，並深刻地闡明了權力分立的道理：「如果同一批人同時擁有制定和執行法律的權力，這就會給人們的弱點以絕大誘惑使他們動輒要攫取權力……在制定和執行法律時，使法律適合於他們自己的私人利益」，在他之後，孟德斯鳩更精確地表述了立法、行政、司法三權分立原則，並說：「一切有權力的人都容易濫用權力，這是萬古不易的一條經驗。」「要防止濫用權力，就必須以權力約束權力。」雖然孟德斯鳩是法國人，但他的思想被公認為屬於英國經驗主義

---

[4]　洛克：《政府論（下篇）》，商務印書館，1996 年，第 133-134、137 頁。
[5]　《法的形而上學原理》，第 148、149 頁。
[6]　《法哲學原理》，第 287、306 頁。

傳統，是在學習和熟悉英國政治思想之後形成的。歷史證明，權力制衡原則是防止政府濫用權力侵犯公民自由和權利的最重要方法。

康德承認三種權力各有不同職能，立法權不能又是行政權，不論立法權或是行政權都不應該行使司法職務。但他強調這三種權力的聯合或合作而不是分立與制約，他還認為在最高一級這些權力是不受限制的：「最高立法者的意志……被認為是不能代表的；最高統治者的執行職能要被認為是不能違抗的；最高法官的判決要被認為是不能撤銷的，不能上訴的。」[7]

費希特在論及權力分立問題時，其觀點顯得簡單、混亂。他只同意行政權與行政監察權的分立，同時表示並不贊成司法權與行政權的分立，認為是毫無目的的，僅僅在表面上才可能，他完全沒有論及立法權和其他權力的關係。[8]

黑格爾則完全反對權力的分立和制衡，他說：「所謂權力獨立的觀念包含著根本錯誤，以為獨立的權力仍然應該互相限制的。殊不知這種獨立會取消國家的統一，而統一正是所企求的第一件大事。」[9]

洛克對於私有財產權的起源與合法性作出了一種重要的說明，其核心是「個人所有」（self-ownership）這個概念，我們即使不能說他的理論是正確的，至少可以說是最重要和意義深遠的，即使在當代，當諾齊克和柯亨（G. A. Cohen）討論有關問題時，還是從洛克的說明開始。[10]

---

[7]　《法的形而上學原理》，第 144-146 頁。
[8]　《自然法權基礎》，第 164-165 頁。
[9]　《法哲學原理》，第 318 頁。
[10]　參見徐友漁：「關於自由和平等的當代思考」，《雲南大學學報》，2003 年第 3

　　康德關於私有物初始獲得的原則是這樣的:「無論是什麼東西,只要我根據外在自由法則把該物置於我的強力之下,並把它作為我自由意志活動的對象,我有能力依照實踐理性的公設去使用它,而且,我依照可能聯合起來的共同意志和觀念,決意把一物變成我的,那麼,此物就是我的。」,這樣的表述顯然太玄虛,在進一步的解釋中,康德強調兩個因素,一是「在時間上佔先,在法律上也佔先」,二是單方面的意志和宣示。[11]

　　康德的主張,儘管使用了形而上的思辨語言,但簡單地說就是「先下手為強」,相比之下,洛克用質樸語言闡明的道理卻合理和深刻得多,洛克為財產的初始私人佔有提出的條件包含兩個重要因素,一個是勞動滲入被佔有物:「我的勞動使它們脫離原來所處的共同狀態,確定了我對於它們的財產權」,「勞動的改進作用造成價值的絕大部分。」二是個人的佔有應該只占同類被佔有物的很小一部分,一個人的佔有應該留下足夠的同樣好的東西,以便不妨礙他人作同樣的佔有。[12]

　　費希特的論述沒有觸及財產私人佔有的核心問題,即要滿足什麼條件,財產的初始佔有才具有合法性,「這裏所說的也不是原始的獲取……這種原始獲取直接以原始財產契約為條件。」他只討論「兩種財產相互進行交換……我們的考察就從這裏開始……國家必須知道特定的財產所有者。沒有得到國家的承認,任何人都不是這種客體的合法佔有者。」[13]

　　期,第6頁。
[11]《法的形而上學原理》,第72-73頁。
[12]《政府論(下篇)》,第19-27頁。
[13]《自然法權基礎》,第255-256頁。

　　黑格爾的觀點及表述與康德相同，首先使用形而上的詞句宣揚一種佔有意志：「人有權把他的意志體現在任何物中，因而使該物成為我的東西；人具有這種權利作為他的實體性的目的，因為物在其自身中不具有這種目的，而是從我與意志中獲得它的規定和靈魂的。這就是人對一切物據為己有的絕對權利。」「我把某物置於我自己外部力量的支配之下，這樣就構成佔有；同樣，我由於自然需要、衝動和任性而把某物變為我的東西，這一特殊方面就是佔有的特殊利益。」與康德一樣，他也宣揚「先來先得」原則：「物屬於時間上偶然最先佔有它的那個人所有，這是無待煩言的自明的規定，因為第二個人不能佔有已經屬於他人所有的東西。」[14]

　　德國思想傳統中對暴力的態度引人注目，康德一方面說：「我們必須承認：文明民族所承擔的最大災難就是被捲入戰爭」，呼籲並論述世界的永久和平，但另一方面卻強調戰爭其實是一種常態：「在人類目前所處的文化階段裏，戰爭乃是帶動文化繼續前進的一種不可或缺的手段。」他的想法甚至和後來德國軍國主義證明自己有權擴展「生存空間」的理論一致：「當大自然照顧到人類在大地之上到處都能夠生活時，它也就同時專橫地要求人類必須到處生活……為了到達它的這一目的，它就選擇了戰爭。」[15]

　　黑格爾則是肆無忌憚地謳歌戰爭：「戰爭不應看成一種絕對罪惡和純粹外在的偶然性……戰爭還具有更崇高的意義，通過戰爭……各國民族的倫理健康就由於他們對各種優先規定的凝固表示冷淡而得到保存，這好比風的吹動防止湖水腐臭一樣；持續的

[14]　《法哲學原理》，第 52-59 頁。
[15]　康德：《歷史理性批判文集》，商務印書館，1991 年，第 75、122 頁。

平靜會使湖水發生相反的結果，正如持續的甚至永久的和平會使民族墮落。」[16]

費希特的以下說法表明他主張用武力征服一個「落後」或「未開化」的民族：「對於一個沒有政府，因此沒有國家的民族，鄰國有這樣的權利：或者使它服從自己，或者強迫它制定一部憲法，或者把它從自己鄰近驅走。這麼做的根據是：誰不能為自己的權利的安全而給別人提供保障，他本身就沒有任何保障。因此，這樣一個民族會變得完全無法無天。」[17]

在瞭解這些德國近代最偉大的哲學家的觀點之後，我們不禁要問：他們的思想與德國歷史上曾經出現過的全民屈從於當權者、整個國家充滿強力佔有精神、推行軍國主義路線和戰爭政策是否有關係？

在衡量某種政治理論或社會制度時，男女平等、婦女解放和婦女參政問題是重要尺度，我們來看看德國的形而上學哲學家的有關論述是什麼樣的。

康德認為，男性力量強於女性這一事實反映在婚姻關係中就是妻子服從丈夫：「人們會質問，當法律以任何方式對待丈夫與妻子的關係時，總是說：『他將是你的主人』，於是他便代表命令的一方，而她就成為服從的一方，在此情況下，是否違背了婚姻當事人平等的原則？如果這種法律上的優越地位僅僅是基於考慮到丈夫與妻子的能力相比，在有效完成家業的共同利益方面具有自然優勢；此外，如果丈夫的命令僅僅是根據這種事實來

---

[16] 《法哲學原理》，第 340-341 頁。
[17] 《自然法權基礎》，第 372 頁。

作出的，那麼，不能認為這違背了人類結合成雙的自然平等的原則。」[18]

黑格爾認為，康德的婚姻觀失之為只是一種契約觀，他斷言「婚姻實質上是倫理關係」，從這一點出發離異是不應該的，也是從這一點出發，在婚姻出自父母安排和自由戀愛問題上，前一種更符合倫理。「就男女關係而論，必須指出，女子委身事人就喪失了她的貞操；其在男子則不然，因為他在家庭之外有另一個倫理活動範圍。」婦女的倫理性情緒就在於守家禮，家禮是婦女的法律。婦女「天生不配研究較高深的科學、哲學和從事某些藝術創作，這些都要求一種普遍的東西。婦女可能是聰明伶俐，風趣盎然，儀態萬方的，但他們不能達到優美理想的境界……如果婦女領導政府，國家將陷於危殆，因為她們不是按普遍物的要求而是按偶然的偏好和意見行事的。」[19]

費希特關於婚姻、性愛、男女關係的論斷中充滿了男尊女卑觀念，比如，「未婚婦女受父母支配，已婚婦女受男人支配」，「在婚姻的概念中，包含著妻子對丈夫意志的最無限制的服從……妻子不屬於她自己，而是屬於她的丈夫。」「在婚姻的概念中，還包含這樣的意義：獻出自己人格的妻子，將她所擁有的全部財產和她在國家生活中獨享的各種權利都同時轉交給了丈夫。」「根據她自己的必然抱有的願望，丈夫是她的一切權利的管理人，她所希求的，是僅僅在她丈夫希求的範圍內維護並履行這些權利。丈夫

---

[18] 《法的形而上學原理》，第 98 頁。
[19] 《法哲學原理》，第 177-183 頁。

是她在國家和整個社會中的天然代表。」「婦女命中註定不能為公
務供職」。

需要指出的是，以上論斷和費希特關於人的形而上學前提和
先驗演繹方法不可分割地聯繫在一起。他的「家庭法概論」的第
一章就是「婚姻的演繹」，一開始就說：「為了能深思熟慮地把法
權概念應用於婚姻，我們同樣必須通過演繹去認識婚姻的本性。」
他的演繹步驟大致是這樣的，在生殖活動中，男性是能動的，女
性是受動的；自然的本性規定：男性把滿足性欲作為自己目的完
全與理性不矛盾，而女性這麼做則絕對與理性矛盾；在女性那裏，
性欲採取道德的形態，道德律要求她們忘我和獻身。[20]

我們知道，英國的政治理論家在男女平等問題上大多持開明
態度，許多人還積極投身於爭取婦女解放、婦女參政權的運動，
比如密爾（John Stuart Mill）。

現在，我們來進行一般性的理論分析，看看在政治哲學中，
形而上學是否必要。在一次討論費希特的政治哲學的座談會上，
我提出了以下論點：

首先可以作這種一般性的思考：從哲學史上看，形而上學體
系不計其數，很難（也沒有標準）對他們作出是非、高下的判斷，
它們是不可公度的，對待它們，只能採取多元的態度；我們也許
對某種形而上學情有獨鍾，但我們清楚地知道那是出於自己的興
趣、偏愛，決不能說它是各種形而上學中正確的或公認的。

但一個較少爭議的事實是，對於政治哲學中的許多基本原
理，對於人類社會政治制度安排的基本方式，人類具有相當的共

---

[20]　《自然法權基礎》，第 302-348 頁。

識，我們把這稱為全人類的寶貴遺產和財富，我們據此說某些思想、學說，某些制度、政策是進步的或落後的。

如果在進行政治哲學思考時，在開端是形而上學，那是多元的、見仁見智的，而在終端是一些可以用人類共識來判斷的具體原理，那麼這種矛盾如何化解？[21]

我的同事黃裕生在發言中與我磋商，提出了至今為止我所見到的對於政治哲學需要形而上學的最深入和強有力的論證，其關鍵論點如下：

必須從經驗領域之外，即從形而上學或第一哲學所處理的超驗領域去尋找人類一切權利的最後根據。如果說政治學就是關於公民權利的制度安排的科學，那麼，政治學最後必須以形而上學或第一哲學為基礎。否則，一切政治學就只不過是一套應景的權宜之計。由康德開創的整個德國超驗哲學傳統，對於政治學和法學而言，如果說有什麼特別貢獻的話，那就是它開闢了一種為政治學和法學尋找第一哲學論證，從而為它們奠定可靠基礎的可能性道路。

的確，人類在各方面都會達成各種共識，最廣泛的共識也就成為所謂主流意識。在政治領域同樣如此，在這一領域，根據主流意（共）識來進行制度安排的國家被稱為主流國家，由這樣的國家組成的社會被稱為主流社會。但是，一個國家制度的正當性與合法性難道就來自一種政治上的主流共識？或者說來自一種主流的政治理念？這豈不意味著一個國家只要會趕國際政治的時髦

[21]　見費希特《自然法權基礎》座談會紀要，《博覽群書》，2005 年第 5 期，第 6 頁。

就能擔保自己的正當性？……把形而上學排除在自己視野之外的政治學必須面對的一個現實而迫切的問題是：對於那些迄今仍拒絕接受被主流社會當作共識的政治理念的國家及其領袖們，人們該怎麼辦？難道政治學家們只能對他們說：「這是當今人類在政治領域形成的共識，你們必須接受，否則你們就是異類，就是不文明，就沒有正當性」？可是，這些異類們卻同樣可以振振有詞地回應道：什麼人類共識！那至多只是「你們」的共識，而不是你們與我們之間的共識，更不是「我們」的共識；在我們（哪怕是少數）沒有認同與接受的情況下，你們有什麼權利聲稱你們的共識就是人類的共識？而我們的共識就是野蠻的、不文明的？

個人的這種權利來自什麼地方？為什麼每個人作為公民個體都擁有同樣不可侵犯、同樣必須得到尊重與維護的絕對權利呢？這種公民個體在絕對權利上的平等的根據是什麼？唯一的答案只能是：每個個人的絕對權利就來自他是自由的理性存在者，因而他是自由的。[22]

以上論述，總的意思是，我們必須下大工夫、花大力氣來論證人生而自由。這個第一原理如果沒有牢固確立，後面的論證就理不直、氣不壯；這是政治哲學理論大廈的基礎，只有夯牢了這個基礎，政治理論的大廈才經得起風吹雨打。以上論證還隱含地認為，政治哲學理論是一種演繹體系，第一原理的真理性確保以後推論的真理性；第一原理的不可置疑性將傳遞給後面的結論，使它們也成為不可辯駁的。

我認為，這恰恰就是一條唯理論的思路，德國的形而上學哲學遵循的是這一條思路，而笛卡兒之所以被視為唯理論的代表，

---

[22] 同上，第 8-10 頁。

則是因為他的以下主張更典型地闡明了這條思路：先找到完全自明、清晰，絕對無法懷疑的真理，然後演繹出整個體系。

而按照英國經驗主義的思路，人生而自由是一個簡單的事實，它得自人們的經驗、直觀或常識。兩條思路的分岔在於，按德國傳統，為了確保和增強第一原理的真理性，需要調動一切思辯的手段、先驗的力量，在形而上學的維度徹底地、根本地解決問題。英國經驗主義的思路是，自由不能僅僅靠思想上認清、肯定人性是天生自由而確保，事實上人只有在一種社會性的法律體系中才能真正享受自由，因此，論證的工夫應該花在說明自由與法律的關係方面。

可以說，德國思路與中國傳統的「內聖開出外王」同構，怪不得中國人對此心領神會、情有獨鍾，而英國思路並不對人性問題沉潛往復、探微索幽，而是把目光轉向制度安排。

英國傳統在捍衛「人生而自由」時也打過一場正面的遭遇戰，這就是洛克在《政府論（上篇）》中駁斥羅伯特・菲爾麥爵士的觀點「人類不是天生自由的」。由於對手的理論很簡單、粗糙，不過是用父權來比附王權，把人民比喻為需要家長監護的小孩，所以洛克的反駁也比較容易，只是簡單明快地以「所以我們是生而自由的，也是生而具有理性的」為結論，沒有形而上的沉重與深奧。

除了這一次交鋒，政治思想史上似乎沒有其他捍衛「人生而自由」，反駁「人類不是天生自由」的重要事例，這也說明，問題的關鍵不在於需要複雜深奧的思辯。順便指出，康德、黑格爾雖然從自我到理性，再到自由對「人生而自由」作了一番形而上的證明，雖然在德國一定有羅伯特・菲爾麥爵士那樣的人鼓吹「人類天生不自由」和「君權神授」的反動觀點，但卻未見他們像洛

克那樣針鋒相對地批駁，這兩位大思想家都是十分依附王權的，他們的形而上思辯和形而下的實際考慮是完美的一體兩面。

我想進一步指出，人類對自由的論證、捍衛與反對侵害自由的鬥爭，基本上不是發生在形而上的層面上，雙方不是在比賽誰能更深刻地證明人天生自由還是不自由。其實，就算說明了人有形而上的自由本性，反對自由的人就算承認這個出發點，也還會從「個體與整體、個人與社會」的角度，用什麼「自由不是絕對的」之類的「辨證觀」來消解這個出發點。現代反對自由的人從來不是反對這個出發點，而是首先虛偽地承認自由的價值，然後用集體的價值來對抗和偷換，用文化和傳統的特殊性來拒斥。因此，出發點上的大勝仗並沒有解決問題。

對「人生而自由」的思辯性和形而上學論證看起來很有用，就像給一棟建築加上了許多支撐性的腳手架，保證它永遠立於不垮。但實際上，這些腳手架阻止了人們的進入，與其是說支撐，不如說是障礙。因為特定的思辯和形而上學的證明依賴於特定的先驗論形而上學體系，你不熟悉這樣的體系，就無法理解那種證明，你如果不全然接受這樣的體系，就難於接受那種證明。同意德國思想家的政治觀點，需要太多的理論前提和理論準備，而同意英國思想家的觀點，只需要一種健全的直感和常識。

要害不在於「第一原理」是否立得住，而在於「第二原理」向哪個方向發展：天然人的自由處於社會狀況會怎樣，個體的自由與其他個體的自由相撞後會怎樣？洛克對此作了出色的闡述：「在一切能夠接受法律支配的人類狀態中，哪裡沒有法律，那裡就沒有自由。這是因為自由意味著不受他人的束縛和強暴，而哪裡沒有法律，那裏就不能有這種自由。但是自由，正如人們告訴

我們的，並非人人愛怎樣就可怎樣的那種自由，而是在他所受約束的法律許可範圍內，隨其所欲地處置或安排他的人身、行動、財富和他的全部財產的那種自由，在這個範圍內他不受另一個人的任意意志的支配，而是可以自由地遵循他自己的意志。」他強調：「法律的目的不是廢除或限制自由，而是保護和擴大自由。」[23]

　　這個思路一直是英國傳統的主線，比如密爾（John Stuart Mill）在其名篇《論自由》中說：「究竟應該怎樣在個人獨立與社會控制之間做出恰當的調整？這就是一個幾乎一切工作尚待著手的題目了。」他提出了論證自由的著名的「傷害原則」（harm principle）：對於文明群體中的任何一個成員，能夠違反其意志對之施加權力而不失為正當的，唯一的目的只是要防止對其他人的傷害。

　　反觀德國傳統，康德、黑格爾在「深刻」論證自由的天然性之後，在社會實際層面應該繼續堅持自由和個人權利的價值時對自己的初始觀點大打折扣，出發點的生命力被他們深深服膺的整體論窒息，被他們擺脫不掉的國家至上的觀念扼殺，不像英國思想家，以正確界定個人權利和國家權力範圍的方式使自由從個人價值轉化為社會制度。

　　形而上學的傳統對自由和個人權利提供的是一種「內在化」的證明，雖然一般說來人們易於認為內在比外在深刻，但應該看到有的時候太內在和深刻的東西會掩蓋甚至歪曲事物的本質，形而上學的玄奧會把簡單、清楚的東西弄得複雜和模糊。比如，按英國式定義，自由就是行動不受人為的外部阻礙，這似乎太淺顯明白，而黑格爾的定義「自由是對必然的認識」則相當深刻，深

---

[23]　《政府論（下篇）》，第 36 頁。

刻得不合常理、違反常識。就像羅素曾經質疑過的,按黑格爾的定義,一個人被關進監獄,當然是失去了人身自由,如果他刻苦學習、研究,最後達到通古今之變的程度,難道他是自由的,甚至反而比監獄外的人還要自由?

在人是理性的因此是自由的這個論斷中,如果賦予理性太強的──例如像德國唯理論那樣的──意義,那麼這個命題與「自由即對必然的認識」有明顯的親緣關係。從這裏可以派生出:人應當成為自己的主人,從這種自主性概念又可以推導出,有些人比別的人更能認清人的真實需要,認清世界的本質,把握歷史發展的方向,這就達到了伯林所說的「積極自由」的觀念。如果一個人對必然的認識達到這個地步,以至於他比一般人更瞭解他們自身和他們的需要,那麼他就可以指導他們,甚至強迫他們去實現他們認識不到而只有他才認識到目標,這些目標代表了這些一般人的根本利益,同時也代表了全人類的利益。這裏,我們發現了 20 世紀歷史性悲劇的思想原因:先知們有權強迫群眾為烏托邦獻身。

中國的傳統是「向內之學」(當然向內也是淺嘗錯輒止,受累於實用理性),長於作心性、道德文章,拙於向外開拓,疏於對社會性、制度性安排的精思巧辯。人是一種有惰性的存在物,我們總是慣於在相同的思想文化中求得共鳴與印證,而不願在異質的傳統中尋找變革的借鑒和啟發。自從 20 世紀 20 年代起,我們在西方思想的學理輸入和研究方面,工夫下得最深的是德國哲學。不用說,德國哲學的博大精深,確實為其他民族的哲學所不及,但中國人長時間內吃德國哲學的虧,卻不太為人們所認識。在這方面作一點反思,可能是沒有害處的。

羅爾斯的正義論和平等觀

　　羅爾斯（John Rawls）的《正義論》是一部里程碑式的著作，其觀點成了當代政治哲學繞不開的話題，人們要麼贊成他，要麼批評他，或者是部分贊成，部分批評。最引起人們關注和批評的是其中的平等觀，有人認為這種平等觀已經激進得包含了太多的社會主義成分，以至於羅爾斯不能把自己的立場稱為是自由主義的；也有人不滿羅爾斯在根本上仍然落於自由主義的窠臼，在平等主張的外表之下難掩為不平等辯護的本質。

　　我認為，我們與其對羅爾斯的平等觀作一種整體性的評價，滿足於「是自由主義，還是社會主義」的定性，不如就事論事，具體問題具體分析。而且，在具體分析時，最好與當代論及同樣主題的哲學家的主張作一對比，借此探討羅爾斯的平等觀的獨特內容。本文將把羅爾斯的觀點和諾齊克（Robert Nozick）、柯亨（G. A. Cohen）的觀點進行比較，以呈現羅爾斯思想的特色。

一、羅爾斯的正義論和平等觀是出自他的道德感，還是出自一種客觀論證？

　　羅爾斯的平等觀集中體現和表述在他的「正義兩原則」的第二條原則即「差異原則」（difference principle）中。在《正義論》

一書中，羅爾斯一共三次對正義兩原則包括差異原則作了表述，外加單獨一次對差異原則，兩次對包含正義兩原則在內的關於正義的一般觀念作了表述，它們分別是在此書的第 11、13、39、46節。後面的每一次表述都是前一次的補充、完善和精確化，就像油畫家作畫一樣，一層層地塗染，使得畫面逐漸豐厚和充實。雖然後面的表達最為複雜和周全，但在理解羅爾斯原始、真實思想的意義上說，也許前面的表述同樣值得注意和分析，因為它透露了羅爾斯提出差異原則或平等觀點的初始動機和考慮，表述的精確、完善固然有在理論上無懈可擊的優點，但初始動機卻為讀者提供了論者苦心孤詣之所在的微妙資訊。

羅爾斯對正義兩原則的第一次表述如下。

第一個原則：每個人對於最廣泛的基本自由——它與其他人的類似自由相容——應有平等的權利。

第二個原則：社會和經濟的不平等應這樣安排，使得（1）可以合理地期望它們有利於每一個人，（2）其前提條件是地位和職務向一切人開放。[1]

羅爾斯把第二個原則叫做「差異原則」，這麼叫的原因大概是，它不是一視同仁的原則。有時，一視同仁原則只能體現形式上的平等，而有所照顧、傾斜的區別政策反而能實現實質的平等，比如大學錄取標準對少數民族學生降低。

這兩個原則不過是以下關於正義的一般觀念的特例，這個一般觀念反倒更明白易懂：

---

[1]　John Rawls, *A Theory of Justice*, The Belknap Press of Harvard University Press, Cambridge, Massachusetts, 1971, p60.

所有的社會價值——自由與機會、收入與財富，以及自尊的基礎——都要平等地分配，除非對上述任一種或全部的不平等分配有利於每一個人。[2]

很快地（從第 13 節末開始），經過了簡單的論證，第二原則中的「有利於一切人」變成了「有利於最弱勢的人」。

羅爾斯在《正義論》中多次說，人們的理論觀點往往最初來自於他們的道德直覺。比如他說：「我希望強調，正義論精確地說來是一種理論。它是有關道德情愫的理論，道出了支配我們的道德力量，或者更具體地說，支配我們的正義感的原則。」「我們應該把正義論看成是一種起指導作用的框架，它被設計來聚焦我們的道德感受能力，向我們的直覺能力提出較為有限和易於處理的問題以便判斷。」「在正義論的根基之處，人們訴諸於直覺。」[3]

羅爾斯當然也指出，直覺和論證是兩回事，一種理論的最終成立，靠的是論據而不是直覺。他說：「以常識的標準看，差異原則好像可以同時為較有利者和較不利者接受。當然嚴格說來這絕不成其為對該原則的論證，因為在契約論中，論證是從原初狀態的觀點作出的。但是這些直覺的考慮有助於澄清這個原則的性質和它的平均主義的含義。」[4]

雖然道德直覺不能決定理論的有效性，但羅爾斯的問題意識、思路和立場與他的道德感的關係還是顯而易見的，尤其在他的論據比較勉為其難的時候，真讓人認為他不是在為一種客觀的學理論證，而是在為他的信念和道德偏好辯護。

---

[2] *A Theory of Justice*, p62.

[3] *A Theory of Justice*，pp50-51，p53，pp124-125.

[4] *A Theory of Justice*，p104.

　　這種態度與羅素提倡的純客觀、科學的立場大相徑庭。羅素在《西方哲學史》的結尾處說，從道德上講，一個哲學家只能毫無偏私地探求真理，如果利用自己的專業能力另有他圖，就等於是犯了一種背叛罪。他說，自從柏拉圖以來直至當代，哲學家的學說總是受到道德教化動機的影響，他們預先有一些道德信念，再編造理由證明這些信念為真。這種做法限制了哲學思辯的範圍，甚至為思想檢查提供了理由。從理智上講，從歷史上看，用道德考慮來影響哲學是大大地妨礙了進步。

　　雖然哲學家比任何人更應該以追求客觀真理為己任，但羅素的理想仍然是難於實現的。原因不在於哲學家在關於思想和知識的道德上不夠純粹，而在於人類認識的本性。關於外部世界的認識，古典的經驗主義有一種直觀的模式：人們毫無先見和目的地收集經驗事實，用歸納、比較、連接等邏輯方法把這些經驗材料加以篩選和組織，就形成了科學理論。事實證明，沒有任何複雜得有意義的科學理論是這樣構成的。至少，卡爾・波普的「猜測與反駁」或「證偽」的模式要遠遠優越於那種古典的經驗──歸納模式：人們先是大膽地提出假說，然後設法反駁與證偽，經受住了這種考驗的假說就得到一定或然性的證實。按照這種模式，人們預先的取向和設想不但不是負面的，反而是不可避免的，有啟發性的。如果對於自然科學的理論形成尚且如此，那麼對於社會、人文科學的理論形成，就更是如此。羅爾斯的正義論和平等觀涉及政治與倫理，看來與預定價值立場的關聯是難於避免的。

　　儘管如此，羅素的理想標準仍然有意義。達不到他的純粹客觀性是一回事，用他的理想標準來警惕和避免過分地為預設的道德立場辯護是另一回事。我們可以看到，凡是羅爾斯的論證顯得

力不從心，有曲意辯護嫌疑的地方，一定是他過於熱心要為自己的預設價值論證的地方。

二、差異原則的含義：什麼樣的不平等，什麼樣的有利於所有人，什麼樣的有利於最弱勢人群？

　　雖然可以抽象地說，一般而言平等是一種正面價值，不平等是一種負面價值，但人類的歷史告訴我們，不平等不可避免地一定會出現，而且會伴隨著或者會帶來某種進步。從理論上說，不平等產生的根本原因在於人們的能力不一樣，哪怕是實現了起點平等、競爭規則平等、機會平等，由於人們的能力和努力程度不同，最後結果的不同一定會出現。而從現實方面看，實際上存在的平等未見得比不平等可取。比如，人類已經實現過的，並非短暫和實驗性的平等都是極端貧窮或悲慘狀態下的平等，中國的人民公社和刮「共產風」時實現了大家都窮的平等。如果有一種嚴格平等的樣板的話，那一定是監獄，沒有一個地方的人群，像囚犯那樣享受相同的生活空間和條件，基本的飲食供應，以及人格尊嚴的待遇。

　　羅爾斯的正義論和平等觀正視不平等一定會出現的現實，只是對不平等加上了比較嚴格的、有特定含義的條件，使得不平等仍然符合正義。

　　相對於羅爾斯式的正義論，能夠容忍不平等的，長期占主流地位的學說是功利主義。功利主義把最大多數人的最大幸福當成根本標準，在這個標準之下，允許對個人自由的侵犯或犧牲，只

要福利的總額得到增長；也允許一些人通過使另一些人受損而得
利，只要得利量超過損失量。羅爾斯堅決拒絕這種功利主義標準，
我們很容易明白，這種拒絕是符合「正義」這個概念的內在含義
的，我們也很快會看到，把個人自由不容侵犯放到優先地位並且
拒絕「最大多數人的最大幸福」這個標準，還能在有限的條件下盡可
能地為平等爭取空間，這正是羅爾斯工作的難點和意義之所在。

　　羅爾斯把自己的任務和目標確定為找到一種正義觀，使得分
配既是有效率的，也是正義的，他特別強調，單獨是效率原則還
不能用作正義觀。這裏需要解釋羅爾斯使用「效率」（efficiency）
這一概念的特別含義，更需要說明他使用這個概念表明他的平等
要求達到一個什麼樣的程度。

　　羅爾斯所說的「效率」，是所謂「帕累托最優」（Pareto
optimality），它和我們平常理解的「效率」（特別是在這樣的語境
中：「效率和平等的矛盾」）既相近，又有差別，這是一個理想值
和數學上最大化的概念。其基本思想是：一個系統或結構如果已
經達到最優組合，其中一個元素的變動一定要引起其他元素的變
動。比如，如果一個列車運行圖是最優的，就不應該出現以下情
況：改變某趟列車時刻而不打亂其他列車運行。又如，如果一個
單位的人員安排已經達到最大效率，就不可能變動一個人的工作
而其他人的工作照舊（對比我們習見的情況：在人浮於事的單位，
可以安排若干人外出參觀、學習而工作照常，因為閒人太多）。所
以羅爾斯在解釋了他的「效率」概念之後接著說，在一個有效率
的結構中，一些人狀況變好不可能不使另一些人情況變壞，而按
日常的理解，情況不一定是這樣。在數學上的「理想的最優化」
的意義上使用「效率」概念，在哲學論證中是合適的，它比日常

意義的「效率」更精確，同時，也只有在哲學的語境中，才能始終考慮理想狀態，在現實中，不論是列車運行調度還是單位的人事安排，都不可能實現「帕累托最優」。

滿足第二個原則的情況並不是唯一的，因為「地位和職務向一切人開放」和「有利於每一個人」都可以指兩種不同的情況，羅爾斯對這些不同情況的組合作了討論。

羅爾斯把第一種情況叫做「自然的自由體制」，在這種體制下，每個人的前途由其能力決定，每個人都有平等的機會和同樣的權利去爭取和達到更好的地位。羅爾斯認為這個體制的不正義是明顯的，因為人們處在不同的家庭出身、社會條件之中，還會受到不同運氣的影響，使得人們的能力有的能夠充分發揮，有的則不能，他們的收穫被外在環境和偶然因素決定。

第二種情況叫「自由式的平等」，它比第一種情況更好的地方在於，每個人的機會平等不僅是形式上的，而且是真正公平的，人們發揮自己才幹和能力不受社會地位和最初條件的影響。這個體制的要求比第一種情況更多，除了平等的自由競爭之外，還要防止財富的高度聚積，尤其要保證年輕人受教育機會的平等，為抹平人們發揮才幹的境遇差別創造條件。

即使如此，羅爾斯仍然不滿意，因為第二種情況排除了外在社會偶然因素的影響，但仍然使人們的天賦能力的差別發揮作用。他認為，讓人的天賦的自然、任意的分佈影響或決定分配，是不合理的。羅爾斯把自己中意的情況叫做「民主的平等」，這種情況要結合公平的機會平等原則和差異原則來達到。在這種體制之下，強勢者的得利必須與促進弱勢者的利益密不可分地聯繫在一起。

　　第三種情況又分兩種情況。在第一種情況下，境況好的人的得利會對弱勢者的福利有所貢獻，他們利益的下降也會降低弱勢者的福利，也就是說，雙方是共榮共損的。但是，弱勢者的得利在這種局面中並沒有達到最大化。

　　羅爾斯所屬意的差異原則嚴格地說是一種最大化原則，它要求弱勢者的利益增加達到這樣的地步，以至於對良好境況者的任何改變都不可能再增加他們的利益。羅爾斯認為這是最好的安排，他稱之為極度正義（perfectly just）方案。前一種情況也是正義的，但還不是最正義的。[5]

　　既然羅爾斯的價值取向如此明確，他的平等要求走得這麼遠，我們也就明白了他為什麼主張分配應該既是正義的，也是有效率的，也明白了他為什麼要在「帕累托最優」的意義上使用「效率」概念。例如，在工人－老闆這種二元對立的結構中，有效率的情況是，老闆要多得，工人就必然會少得，反之亦然。如果老闆多得不損害工人利益，工人多得不導致老闆少得，那麼這個體制就是沒有效率的，它一定會改進得更有效率，因為只要一方不吃虧，這一方這樣就不必阻止另一方得利，直到達到效率狀態──一方得利使得另一方吃虧。

　　在這種共同得利而又有效率的結構中，會出現兩種情況。一種是工人－弱勢者的得利達到了最大程度，第二種是沒有達到最大程度。在第一種情況下，改變老闆的所得不會再增加工人的好處，比如工人再增加工資或福利條件要造成老闆無利可圖，大家都維持不下去。這是老闆獲利最少，但畢竟還有動力經營的狀況，

---

[5]　*A Theory of Justice*，pp78-79.

也可以說是工人雖然受剝削，但仍然是最可取的狀況。羅爾斯將此稱為最好的安排和完全正義的方案是有道理的。這即是差異原則的精髓：只有對弱勢者最有利的不平等才是可以接受的。我們從自己的生活經驗中也可以明白羅爾斯的立場：大家都過苦日子的平等並不可取，如果有一種不平等，其中老闆的獲利降到盡可能地低，工人得利達到這種格局中的最高，這就是最好、最正義的。

三、質疑對差異原則的論證和差異原則背後的理念

　　羅爾斯對差異原則的正式論證，是借助於原初狀態（original position）、無知之幕（veil of ignorance）和「最大最小值規則」（maximin rule）這三個概念進行的，這是《正義論》一書最有特色、最關鍵的論證手段。

　　就像洛克、盧梭的契約論方法一樣，假定一群自由、平等、理性、關心自己利益的人坐下來商討和制訂正義的規則，在這樣的協商起點，這些人處於原初狀態。可以想見，參與制定契約的人一定會盡力使自己的長處帶來利益，聰明的人說正義應該使高智商獲益，健壯的人說正義在於獎賞體力貢獻，等等。為此，羅爾斯引入了無知之幕這個概念：人們是在無知之幕後面選擇正義原則的，他們既不知道別人，也不知道自己的地位、天資、能力，智力或體力方面的優勢，甚至不知道自己的心理傾向和善惡觀念是什麼。此外，人們也不知道他們所處的社會的政治、經濟、文化狀況和發展水平，不知道自己處於哪個世代，但是，他們具有社會的發展與組織，政治、經濟事務，心理學法則的一般知識，

他們知道選擇某些原則會導致的特定後果。在這樣的條件下，人們在制定規則時不可能從一己私利和特殊情況出發，只能根據一般考慮、公平協定和討價還價達成正義原則。

原初狀態中的人會選擇什麼樣的分配原則呢？羅爾斯斷定，指導他們選擇的是一種所謂「最大最小值規則」，「最大最小值」指的是「最大的最小值」（maximum minimorum），這規則要求人們從最壞的可能性出發選擇最好的結果。也就是說，人們會把規則制訂成這樣，假定自己處於最不利地位時還能得到盡可能多的東西，而不是假定自己最強勢時獲益最大。因此，人們首先傾向於選擇平等的分配，如果平等不可能，那麼不平等應該最有利於狀況最不好的人。

人們可以問羅爾斯，處於原初狀態的人們為什麼會遵循最大最小值規則，為什麼會假設自己處於最不利的地位而不是處於強勢地位或其他地位？人們作選擇的心理傾向為什麼是保守、悲觀的，而不是冒險、樂觀的呢？羅爾斯可以說，人們通過契約結成社會，追求的是最低風險的生活。但似乎更有理由說，人們願意放棄孤立而自由自在地生活，這本身就是冒險，因此，人們要麼不結成社會，要麼願意在不確定的風險中得到更多的東西。其實，羅爾斯自己就在《正義論》中多次提到，人們進入一個合作互利的新狀況是冒險。至低限度可以說，假設原初狀態下人們持最悲觀的態度，其可能性並不比假設持樂觀態度高。當然，更大的可能性是，有人喜歡冒險，有人寧願保險，還有人無所謂，把前途交給運氣。但不論怎樣，說人們一定會遵循最大最小規則是難於服人的。

羅爾斯的差異原則背後隱藏著一個更一般的觀點：人的天賦才能（不論是智慧還是體能）不屬於個人，而是一種公共資源，

因此它們產生的好處也不為個人應得。他說：「差異原則實際上代表了這樣的安排，把天生才能的分佈當成是公共財產，要共用這種分佈產生的隨便什麼樣的利益，那些天生占優的人，不論他們是誰，只能在改善不利者境況的條件下可以從自己的好運中得益。具有天生優勢的人不應僅僅因為上天的青睞而得利，只應該替運氣不如自己的人支付訓練和教育費用，靠運用自己的才能幫助他們而受益。沒有人對於自己較大的天生能力是應得的，也沒有人就是該得到社會上更有利的起點……社會基本結構可以安排成這樣，使這些偶然的運氣為不幸的人謀福利。這樣，如果我們想建立這樣的社會體制，使得沒有人的得失出於天資分佈的隨意位置或社會中的最初地位而不付出或得到相應的補償性好處，我們就會被帶領到差異原則這裏。」[6]

　　不論從直覺上還是從實際的操作上說，人們都很難同意羅爾斯的上述主張。第一，在實際生活中，我們很難，甚至根本不可能區分哪些成就是出於天賦才能，哪些成就是出於後天努力。比如，好工人在單位時間生產更多的產品，好農夫每年收穫更多的糧食，誰敢說這一定是因為他們從父母那裏繼承了能幹的稟賦，而不是更勤奮，勞動時更專注？誠然，如果音樂家的女兒成了音樂家，體育教練的兒子成了優秀運動員，人們會認為他們的成功有家庭優勢的原因。但這僅僅是遺傳基因起作用，還是正因為出身在這種家庭，他們練習得更刻苦，作出的努力更多？誰也不能輕易得出結論。第二，我們理所當然地根據人們提供的服務或勞動產品付給他們相應的報酬，不會區分哪部分出於他們自己的努

---

[6]　*A Theory of Justice*，pp101-102.

力而應得報酬，哪部分僅憑先天稟賦而不應得報酬。一個農夫獲得豐收，我們能否說，這不過是因為他天生身強力壯，他那瘦弱的鄰居比他流的汗水多，收穫卻不如他，這不公平，因此應該把他的收成分一部分給鄰居？第三，如果我們堅持人們的天生資質及其所產生的好處為他們不應得，那麼那些天才的科學家、工程師、藝術家、運動員、各行各業的能工巧匠都不能由於他們的突出貢獻而得到較多報酬，他們還有什麼動力奉獻自己的才幹呢，我們的生活不是會極其平庸乏味，社會進步不是會極其緩慢嗎？

　　支持差異原則的理由還有：人們生活在一個合作體制之中，應該採取共同利益共同分享的原則。羅爾斯說：「直覺的觀念是，由於每一個人的幸福都有賴於合作體制，如果沒有它，就沒有人能過上滿意的生活，因此分好處就應當這樣，使得產生加入到這個體制之中的合作意願，包括那些處境較差的人們……那些天資較高、社會地位較走運（可以說我們對於這二者都不應得）的人能夠期望與其他人的志願合作，只要某種可行的體制是所有人福利的必要條件。」[7]他在談到共同利益原則時說：「按照這一原則，我們判別體制的高下優劣是看它們是否有效地保障了一切人促進其目標的必要條件，或者是否有效地提升了將同樣有益於每一個人的共同目的……富人比窮人得利多，因為他們有更多的東西可能失去。」[8]

　　諾齊克反駁說，合作體制和共同利益並沒有模糊每個人的貢獻和應得的界限，並不能導致再分配。他認為個人權利完全適用

---

[7]　*A Theory of Justice*，p15.
[8]　*A Theory of Justice*，p97.

於社會合作產品的各個部分，生產它們的中間環節，因為社會合作基於勞動分工、專業化、比較優勢和交換，每個人都單獨地對他接收到的東西進行加工，並與下一步加工和運輸產品的人定有契約，這契約鏈一直延續到最終的消費者那裏。每個人都可以看作是一個微型公司，每個人的產品都是可以分辨的。「人們是在自願地與別人作交換和轉讓權利，對於他們以什麼樣的互相可接受的換算率和與什麼人作交易的自由，完全沒有限制，為什麼這種由人們的自願交換連接起來的連續的社會合作會產生東西要如何分配的特殊問題呢？」他說，不管是什麼樣的分配，只要是出自當事人的自願交換，就是可接受的。[9]

諾齊克還認為，社會的各方其實是應該對等地從社會合作中取得利益，差異原則在這方面沒有保持中立。他說，在新設計、新發現、新工藝帶來巨大經濟收益方面，才智較低者本來就從合作中得到了更大的利益，差異原則還要以公平的名義對合作施加限制性條件，這就使本來獲益較多的人還要更加獲益。諾齊克指出，羅爾斯說每個人的福利都依賴於社會合作，沒有這種合作所有的人生活都不會像目前這樣使人滿意，這是對的，但如果說可以由此推出他主張的差異原則，那麼也可以推出與差異原則相對立的主張，他並沒有說服那些人，他們主張差異的分配原則應該向能力較強的人傾斜。[10]

人們還會觀察到，羅爾斯在後來的《萬民法》中論及國際關係中富國與窮國之間是否也應該遵循差異原則調整財富時表達了否定的立場，採取了另一個標準。

---

[9]　Robert Nozick, *Anarchy, State and Utopia*, Basic Books, Inc., 1974, pp186-188.

[10]　*Anarchy, State and Utopia*, pp192-196.

　　在世界範圍內，在國際關係中，就像在一國之內實行正義必須考慮差異原則一樣，在各國之間也存在一個需要調整不平等，使其不會過度加劇的問題。有人提出了全球分配原則，比如把富國的收益再分配給窮國。羅爾斯不同意這種設想，他說，已有人證明了國家的生活情況如何並非只由資源水平來決定，重要的因素是政治文化。他舉例說，全球再分配會產生兩個無法接受的後果。第一，兩個人口相等，富裕程度相同的國家，一個提高儲存率，用於擴大再生產，另一個滿足現狀，只管消費。幾十年之後，第一國的財富是第二國的兩倍，難道應該通過稅收使資金流向第二國？第二，兩個富裕程度相等，人口出生率都很高的國家，一個給婦女提供平等正義的機會，她們素質提高後，人口出生率下降，財富增長超過人口增長，而另一國因為流行的宗教和社會價值，人口出生率居高不下，幾十年後財富為第一國的一半，難道它有權向第一國要求支援？[11]

　　羅爾斯上面舉的例子很有道理，但不知他想過沒有，這樣的反駁方式也可用於他在一個社會內的差異原則。我們設想有兩個人在身體、智力，生活狀況的起點等各方面條件一樣，一個人省吃儉用，把錢用於接受教育和投資，而另一個人則貪圖眼前享樂，把錢用於旅遊和欣賞藝術。若干年之後，第一個人富裕，第二個人窮困（也許精神上很快樂、很豐富），難道應當通過徵稅等手段在他們中間實行財富的再分配？在《正義論》中，羅爾斯為什麼避而不談人們由於後天努力不同，生活方式不同，對節儉、儲蓄、學習上進態度不同而在收入方面產生的差別呢？

---

[11]　羅爾斯：《萬民法》，吉林人民出版社，2001 年，第 124-126 頁。

　　當代政治哲學新秀金里卡（Will Kymlica）也注意到了這個問題，他批評說，羅爾斯過分重視社會和自然偶然情況的作用，而忽視了個人自由選擇的作用。如果收入的差別是人們選擇不同生活方式的結果，那麼按差異原則消除差別就是在製造不公平。[12]

　　羅爾斯證明中的矛盾和雙重標準似乎證實了前面的評論：他的結論與其說是客觀論證的結果，不如說是自己道德偏愛的表現。金里卡也說：「對於羅爾斯的理論，契約論方法起的作用甚小，訴諸於直覺的論證才是首要的。」[13]

四、比較研究：羅爾斯的正義論和平等觀的性質

　　雖然有人認為羅爾斯的立場和觀點中包含了過於強烈的平等主義和社會主義的色彩，但是，羅爾斯理論的自由主義立場還是首要的、突出的。

　　這首先表現在，羅爾斯的正義兩原則的第一項確保人們的自由。不僅如此，在其全面、完整的表述中，羅爾斯的正義原則除了第一項自由原則和第二項差異原則，還有兩個優先規則，而第一個優先規則是專門用來確保自由的優先性。它說的是：「兩項正義原則要以字典式順序分先後，所以，自由只能由於自由的緣故而受到限制。」[14]

---

[12] Will Kymlica, *Contemporary Political Philosophy: An Introduction*, Clarendon Press, Oxford, 1990, pp70-75.

[13] *Contemporary Political Philosophy: An Introduction*, p69.

[14] *A Theory of Justice*，p302.

其次還表現在差異原則的具體內容中，它說的是，不平等要首先有利於弱勢人群，才是可以允許的。要注意，在強勢者和弱勢者（比如企業主和工人）之間的不平等關係中，它只說不平等要有利於弱勢者，而沒有規定雙方得利的多少、比例。我們這樣來設想企業主和工人的關係：工人在被雇傭之前是貧困地區的農民或失業者，在雇傭關係中，儘管雇主拿了生產利潤的大頭，但工人的狀況畢竟比找到工作之前好，他拿的只是小頭，但仍然可以說他因為進入了那種雇傭關係而得利。這種情況是符合正義論中的差異原則的，羅爾斯談到差異原則時說：「如果這一原則得到滿足，每一個人都會得益。這種情況的一種明顯含義就是，每一個人的地位相對於平等的最初安排來說都有改善。」[15]

就這一點而言，羅爾斯的立場與被稱為持自由至上主義（libertarianism）的諾齊克一致，而與大力批判諾齊克的社會主義－極端平等主義者柯亨不同。

諾齊克在為生產資料的私人佔有起源作論證和辯護時，援用和改造了洛克的思想，諾齊克認為，當有人佔有無歸屬的自然物品（比如土地）時，判斷他是否合法，就是看他的佔有是否惡化了其他人的處境。讓我們設想一個只有兩個人的世界，其中張三的能力比李四強得多。從某一個時候開始，張三把以前兩人公用的土地占為己有，他指揮生產，控制分配，李四成了幫工。由於張三能力很強，經營有方，結果收成總量比以前共有時提高了很多，張三不但大大得利，也可以使李四的收穫高於從前。按照諾

---

[15]　*A Theory of Justice*，p80.

齊克的標準，張三對土地的私人佔有是合法的，因為這種佔有不但沒有惡化，而且改善了李四的生活。

柯亨在《自我所有、自由與平等》一書中堅決批駁諾齊克的觀點，他說，誠然，在私人佔有之後李四的處境比以前好了，但諾齊克的這種自己與自己的過去狀況相比得出的結論是不對的，正確的比較是把現狀和如果張三、李四交換地位之後的分配情況相比，這樣的話，顯而易見李四吃虧甚多，他與張三的關係是不平等、不公正的性質一目了然。[16]

對於羅爾斯來說，他不會像柯亨一樣，在判斷工人－企業主關係是否正義時要把他們的收入現狀和假如他們位置交換後的情況作對比。按照他的標準，如果工人的收入沒有達到最大值而企業主的獲益沒有達到最小值，那當然不是最正義的，但仍然是正義的。

第三，對於許多社會主義者和極端平等主義者來說，消除不平等，實現正義的必要手段是推翻生產資料私有制，實現公有制，因為私有制是剝削和不公正的根源。但羅爾斯完全沒有朝這個方面去想，他在《正義論》中說，他的理論與社會制度無關，雖然他概述的理想體制就發生在市場機制和有產民主制之下。[17]

但是，十分奇特的是，羅爾斯關於人們的天生才能為他們所不應得，這種才能產生的收益也為他們不應得，而應該作為公共資源分配的觀點，卻比很多社會主義者和極端平等主義者的觀點

[16] G. A. Cohen, *Self-ownership, Freedom and Equality*, Cambridge, Cambridge University Press, 1985, pp81-82.
[17] *A Theory of Justice*，pp270-274.

還要激進，更不用說是遠離了自由主義的立場。在這個問題上，把他的觀點與柯亨和諾齊克的觀點作一對比是很有意思的。

　　一般認為，馬克思是最堅決反對資本主義和私有制的，他的剩餘價值學說揭露了私有制剝削的秘密，他主張公有制是反對資本主義最徹底的主張，但柯亨卻認為，馬克思反對私有制是不徹底的，因為，雖然馬克思批判了私有制和資本主義，但他的批判卻承認並依賴它們的前提，即自我所有（self-ownership）。「自我所有」是從洛克那裏流傳下來的概念，指一個人的身體、知識、才能、技能以及它們創造的財富，屬於這個人自己。柯亨說，馬克思的剩餘價值理論固然揭示了資本主義私有制剝削的原因，但是事情還有另一面，「馬克思說，資本家從工人那裏偷走了勞動時間。但你能從某人那裏偷走東西，只有那個東西正當地屬於他才會發生。因此，馬克思對資本主義不正義的批判蘊涵著，工人是自己勞動時間的正當擁有者：是他，而不是任何別的什麼人，有權決定對這勞動時間的處理。但除非工人有權決定如何處理他的勞動能力，他就不會有此權力……但馬克思主義者未能想過，只有認為同樣的道理普遍適用，工人才是自己力量的恰當擁有者。因此，馬克思主義者認為資本家剝削工人依賴於這一命題：人們正當地擁有他們自己的力量，此命題就是自我所有這一主張……」[18]柯亨確實道出了平等主義的根本：只要承認人有權擁有什麼，哪怕是自己的勞動所得，也會導致不平等。這種觀點的邏輯後果就是：要真正消除不平等，就不能只注意生產資料的所有，還要注意人與人之間能力的差異。

---

[18]　*Self-ownership, Freedom and Equality*, pp146-147.

柯亨說，馬克思過分強調，甚至誇大生產資料佔有引起的不平等，而不重視由於個人能力不同所引起的收入的不平等。在他看來，只要承認自我所有——即一個人的身體、勞動、能力屬於他自己，他創造和生產的東西因而也屬於自己，就只能承認由於能力差異造成的不平等。按貢獻所得的原則尊崇自我所有，是典型的資產階級原則。他的立場是不承認自己創造和生產的東西屬於自己，不承認能力強的人應該多得。他寄希望於國家干預，他理想的制度是通過稅收系統對收入進行再分配，使人人完全平等。[19]

與柯亨的立場相反，諾齊克堅決捍衛「自我所有」這個理念，從而堅決反對羅爾斯的再分配主張。諾齊克猛烈、詳盡地批駁了「分配正義」這個概念本身。諾齊克說，人們談論分配的正義，就好像有一些東西現成地放在那裏，或一個餡餅會從天而降，由人們根據某種原則或標準來分配，他們沒有考慮待分配的東西是從哪里來的。實際情況是，一個社會中的種種財產、資源已經被人們控制或擁有（hold），關鍵問題是這些財產和資源是不是真正屬於有權利（be entitled）擁有他們的人，因此，正義原則不是關於分配的正義，而是關於擁有的正義。

諾齊克舉了一個例子來證明，關於個人所有、關於擁有的權利正義觀是不可抗拒的，任何非權利論的分配方式，尤其是平等主義的分配方式，一定會被自由的交換打破，他作了如下論證。

設想有一種大家承認的正義分配 D1 已經在人們當中實現，每個人都得到平等的一份。現在再設想張伯倫是非常著名的籃球明

---

[19] *Self-ownership, Freedom and Equality*, pp257-264.

星，有他出場球賽票就銷售一空，沒他上場看球賽的人數就大大減少。張伯倫簽下的契約是在每張球票中抽出 25 美分歸他，事實上，球隊、賽事經營者、觀眾、他本人，甚至包括國家稅收部門都十分滿意。一個賽季有 100 萬人看了有張伯倫上場的比賽，他得到了 25 萬美圓的收入，這是新的分配 D2，他的收入創下了全國最高，遠遠高於平均水平，現在要問，這個新的分配 D2 公正嗎，他對這個異乎尋常的高收入有權利嗎？如果答案是肯定的，理由何在？回答是：人們在分配 D1 中擁有資源的權利是毫無疑問的，他們把 25 美分給張伯倫也是自願的（他們同樣有權把這 25 美分用到別處，比如看電影、買糖果或買雜誌）。這 25 美分是用來和張伯倫的精彩技藝和表演相交換，觀眾有權支配他們在公正的 D1 中的份額，張伯倫有權支配自己的身體和時間，在交換之前沒有人能夠對他們雙方各自的擁有提出異議，雙方的交換沒有使其他人合法的一份受損，那麼誰都沒有理由對交換的合法性和分配 D2 的正義性提出異議。

　　諾齊克認為，除了追繳不義之財而施行的再分配，所有的再分配都是涉及到侵犯人們權利的嚴重事情。一般社會調節貧富差距的再分配手段是對所得的較高收入征累進稅，諾齊克對此持反對態度，認為這等於是強制勞動。他認為，從一個人每月的勞動所得中拿走相當於幾個小時的所得和從這個人那裏拿走幾個小時是一樣的，和強迫這個人為另一個人工作幾個小時是一樣的。

　　從本文的分析可以看出，羅爾斯的正義論和平等觀既有堅持和發揚自由主義傳統的一面，也有對之進行修正、變通的一面，不過有些修正是如此激烈，其結論似乎已經與自由主義傳統完全對立。這是自由主義在當代條件下自我調適與更新能力的超強表

現，還是顯示了平等主義的某種歷史必然性，任何人都得在一種大勢所趨、人心所向的潮流面前屈服？不同的人會有不同的理解，我們目前不可能有定論。我們感到驚奇和佩服的只是，羅爾斯有本事把這樣兩種似乎水火不相容的成分統一在自己的正義理論中。

五、歷史脈絡：自由與平等的衝突能否調和？

　　法國大革命的口號「自由、平等、博愛」標誌著人類的新紀元，這個口號的三大要素代表了值得人類永恆追求的三大終極價值。但人們開始時並未清楚地意識到，自由和平等之間存在著內在張力，對於自由、平等、博愛這三種價值，人們並未追問它們之間是否存在順序上的孰先孰後，或者追問它們是包容派生關係，還是獨立並列關係？相當長的時期內，人們不假思索地以為，它們是統一的。比如，法國大革命之後的社會主義－平等主義思想家皮埃爾・勒魯在其著作《論平等》中，就說自由、平等、博愛相當於、對應於人的三種官能——知覺、認識、感情。[20]無獨有偶，羅爾斯的《正義論》也透露出統一這三大要素的企圖，他說：「我們可以把自由、平等、博愛的傳統理念以下列方式與兩個正義原則的民主解釋相聯繫：自由對應著第一個原則，平等對應著第一個原則中的平等理念加上機會公平的平等，而博愛則對應著差異原則。」[21]

---

[20] 皮埃爾・勒魯：《論平等》，商務印書館，1996 年，第 11 頁。
[21] *A Theory of Justice*，p106.

　　但是，思想家還是很快就發現了自由與平等之間的矛盾，比
如，托克維爾在《論美國的民主》中就談到平等對自由的威脅，
他認為人們對平等的熱烈追求有可能使他們喪失自由。[22]他的這種
思想對後來的思想家，特別是自由主義思想家有很深刻的影響。

　　自由主義思想家中存在兩種強烈傾向，一種是被稱為自由至
上主義者的人，他們只是在下面的意義承認自由與平等的內在關
聯：人們平等地享受個人的自由和合法權利，除此之外，自由和
平等是矛盾的，而且只有自由才是應該追求的價值。比如哈耶克
說：「自由不僅與任何其他種類的平等毫無關係，而且還必定會在
許多方面產生不平等。這是個人自由的必然結果，也是證明個人
自由為正當的理由：如果個人自由的結果沒有顯示某些生活方式
比其他生活方式更成功，那麼個人自由的主張就喪失了大部分根
據。」[23]

　　另一種傾向是，那些同樣鍾愛平等的思想家力圖調和自由與
平等，宣稱自由與平等並無矛盾，他們的思想被稱為新自由主義。
20 世紀上半葉的主要代表有杜威和拉斯基，下半葉則有羅爾斯和
德沃金（Ronald Dworkin）。被羅爾斯批評的功利主義大體上可以
算是具有新自由主義傾向，羅爾斯批評功利主義以幸福的總量損
害平等，這是就其內在邏輯而言，實際的、具體的主張其實講究
中庸之道。比如其主要代表邊沁認為，個人的功利要平等地與其
他人的功利衡量，而對於一種已知的好處，存在最小邊緣功利，
如果其他條件不變，給富人更多的錢產生的社會幸福量就會少於

---

[22]　托克維爾：《論美國的民主》，商務印書館，1995 年，第 620-627 頁。
[23]　哈耶克：《自由秩序原理》，三聯書店，1997 年，第 102-103 頁。

把同樣多錢給窮人產生的幸福量，這個論證自然會導致平等主義的分配政策。德沃金認為，自由不僅不會與平等衝突，而且來自平等這個更根本的概念，他提出一種自由主義式的平等觀，其核心概念不是自由，而是平等，他的基本理念是：政府必須不僅關心和尊重人民，而且必須平等地關心和尊重人民。[24]

調和自由和平等的努力受到了正統自由主義者的猛烈批評，比如哈耶克就挖苦說，杜威的論證不過是在玩概念的戲法。在當代，另一位自由主義者盧克斯在「平等與自由，它們必定衝突嗎？」中也表達了同樣的主張，堅持認為二者不但是衝突的，而且衝突往往不可調和。[25]

羅爾斯的調和努力也受到了批評，如果說正統自由主義者從「右」的方面批評，那麼社會主義者和平等主義者則從「左」的方面批評。左的批評說，羅爾斯不過是最新的自由主義的修正主義者，他的問題是堅持認為不平等是不可避免的，他的理論是要證明，不平等只要不是十分厲害就是正義的。他們認為，羅爾斯的差異原則要想在現實中落實，就不可能保存私有制，他如果要在理論上徹底，就必須達到馬克思主義的結論：推翻私有制。

安德魯·勒溫（Andrew Levine）在其著作《重新思考自由式平等：從一種「烏托邦」的觀點看》中就說，羅爾斯這樣的自由主義指出了超越自己的方向。他提出一種超越自由主義的平等主義，他把自己更為激進的分配平等的主張叫做「民主的平等」，與自由式平等的區別就在於是否認可私有制。這種平等比自由式平

---

[24] Ronald Dworkin, "Liberalism", in Michael J, Sandel(ed), *Liberalism and Its Critics*, New York University Press, New York, 1984, pp62-63.

[25] in David Held(ed), *Political Theory Today*, Polity Press, Cambridge, 1991, pp48-68.

等觀更為激進的地方還在於，羅爾斯把人們的貢獻和分配分開
了，而這種觀點認為，即使有人主動不參加經濟生產活動，也有
權利享受公共供應。[26]

　　阿米・古特曼（Amy Gutmann）在《自由式平等》中提出了
一種基於自由主義又超越自由式平等的平等模式，她將此稱為激
進的或社群的平等。她說：「自由平等主義的特徵是主張基於單個
公民的利益更平等地分配基本物品，而社群平等主義則把平等視
為作為整體的社會的善，與平等分配將如何滿足單個公民的利益
無關。換一種表述就是，激進平等主義者主張，理解什麼構成個
人利益不能先於理解什麼構成可欲的政治社群……激進平等主義
對盧梭的解釋強調建立社群的可欲性，在此社群之內，人們在經
濟上和政治上平等地依賴於國家，而不是特定的個人。」[27]

　　以上，我們考察了羅爾斯的前後左右的思想家在自由、平等
以及二者關係上的觀點，雖然並不全面和詳盡，但大致可以在歷
史和當代思想地圖上給羅爾斯的觀點定位。我們可以看到，在這
幅總體圖景上，羅爾斯的觀點就不顯得特殊和偏激。我們也可以
看到，他的思想是在一種歷史性潮流中應運而生的，他不過是有
相同抱負、相同目標的思想者之一。當然，他的《正義論》是當
代這種努力中最系統、最傑出、影響最大的作品之一。

---

[26] Andrew Levine, *Rethinking Liberal Equality: From a "Utopian" Point of View*, Cornell University Press, Ithaca and London, 1998, p.viii, pp5-10.

[27] Amy Gutmann, *Liberal equality*, Cambridge University Press, Cambridge, 1980, p219.

國家圖書館出版品預行編目

中國當代政治文化與西方政治哲學 / 徐友漁著.
-- 一版. – 臺北市：秀威資訊科技, 2008 .11
　　面；　　公分（社會科學類；AF0092）

BOD 版
ISBN 978-986-221-110-6(平裝)

1. 中國政治思想　2. 西洋政治思想　3.政治文化

570.92　　　　　　　　　　　97020590

 社會科學類　AF0092

中國當代政治文化與西方政治哲學

作　　者 / 徐友漁
主　　編 / 蔡登山
發 行 人 / 宋政坤
執行編輯 / 賴敬暉
圖文排版 / 郭雅雯
封面設計 / 蔣緒慧
數位轉譯 / 徐真玉　沈裕閔
圖書銷售 / 林怡君
法律顧問 / 毛國樑　律師
出版印製 / 秀威資訊科技股份有限公司
　　　　　台北市內湖區瑞光路 583 巷 25 號 1 樓
　　　　　電話：02-2657-9211　　　傳真：02-2657-9106
　　　　　E-mail：service@showwe.com.tw
經 銷 商 / 紅螞蟻圖書有限公司
　　　　　台北市內湖區舊宗路二段 121 巷 28、32 號 4 樓
　　　　　電話：02-2795-3656　　　傳真：02-2795-4100
　　　　　http://www.e-redant.com

2008 年 11 月 BOD 一版
定價：360 元

讀　者　回　函　卡

感謝您購買本書，為提升服務品質，煩請填寫以下問卷，收到您的寶貴意見後，我們會仔細收藏記錄並回贈紀念品，謝謝！

1.您購買的書名：_____

2.您從何得知本書的消息？

　□網路書店　□部落格　□資料庫搜尋　□書訊　□電子報　□書店

　□平面媒體　□ 朋友推薦　□網站推薦 □其他_____

3.您對本書的評價：(請填代號　1.非常滿意 2.滿意 3.尚可 4.再改進)

　封面設計____　版面編排____　內容____　文/譯筆____　價格____

4.讀完書後您覺得：

　□很有收獲　□有收獲　□收獲不多　□沒收獲

5.您會推薦本書給朋友嗎？

　□會　□不會，為什麼？_____

6.其他寶貴的意見：_____

_____

_____

_____

讀者基本資料

姓名：_____　年齡：_____　性別：□女 □男

聯絡電話：_____　E-mail：_____

地址：_____

學歷：□高中(含)以下　　□高中　　□專科學校　　□大學

　　　□研究所(含)以上 □其他_____

職業：□製造業 □金融業 □資訊業 □軍警 □傳播業 □自由業

　　　□服務業 □公務員 □教職　　□學生 □其他_____